山东省社科规划重大项目（17ALJJ04）

山东省理论建设工程重点研究基地课题

社会主义意识形态话语权研究

贾英健 等著

Shehuizhuyi Yishixingtai Huayuquan Yanjiu

人民出版社

目 录

导 论

社会主义意识形态话语权是当代社会发展中凸显并为人们所普遍关注的理论和实践问题，它不仅关系到党的命运、国家发展和社会稳定，而且也事关人民幸福。中国共产党是以马克思主义为指导思想建立起来的、承载为中国人民谋幸福、为中华民族谋复兴的初心使命、代表中国社会先进力量的革命政党。它从成立之日起就一直坚持思想建党的原则，始终围绕着牢牢掌握意识形态的话语权、领导权，发扬斗争精神，坚守党的先进性原则，同党内外各种错误思潮展开了坚持不懈的斗争，焕发出伟大历史主动精神，带领全国人民实现了从站起来、富起来到强起来的历史性飞跃，推动了党和国家各项事业的深刻社会变革，走出了一条中国式现代化的新道路，创造了人类文明的新形态。在新时代迈向社会主义现代化强国建设的新征程中，国内外时代风云的变化、我国全面深化改革的纵深推进、中国共产党的长期执政的考验、中华民族伟大复兴重任的实现，都使我们在新的征程之路上面临着许多前所未有的不确定性的重大挑战，并通过意识形态话语权的激烈争夺表现出来。这也将用社会主义意识形态凝聚人心、汇聚力量以及牢牢掌握社会主义意识形态的话语权和领导权的任务历史地摆在我们面前，对其的研究也因而成为一个具有重要学术意义和实践价值的研究课题。

一、社会主义意识形态话语权在新时代的凸显

当今世界正经历百年未有之大变局，这种世界之大变局是在国际秩序方面

所表现出的大发展、大调整和大变革，既包括国际格局和国际体系的深刻调整，也包括全球治理体系和治理规则所引发的深刻变革，还包括国际力量对比呈现的“东升西降”态势，以及所引发的由单极向多极的位移这一根本性的变化。在这种大变局下，机遇和挑战、进步和退步并存，不确定性日益增多，各种安全问题凸显，制裁和反制裁的较量也日益激烈。所有这些变化，不仅内蕴了社会主义和资本主义的两种制度和两种道路的斗争以更加激烈的形式表现出来，而且围绕着意识形态所引发的各种论争也会对国际发展格局的发展走势和全球发展链的稳定产生重要影响。这就要求我们在新征程上，必须增强忧患意识、始终居安思危，贯彻总体国家安全观，统筹发展和安全，在意识形态斗争中，既不能将这种对立和斗争随意放大，失去信心，也不能无视这种对立和差异，放弃斗争。面对大变局的不同制度、不同文明之间的激烈较量，必须始终坚持马克思主义意识形态的指导地位，牢牢掌握意识形态话语权，积极做好应对错综复杂外部环境的变化而带来的各种矛盾和风险挑战的准备，有效防范和化解各种意识形态安全风险的发生。与此同时，要通过对社会主义意识形态话语权的建设，利用各种现代传播手段，讲好中国故事，传播中国好声音，不断提升我国社会主义意识形态话语的国际影响力。这就客观上要求加强对社会主义意识形态话语权的建设的研究，以适应不断增强社会主义意识形态话语权的国际影响力的现实需要。

从我国当前所面临的主要矛盾来看，进入新时代，我国社会的主要矛盾出现的变化对社会主义意识形态话语权建设提出了新要求和新任务。党的十九大在全面总结了我国社会主要矛盾出现的新变化的基础上，作出了当前社会主要矛盾已经发展为人民日益增长的美好生活需要和不平衡不充分的发展之间的矛盾的新判断。社会主要矛盾发生转化以后所表现出的需求的日益多样化、精细化和对“发展性需要”的迫切愿望，必然会在意识形态中得到体现，并转化为意识形态工作的重要话题。如对日益增多的多样需求，如何用正确的需求观和价值观加以引导；意识形态工作如何围绕着低层次的物质文化需求与更高层次的精神需求的关系展开；如何在权利和责任的关系协调中实现对美好生活的愿望等，都成为新时代意识形态工作亟须给予回答的问题。社会主要矛盾中供给侧发生转变以后，“更加突出的问题是发展不平衡不充分，这已经成为满足人民日益增长的美好生活需要的主要制约因素。”① 这种不平衡和不充分从“量”和“质”两个方面表现出来，量的变化主要涉及区域、城乡、行业、个体等的差异性；质的变化主要涉及发展质量和效益不高、创新能力不强、实体经济水平有待提高等方面。这些量和质的变化要求意识形态建设不仅要将不平衡不充分这一矛盾供给侧的缘由讲清楚，而且也要正确地把握这种发展不平衡不充分的阶段性特征。这客观上对我国新时代的社会主义意识形态话语权建设提出了更高的新要求。一方面，把满足人民群众美好精神文化生活新期待作为意识形态的核心价值追求。坚持从人民群众的生动实践出发，通过创新概念、观点和话语，不断丰富和完善意识形态的内涵和价值，满足人民群众不断增长的心理、情感、价值观念等的多重诉求，使其成为人民群众的思维方式、价值理念、行为指南。另一方面，以提高意识形态的凝聚力和引领力为着眼点积极发力，将党的意识形态的价值诉求真正变成人民群众认同的理论，只有这样，才能发挥理论对人民群众头脑的武装作用，也才能通过对人的思想的整合，不断汇聚广泛的思想共识和价值共识，发挥主流意识形态对人的多元价值需求的整合引领作用，为应对社会主要矛盾的转化提供坚实的思想保障。

从中华民族伟大复兴的方面看，中国共产党自成立以来，坚持把马克思主义作为党的指导思想，在实现其与中国具体实际、中华优秀传统文化的结合中，开辟了一条中国式现代化新道路，“中华民族迎来了从站起来、富起来到强起来的伟大飞跃，实现中华民族伟大复兴进入了不可逆转的历史进程！”② 当前，我们正信心百倍地昂首跨进实现第二个百年奋斗目标的新征程。新征程上，我们攻坚克难的任务仍然很重，困难甚至会远远超出我们的想象，各种矛盾和问题的层出不穷会给我们带来许多的不确定因素，在这些困难、问题和挑

① 《习近平谈治国理政》第三卷，外文出版社 2020 年版，第 9 页。

② 习近平：《在庆祝中国共产党成立 100 周年大会上的讲话》，人民出版社 2021 年版，第 6—7 页。

战面前，我们既面临着信心和意志的磨炼，也面临着各种复杂斗争对我们斗争能力和本领的考验，还面临着前进路上各种对我们不利的因素的干扰，这需要我们保持足够的清醒，防止因为自乱阵脚，陷入被动，甚至跑偏方向。在新的历史征程中，要继续进行具有许多新的历史特点的伟大斗争，就必须始终保持锻造共产党人的先进性品格，练就善于斗争、敢于斗争的政治勇气。正因为如此，习近平总书记反复要求我们，必须清醒认识到在实现中华民族伟大复兴的新征程中，“我们面临的风险考验只会越来越复杂，甚至会遇到难以想象的惊涛骇浪”①。这就需要我们不仅要弄清楚中国共产党是什么的问题，更应该明确“干什么”这一根本问题，要将历史主动的担当精神转化为实现中华民族伟大复兴使命的自觉践行，用实际行动书写马克思主义科学性、真理性的新篇章。这一方面需要我们在发挥社会主义意识形态话语权的凝聚力和引领力方面积极发力，发挥主流意识形态对人的多元价值需求的整合引领作用；另一方面，也需要在坚持以正面宣传为主方针的同时，关注意识形态领域出现的杂音、噪音，在同各种错误思潮的斗争中，积极发声，传承敢于斗争的历史经验，使马克思主义不仅成为时代的最强音，而且牢牢占领意识形态主阵地。为此，需要我们围绕新时代党和国家工作的总体要求，不断深化对社会主义意识形态话语权的研究。

二、社会主义意识形态话语权问题的研究现状

在我国，对意识形态的研究一直是学术界关注的热点问题，在这方面，不仅发表了丰富的研究论文，而且也有一大批有影响的论著和译注问世。相比较而言，意识形态话语权，尤其是社会主义意识形态话语权或马克思主义意识形态话语权的研究较少。党的十八大以来，伴随着世界百年未有之大变局和中华民族伟大复兴的不可逆转，引发了一系列的意识形态话语权纷争，意识形态话

① 《习近平谈治国理政》第三卷，外文出版社2020年版，第225—226页。

语权建设成为当下一项紧迫而重要的战略任务，引发了国内学术界对该问题的重视，并得到比较系统的研究。概括起来，国内学术界围绕社会主义意识形态话语权所展开的研究以及进展主要有以下方面。

（一）意识形态话语权的基本概念及相关理论研究

对意识形态话语权研究的一个前提性问题是弄清楚“话语权”的基本概念。而话语权又是由“话语”和“权”所构成。围绕着“话语”概念，不少学者试图给出自己的理解。有学者认为，对“话语”一词，既不能仅仅局限于纯粹的语言学的理解，也不能满足于仅仅将其视为一个哲学的用语概念，或者政治学的概念，它通常应该包括言语活动、表达行为、互动关系或互动过程三层含义。① 也有学者将话语的含义解释为“借助于语言、含义、符号等形式在言说者和受话人之间进行意义交流”②。从上述对于“话语”的理解中不难看出，“话语”不能单方面地理解为是一个简单的与表述相关的符号问题，也不仅仅与话语言说者自身有关，而是需要在言说者与接受者之间围绕话语展开的，涉及接收、认知、讨论、反馈等问题，它在本质上所表达的是一种话语言说者与接受者之间的关系问题。这其中就蕴含着话语言说者的“权”的问题，即言说者所说的话语能够对接收者产生一定程度的影响。

在关于如何理解“权”的问题上，不少学者是从“权”与“力”“权”与“利”两个合成词的意义上进行把握。③ 涉及话语权的理解，则表现出观点上的多样性。有学者用“每个人都拥有说话的权利”④ 来表达对话语权的理解；也有学者从“言语权利”和“行为权利”两种意义上把握话语权。前者围绕着“言说、交流、辩论”而展开，后者通常与投票、选举、参与权利相关。⑤ 还有学

① 李水金：《中国公民话语权研究》，吉林人民出版社 2009 年版，第 29 页。

② 阮建平：《话语权与国际秩序的建构》，《现代国际关系》2003 年第 5 期。

③ 参见杨昕：《当代中国意识形态话语权研究述评》，《探索》2012 年第 3 期。

④ 周春霞：《论农村弱势群体的媒介话语权》，《安徽大学学报》（哲学社会科学版）2005 年第 3 期。

⑤ 参见李水金：《中国公民话语权研究》，吉林人民出版社 2009 年版，第 29 页。

者立足于话语资源的享有和分配这一话语权本质理解出发，区分了应然和实然两种意义上的话语权，进而论述了话语权在伦理和阶级两种不同维度上表现出的“权利”和“权力”两种意蕴。①

许多学者在对话语权进行把握的基础上，对意识形态话语权的概念界定进行了探讨。意识形态不仅是通过思想层面的上层建筑表现出来在社会中占统治地位的经济利益的需要，而且也表现出相对于其产生基础的独立性以及历史性，后者通过与政治权力的结合，不仅影响其他思想文化，而且也服务于阶级统治和国家治理的需要。话语尽管不过是人们表达自己思想的工具和载体，由于表达话语的人总是归属于某一群体和集团，或者某一阶级和阶层，因此，它总是会体现出一定群体和集团以及某一阶层和阶级的利益诉求，并深深地打上属于该群体、集团、阶层和阶级的意识形态的印迹。正因为如此，人们在现实生活中所发生的围绕话语权的争论，实际上不过是意识形态话语权之争的集中体现。不少学者在对意识形态话语权、社会主义意识形态话语权的理解和把握过程中，分别将其视为意识形态与话语权、社会主义意识形态与话语权两组概念组合而成，将其解释为对于社会中存在的各种思想所具有的引领力或领导权，②它涵盖提问权、论断权、解释权和批判权等内容。

在对社会主义意识形态话语权概念如何界定的理解上，有学者将其理解为社会主义国家的影响力，这种影响力不仅将主流意识形态通过向社会传播赢得人们政治认同，而且也为其获得其政治主导地位的稳定性和合法性，并拥有控制、引导、规范社会的话语权力。③也有学者从自媒体对社会主义意识形态主

① 参见张健：《话语权的解释框架及公民社会中的话语表达》，《湖南行政学院学报》2008年第5期。

② 参见陈卓：《论中国特色社会主义意识形态话语权的提升及其实现路径》，《探索》2019年第1期。

③ 曾长秋、曹挹芬：《网络环境下维护社会主义意识形态话语权的新特点》，《学习论坛》2015年第6期。

流话语所带来的建构与消解的两重性，多元话语主体的生成，以及在话语表达方面表现出的传播的隐蔽性和双重提示的特点，将社会主义主流意识形态话语权概括为“公信力、说服力、解释力和吸引力”四重维度。

在我国，社会主义意识形态话语中的核心话语是马克思主义，因而它也成为社会主义运动的主导性话语，它在我国社会主义意识形态话语体系中具有其他意识形态所没有的独特的话语优势。有学者将其概括为“依据自身地位，拥有控制、引导或规范社会，以致足以为社会立言的权力，也就是马克思主义意识形态的价值判断、理论观点有资格、有能力主导、领导、指导社会的问题”①。还有学者将马克思主义意识形态话语权理解概括为“权力说”“认同说”“话语体系说”。

（二）对社会主义意识形态话语权的历史演进和经验总结的研究

社会主义意识形态话语权的建构是与中国共产党的百年历史紧紧联系在一起的，不少学者从这一认识出发把握社会主义意识形态话语权建构的历史进程，进行经验总结，取得了不少积极成果。

在社会主义意识形态话语权的历史演进方面，不少学者集中研究改革开放以来我国的意识形态话语权建设的情况，并依据不同阶段所呈现出的不同特点，提出了“二阶段论”“四阶段论”等观点。在“二阶段论”中，根据划界时间点的不同，有四种历史进程的划分。②也有学者将我国马克思主义意识形态话语权历史进程置于改革开放的新时期进行详细研究，并将这一新时期的马克思主义意识形态话语权建构分为：正本清源，重塑意识形态话语权阶段；继

① 张骥、申文杰：《马克思主义意识形态话语权在我国思想宣传领域面临的挑战与实现方式探究》，《当代世界与社会主义》2011 年第 1 期。

② 参见竹立家：《“中国话语”变迁与构建》，《人民论坛》2012 年第 12 期；姚朝华、高洁静：《当代中国意识形态话语体系变迁的社会维度透析及趋势研究》，《思想理论教育》2014 年第 6 期；傅艳蕾：《改革开放 40 年社会主义意识形态话语研究综述》，《马克思主义研究》2018 年第 8 期；胡春阳：《中国马克思主义意识形态的核心话语变迁及启示》，《皖西学院学报》2014 年第 1 期。

往开来，扎实推进话语权建设阶段；深化发展，不断丰富话语权建设阶段；战略强化，全面深化话语权建设阶段。[①]还有学者尽管也将改革开放以来的马克思主义意识形态话语权建构分为四个阶段，但具体的阶段划分上也略有不同，即：1978—1988年为恢复重构阶段；1989—2002年为捍卫巩固阶段；2003—2012年为推进发展阶段；2013年至今为稳步提升阶段。[②]

在对社会主义意识形态话语权经验总结的研究方面，主要有新中国成立初期与改革开放以来两个不同阶段的划分。就前者而言，有学者用四个“既要又要”进行了概括[③]，也有学者从新中国成立初期的马克思主义意识形态话语权建构的历史演进中概括了四个方面的启示意义[④]。另外，还有学者从对新中国成立以来我国社会主义意识形态凝聚力的视角进行了经验总结，这也同样是社会主义意识形态话语权建设的基本经验，它包括价值信仰、领导力量和具体战略三个层面，这三个层面又具体展开为相互联系的十个方面，即：始终坚信马克思主义指导、始终把“人民性”作为根本立场、始终坚持党管意识形态、始终不断加强党的建设、始终重视不断创新意识形态理论、始终重视提高领导干部的意识形态本领、始终重视对各种社会思潮的引领、始终重视引导社会舆论、始终重视方式手段创新、始终注意营造良好文化氛围。

（三）从不同视域对社会主义意识形态话语权的展开研究

国内学者立足于空间、时间和环体等视域展开比较系统的论述。首先，立足于互联网新媒体环境和自媒体生成的舆论场和话语空间这一人类生活的“第

① 参见吴春雷：《新时期我国马克思主义意识形态话语权建构》，《重庆社会科学》2017年第10期。

② 参见肖唤元、戴玉琴：《改革开放40年马克思主义意识形态话语权的演进》，《当代世界与社会主义》2019年第1期。

③ 参见周连顺：《意识形态整合与马克思主义优势话语权的建构——以新中国初期为中心》，《现代哲学》2017年第2期。

④ 参见刘国普：《建国初期中国共产党意识形态话语权建构问题探析》，《湖湘论坛》2016年第5期。

二空间”[①]对社会主义意识形态话语权进行了探讨。有学者认为，在由技术构成的网络空间中，不同意识形态围绕话语权展开激烈的思想交锋和观点碰撞，使其成为各种意识形态话语权进行博弈的主要阵地。[②]也有学者认为，互联网的发展不仅为不同意识形态话语提供了崭新的赋权场域，而且也使意识形态领域的矛盾和斗争更加复杂。[③]还有学者认为，自媒体的快速发展，为当代人的生活形塑了一个全新的舆论场域和话语空间[④]，使现实生活中的社会主义意识形态话语及其话语争夺拓展到这一全新空间，生成网络社会主义意识形态的新样态。其次，从网络信息技术在当代发展引发的人类社会的划时代变革出发，用“微时代”“全媒体时代”“大数据时代”“互联网时代”“后真相”时代、新时代等概括这种变化，着眼于时间属性展开的全新视域把握社会主义意识形态话语权的新变化。有学者认为，在“微时代”，社会主义意识形态话语的网络传播呈现出一些新的时代特征。[⑤]也有学者注意到了全媒体、大数据时代对意识形态所产生的影响不仅是全域的，也是深层次的。[⑥]还有学者主张对意识形态话语权提升的理解，不能脱离网络空间这一新时代的研究视域，要关注新时代呈现出的新特点、新挑战，把握新时代脉搏，回应新时代之问。[⑦]再次，将网络以及变化这一人类生存的新形态用“环体”来表述，并由此出发阐释社会主义意识形态话语权。有学者认为，网络作为当代人类生存和发展的崭新形

① 参见邓琼云、林滨：《加强党在网络空间主流意识形态话语权的建构》，《云南行政学院学报》2019 年第 5 期。

② 参见朱效梅、谢萌：《网络意识形态话语权建构研究》，《社会主义核心价值观研究》2016 年第 3 期。

③ 参见赵丽涛：《我国主流意识形态网络话语权研究》《马克思主义研究》2017 年第 10 期。

④ 参见张林：《自媒体空间中国主导意识形态话语权建构的正当性澄明——以“网络意识形态终结论”批判为视角》，《湖北社会科学》2019 年第 11 期。

⑤ 参见谢霄男、李净：《微时代主流意识形态网络话语权构建的困境与破解路径》，《中共成都市委党校学报》2018 年第 2 期。

⑥ 参见李兴选：《全媒体时代的网络意识形态话语权建构》，《理论导刊》2015 年第 2 期。

⑦ 参见周耀宏：《论新时代网络空间意识形态话语权的掌控策略》，《西华大学学报》（哲学社会科学版）2018 年第 5 期。

式，它源于现实，并以线下与线上、现实与虚拟、社会的网络化与网络的社会化相结合构成人的生存、活动和发展环境的方式，对意识形态话语权产生影响作用。[①]也有学者认为，在网络信息条件下，信息传播无论是在内容、手段、方式等方面都表现出与传统媒介信息环境所不同的新特征，而且也形成了与之相适应的具有网络信息环境特色的话语体系。[②]

（四）对社会主义意识形态话语权当代境遇的研究

社会主义意识形态在当代既面临着来自不同方面的各种挑战和困境，也面临着建构的难得机遇。正确地认识和把握这些有利与不利的因素，弄清楚问题背后的深层原因，是国内学术界比较集中关注的重要问题。

首先，关于马克思主义意识形态话语权建构面临的机遇研究。不少学者从互联网、大数据以及新媒体等方面探讨了社会主义意识形态话语权面临的机遇。有学者基于新媒体条件下的马克思主义意识形态话语权面临的机遇，从打破西方话语权的垄断格局、提供新的空间和载体、有助于话语范式的现代转型、生成新的话语认同、提供话语实践的重要平台等五个方面进行了探讨。也有学者着眼于意识形态功能的提升，从治理性机遇、发展性机遇、网络化机遇、认同性机遇、危机性机遇五个方面进行了概括。还有学者从新兴媒体所实现的传播手段的变革出发，着眼于主流意识形态话语权面临的发展机遇，不仅从话语参与的广泛性、传播渠道的多样性、主流意识形态话语影响力的不断扩大上展开研究[③]，而且从传播平台和传播途径的新变化以及由这种变化而引发的“公共话语”的不断生成进行研究。

其次，社会主义意识形态话语权建构面临的挑战及其原因研究。其一，在

---

① 参见曾长秋、曹挹芬：《网络环境下维护社会主义意识形态话语权的新特点》，《学习论坛》2015年第6期。

② 参见汪馨兰：《论网络信息化条件下我国主流意识形态话语权实现方式的转型》，《长白学刊》2016年第3期。

③ 参见李超民、邓露：《自媒体时代如何提升主流意识形态话语权》，《人民论坛》2018年第15期。

社会主义意识形态话语权的建构面临的挑战方面，有学者认为，互联网技术的广泛应用，使主流意识形态话语传播的内容、渠道和方式等方面出现了前所未有的变化，动摇着传统主流媒体话语权的先在优势，并通过技术、渠道、信息、表达权等方面表现出来。也有学者从“人民对美好生活的向往日益迫切，中西意识形态交流交锋尖锐频繁，社会思潮修正解构指向凸显，互联网成为意识形态话语权争夺主战场”[①]等方面，对于社会主义意识形态话语权面临的问题和挑战进行了论述。还有学者认为，社会主义意识形态面临“作为规制个体精神生活的话语权受到生活碎片化、选择多样化，以及消费主义生活方式影响”[②]等多方面的挑战。其二，在马克思主义意识形态话语权建构面临的挑战方面，有学者认为，新时代作为社会主义意识形态核心的马克思主义意识形态话语权面临着话语体系尚未有效建构、意识形态理论与实践之间的张力依然存在、传播说理路径不够丰富、完善和畅通三大挑战，其结果不仅使理论说理缺少穿透力和阐释力，理论之理难以诉说，而且也让说理的现实支撑不坚实、事实之理说服力不够，进而出现传播说理路径不够丰富、完善和畅通，传播之理的辐射影响力有待提升等问题。也有学者将马克思主义意识形态话语权建构面临的困境放到网络空间这一视域中，从网络的多元化与自由性分化了话语主体的引导力、网络的碎片化与非理性淡化话语内容的说服力、网络的去中心化与交互性弱化话语方式的吸引力、网络的开放性与虚拟性虚化话语环境的调控力等进行了阐释。其三，在社会主义意识形态话语权建构中面临挑战的原因方面，有学者对马克思主义意识形态话语权的作用力被挤压、主导力被分化、控制力被虚弱、规范力被扭曲、整合力被消解、凝聚力被减弱、影响力被干扰、吸引力被影响八个方面的原因进行了系统思考。也有学者从西方国家对我国主流意识形态话语权的争夺、西方国家主流媒体的传播优势形成的话语优势、在

---

① 吕峰：《新时代中国主流意识形态话语权生成的现实境遇探析》，《思想政治教育研究》2018年第1期。

② 廖小琴：《全球化场域中社会主义意识形态话语权的变化与建构》，《教学与研究》2015年第4期。

曲折中前进的社会主义面临着诸多压力与非难、国际领域意识形态话语权争夺更加复杂化和隐蔽化等方面进行了分析。

（五）社会主义意识形态话语权建构的路径研究

一些学者围绕建构社会主义意识形态话语权的路径进行了研究。一是有学者从巩固意识形态话语权建构的经济基础、创造性建构意识形态的理论内涵、创新性地培育与践行社会主义核心价值观三重维度提出了当代中国社会主义意识形态话语权建设的路径。① 二是有学者立足于中国特色社会主义意识形态话语权面临着说理困境，提出从推动中国特色社会主义意识形态理论创新和说理话语转换、巩固中国特色社会主义意识形态说理的现实基础、拓展中国特色社会主义意识形态说理的传播路径等提升中国特色社会主义意识形态话语权的说理路径。② 三是有学者对全球化场域中的社会主义意识形态话语权建构路径，从政治话语权建构、主流思想文化话语权建构，规制个体精神生活的话语权建构等方面进行了阐述。③ 四是有学者从社会主义意识形态话语理念的重新聚焦、社会主义意识形态话语体系的重新构建、社会主义意识形态话语目标领域的重新定位、社会主义意识形态话语时空维度的双重转化等方面进行了梳理、研究和探讨。④

（六）相关问题研究的不足之处

国内学术界近年来围绕着社会主义意识形态话语权，从一般概念、历史进

① 参见曹天航：《当代中国社会主义意识形态话语权建设的路径》，《江苏社会科学》2015 年第 5 期。

② 参见陈卓：《论中国特色社会主义意识形态话语权的提升及其实现路径》，《探索》2019 年第 1 期。

③ 参见廖小琴：《全球化场域中社会主义意识形态话语权的变化与建构》，《教学与研究》2015 年第 4 期。

④ 参见傅艳蕾：《改革开放 40 年社会主义意识形态话语研究综述》，《马克思主义研究》2018 年第 8 期。

程和历史经验、多重视域、当代境遇和建构路径等方面进行了较为系统的研究和探讨，取得丰富的研究成果，深化了学术界对该问题的研究，对巩固社会主义意识形态话语权起到了非常重要的推动作用，也为在此基础上进一步深化对该问题的研究准备了重要的理论前提。但是，纵观国内学术界对该问题的研究，也存在着如下不足之处和有待进一步完善的问题。

第一，社会主义意识形态话语权在概念界定方面的明晰性和规范性的缺乏。对意识形态、话语权、社会主义意识形态话语权在概念的阐释上存在着很大分歧。既有对核心概念理解的模糊不清，也有从意识形态话语权概念的一般界定推论社会主义意识形态话语权，而对于社会主义意识形态话语权概念的"特殊"规定性，特别是从中国社会主义意识形态所贡献的思想智慧中把握其主要规定性和发挥的功能作用上进行提炼概括，还存在着一些不尽如人意的地方。在对社会主义意识形态话语权概念的理解和把握过程中，还存在着将社会主义意识形态话语权、社会主义主流意识形态话语权、主流意识形态话语权、主导意识形态话语权、马克思主义意识形态话语权、中国共产党意识形态话语权、中国特色社会主义意识形态话语权等概念在不加区分的意义上使用等问题。这表明，对社会主义意识形态话语权的概念进行明晰和界定，仍有可供拓展的理解空间。

第二，社会主义意识形态话语权研究的总体性维度不足。这方面存在的不足主要体现在以下两个方面：一是国内学术界缺乏对社会主义意识形态话语权生成的多维视野的全面思考和把握，导致对这一概念的理解无法涵盖社会主义意识形态话语权多维内涵。实际上，社会主义意识形态话语权的生成是一个既涉及历史视角进行理解和把握重要维度，也存在着从理论的、现实的和实践的维度进行理解和把握的多重视角。对于该问题的研究，需要将社会主义意识形态话语权生成的多重视角完整地、立体地展现出来。二是学术界从社会主义意识形态话语权多重视域和语境出发，着眼于互联网、新媒体环境、自媒体生成的舆论场和话语空间、"微时代""全媒体时代""大数据时代""互联网时代""后真相"时代、新时代、"环体"等进行比较充足的思考和分析，为我们从不同视角理解和把握社会主义意识形态话语权开拓了视野，但如何将对该问题研究的多重视角和语境，放在当前世界百年未有之大变局和中华民族伟大复兴“两个大局”中来进行思考和把握，从当代中国社会主义意识形态话语权建设所面临的新的历史方位、新的发展理念、新的风险挑战、新的发展格局、新的发展战略、新的发展使命等方面进行把握，在积极回应各种矛盾关切中牢牢掌握社会主义意识形态话语权和领导权，体现出这种分析问题的大视野、大历史观、大格局、大使命、大智慧，需要在研究中得到加强。

第三，社会主义意识形态话语权当代境遇的综合性研究不够。国内学术界围绕着社会主义意识形态话语权在当代建构中面临的机遇、挑战和困境以及原因进行了探讨，但是，从目前已有的研究来看，多数研究往往局限于不同学科、不同领域、不同视角的研究，对问题的分析也多呈现出重叠交叉、相互矛盾的特征。在将社会主义意识形态话语权放到当代语境中进行研究的过程中，没有从这种语境的变化对于意识形态话语权在其内在本质、构成要素、认知特点、生成过程乃至话语接受者认同等方面造成的矛盾、困惑和挑战中进行探讨，致使分析大都停留在表层的、感性的层面上，对于社会主义意识形态话语权自身面临的困惑和难题关注不够，探讨不多，思考不深入，这也影响到社会主义意识形态话语权建构的质量。

第四，研究主题学术层面的阐释有待彰显。在已有的研究成果中，多数学者的研究都局限于从“挑战—回应”“实践—策略”的层面进行应用型研究。这种研究在某种程度上能够使人们从中比较直观地把握当前在社会主义意识形态建设过程中遇到的挑战、存在的问题，思考应对的策略和办法。如果单纯从推动工作的层面来认识的话，固然容易显示出其效果，但这样做的结果常常陷入有了问题就解决、解决了问题就会松口气、再出现了问题再解决的工作状态中，这不仅会使我们的思想宣传工作常常处于一种被动的应付局面，而且也很难获得持久的效果。社会主义意识形态话语权要想能够起到持久的效果，真正发挥其“软实力”，就需要跳出目前这种仅仅或者过于依赖“挑战—回应”“实践—策略”的思维模式，深入到学理的层面，着眼于从建构人们能够接受并认同的价值共识和信仰的意义上去把握社会主义意识形态话语权的“价值—信仰”思维模式。目前，从“价值—信仰”的层面进行哲学、价值论、文化学等方面的理论上的积极回应和建构性的研究比较缺乏，表现在解决问题的对策思路上，也多是停留在表面，而且不够系统，对策性措施大而化之，对解决问题缺乏针对性，触及思想深处的能够引起共鸣的思考和办法不多等。这就需要在研究中，既要注重“目标—策略”层面的思考，也要进一步将对问题的思考提升至“认知—解释”“价值—信仰”的高度，来增强对于问题阐释的力度。

第五，增强社会主义意识形态话语权的目标任务和方法论原则缺乏提炼和概括。不断增强社会主义意识形态话语权，既要着眼于对路径的研究和阐释。也要明确向什么方向努力、目标任务是什么、坚持什么样的方法论等问题。只有目标明确了，任务清楚了，方法正确了，才能在积极应对各种挑战中展现出社会主义意识形态话语的强大凝聚力和引领力。目前学术界对社会主义意识形态话语权研究的成果不仅缺乏也不系统，尤其是在对这些问题的研究中，缺乏能够很好将学术与政治结合起来进行社会主义意识形态话语权阐释的提炼和概括。

三、社会主义意识形态话语权问题的研究内容

本书的研究对象是社会主义意识形态话语权。该研究源于对当前学术界关于该问题研究中存在突出问题的反思而进行的专题性研究。在对该问题的研究中，既注重了对于该问题思考的基本概念的理解和把握，也强调了对该问题的理论基础和思想资源的梳理；既注重了对社会主义意识形态的生成基础、生成要素和生成逻辑的理性思考，也注重了对社会主义意识形态话语权建构的历史逻辑的把握；既注重了对社会主义意识形态话语权在当代面临的问题和挑战的分析，也强调了对面临问题和挑战的学理性分析；既注重了对增强社会主义意识形态话语权的生成路径上的理解和把握，也强调了对增强社会主义意识形态话语权在目标任务和方法论上的思考；既注重了对社会主义意识形态话语权作历史维度的思考，也强调了对其进行空间维度的分析。通过上述多层面的分

析，形成对社会主义意识形态话语权的多维视野的整体透视，深化对社会主义意识形态话语权的研究。基于上述思考，本书围绕社会主义意识形态话语权的研究主题，从基本概念、理论基础和思想资源、生成逻辑、历史建构、新时代建设等方面展开系统阐释。

本书除导论外，由相互联系的五章内容所构成，具体内容如下：

导论，主要对本书选题的缘由、研究现状、研究内容和意义等问题进行了学术梳理和论证。在该部分中，立足于世界百年之未有大变局、新时代我国社会主要矛盾的变化和实现中华民族伟大复兴三重语境下社会主义意识形态话语权问题的凸显阐释选题的缘由，并在对学术界相关理论研究取得的进展进行了观点的提炼和概括的基础上，指出学术界在该问题研究中存在的突出问题，提出了本书的研究对象和主要内容，阐述该研究的理论意义和实践意义。

第一章，社会主义意识形态话语权的相关概念概述。从对意识形态的概念辨析入手，揭示意识形态概念的本质特征和主要功能，然后在分别对话语权和意识形态话语权概念进行学理分析的基础上，突出了对意识形态话语权的构成要素以及其与经济、政治、文化话语权的关系、与领导权和管理权的关系等。最后就社会主义意识形态话语权的丰富内涵、功能和作用方式等问题进行较为系统的阐释。

第二章，社会主义意识形态话语权的理论基础和思想资源。在当代语境中把握社会主义意识形态话语权，不能离开以不同时代围绕着该问题积累和传承过来的文化成果作为自己的理论基础和思想资源。本章站在历史唯物主义立场上，围绕马克思主义关于社会主义意识形态话语权理论、中国共产党关于社会主义意识形态话语权的论述等相关理论进行了系统梳理。

第三章，社会主义意识形态话语权生成的根源和逻辑。社会主义意识形态话语权的生成不仅具有深刻的根本前提、内在动力和实践源泉，而且也是构成话语权的各要素的相互作用逻辑地生成的过程。在本章中，主要围绕着社会主义意识形态话语权的历史生成，从社会主义意识形态话语权的生成根源、生成要素和生成逻辑方面，展开对社会主义意识形态话语权生成的根源和逻辑的全面分析。

第四章，社会主义意识形态话语权的历史建构。本章沿着社会主义意识形态话语权从提出、发展到确立的历史逻辑中进行把握，揭示了由马克思恩格斯创立、经列宁发展而形成的马克思主义关于意识形态的基本原则以及在当代理解中的境遇、社会主义意识形态话语权的概念和原则的确立、社会主义意识形态话语权在当代中国历史建构的成功探索等问题。

第五章，社会主义意识形态话语权的新时代建设。立足于世界百年未有之大变局这一社会主义意识形态话语权建设的时代境遇、新时代的矛盾叠加引发的话语冲突、话语权自身存在的不相适应等诸多问题，主要从社会主义意识形态话语权建设的目标要求、方法原则和主要路径展开阐述。从话语权建设的目标要求看，要不断推进马克思主义意识形态的中国化时代化大众化，不断提升展现新时代中国特色社会主义意识形态的强大影响力，讲好中国故事，传播中国声音；从话语权建设的方法原则来看，要坚持党性和人民性、理论性与实践性、主导性和多样性、理想性和现实性、民族性和世界性、继承性和创新性、包容性和批判性等的辩证统一；从话语权建设的主要路径看，主要从在坚持马克思主义的指导地位中加强话语的引导力、在语境变化和彰显话语主题中增强话语生命力、在不断增强社会主义文化自信中强化话语吸引力、在践行社会主义核心价值观中增强话语凝聚力、在完善制度的保障作用中增强话语权影响力等方面进行阐释。

四、社会主义意识形态话语权问题的研究意义

开展对社会主义意识形态话语权的研究，不仅具有重要的理论意义，而且也具有重要的实践意义。

（一）社会主义意识形态话语权问题研究的理论意义

开展社会主义意识形态话语权研究，围绕当前学术界对该问题的研究中存

在的突出问题，着眼于话语权的当代建构具有重要的理论意义。

第一，有助于拓展和深化对社会主义意识形态话语权的系统理解。习近平总书记指出："落后就要挨打，贫穷就要挨饿，失语就要挨骂。形象地讲，长期以来，我们党带领人民就是要不断解决'挨打'、'挨饿'、'挨骂'这三大问题。经过几代人不懈奋斗，前两个问题基本得到解决，但'挨骂'问题还没有得到根本解决"[①]，这就是需要通过话语权的构建来解决"挨骂"的问题。在这方面，马克思等经典作家关于社会主义意识形态概念以及围绕该概念展开的基本理论，是我们新时代进行社会主义意识形态话语权建构的理论基础。中国特色社会主义理论是马克思主义意识形态理论中国化的创新成果，也是我们在今天创新意识形态话语、丰富意识形态话语内容的重要依据。开展对社会主义意识形态话语权的系统研究和阐释，有助于实现中国特色社会主义意识形态话语理论在实践中的与时俱进和创新发展。

第二，有助于推进社会主义意识形态话语权建构的研究深化。在我们迈向社会主义现代化强国新征程中，我们不仅面临国际国内形势变化给我国意识形态领域带来的各种不确定性风险，而且也面临着网络信息技术在当代的发展对社会主义意识形态话语权提出的新要求以及诸多挑战，这也将在新时代如何建设具有强大凝聚力和引领力的社会主义意识形态话语权的战略任务历史性地摆在我们面前。面对社会主义意识形态话语权的时代境遇，必然需要我们着眼于新时代这一当代语境，紧紧扎根于中国特色社会主义实践这一基础之上，通过系统研究建构富有时代感和生命力的社会主义意识形态话语权。

第三，有助于对作为马克思主义中国化的最新理论成果、21 世纪马克思主义的习近平新时代中国特色社会主义思想的深化研究。我党高度重视和强调牢牢掌握意识形态工作的领导权、管理权、话语权。党的十八大以来，在推进马克思主义中国化的进程中，面对新时代国际国内环境出现的一些新变化，我们党发扬伟大的历史主动精神，不仅提出了要防范化解意识形态领域重大风

① 《习近平关于社会主义文化建设论述摘编》，中央文献出版社 2017 年版，第 211 页。

险，而且也积极从容地应对意识形态领域的风险挑战，有力地推进了社会主义意识形态理论的完善发展，形成了作为习近平新时代中国特色社会主义思想重要组成部分的建设富有强大凝聚力和引领力的社会主义意识形态话语理论。站在新时代的高度，在把握新的时代所带来的新的历史机遇的基础上，探讨并创新社会主义意识形态话语权理论，可以有力地推动习近平新时代中国特色社会主义思想的研究在时空维度上向纵深发展。

（二）社会主义意识形态话语权问题研究的实践意义

开展对社会主义意识形态话语权的研究，还具有重要的实践意义。

第一，有助于巩固马克思主义意识形态在政治思想文化领域的主导地位，巩固全党全国人民团结奋斗的共同思想基础。习近平总书记多次在讲话中阐述“两个巩固”根本任务的重要性。从当前我国的社会主义意识形态话语权建设来看，既面临着国际国内环境变化的影响，也面临着各种社会思潮，特别是资本主义意识形态侵袭而引发的话语权的挑战以及由此而展开的话语权之间的较量。通过对该问题的研究，不仅有利于增强社会主义意识形态的感召力、凝聚力和引领力，牢牢掌握意识形态话语权，而且也有助于通过实现社会主义意识形态话语权的与时俱进和理论创新，不断提升马克思主义在当代中国的强大生命力和影响力，夯实社会主义意识形态作为我国主流意识形态话语的理论基础，同时发挥其在统一人们思想意志、不断形成人们思想上的广泛价值共识中的重要作用，切实实现“两个巩固”的根本任务。

第二，有助于不断提升我们对社会主义意识形态的话语自信。在中国社会主义的长期发展中，我们党带领全国各族人民走出了一条中国式现代化新道路，形成了习近平新时代中国特色社会主义思想，彰显出了社会主义制度在当代中国的强大的制度优势和治理效能，这一切都使我们有足够的理由充满自信。习近平总书记多次强调指出这种自信的重要性，为此，他要求我们不断增强“四个自信”。他还指出：“当今世界，要说哪个政党、哪个国家、哪个民族能够自信的话，那中国共产党、中华人民共和国、中华民族是最有理由自信的。”[①]这其中也包括话语自信。“四个自信”不仅是基于中国特色社会主义实践经验的总结，用具有中国文化鲜明话语载体表达并提出的，而且也是因为这种话语的自信又是建立在“四个自信”所具有的科学性、人民性、实践性和制度的优越性基础之上的、一种具有极高可信度的话语表达。因此，在“四个自信”中深蕴了社会主义意识形态及其话语的自信，并通过话语自信表现出来。因此，进行以增强社会主义意识形态话语权为主要内容的思想理论建设，不仅可以有效地强化和提升社会主义意识形态话语的生产和供给质量，而且也可以从根本上改变当前我们在话语权方面存在的某种程度上的“弱化”“边缘”以及“无语”“失语”等困境，走向对社会主义意识形态话语的高度自信。

第三，有效地回应西方话语霸权及其在意识形态领域对我们发起的话语挑战。中国和平崛起已经成为新时代的最强音，但不可否认，也存在着一种与和平发展不相和谐的抹黑中国、唱衰中国、毁誉中国的声音，中国也因此被推到了一些西方国家进行意识形态挑战的前沿。在面对国外一些国家纷纷开始占领意识形态的网络话语高地，利用各种现代传播手段，布局意识形态话语权的情况下，身处世界环境中的我们，唯有发扬斗争精神，主动作为，积极应对各种意识形态话语挑战，同各种话语霸权和意识形态话语的攻击勇于斗争，善于斗争，才能提高我们抗击意识形态风险的能力。在这方面，社会主义意识形态话语权的重塑尤为重要。习近平总书记要求我们，“要精心构建对外话语体系，发挥好新兴媒体作用，增强对外话语的创造力、感召力、公信力，讲好中国故事，传播好中国声音，阐释好中国特色”[②]，将中国和平崛起、共同发展、构建人类命运共同体的理念阐释好，为我国社会主义现代化强国的发展赢得良好的舆论氛围和国际环境，增强中国话语的国际影响力，向世界展示中国包容他者的博大胸怀。不仅如此，还需要我们在社会主义意识形态话语权方面不断进行话语创新，深化对社会主义意识形态话语权的学理研究，既讲清楚话语权何以

① 习近平：《在党史学习教育动员大会上的讲话》，人民出版社 2021 年版，第 9 页。

② 《习近平关于总体国家安全观论述摘编》，中央文献出版社 2018 年版，第 107 页。

生成、生成的基础和动力问题，而且也要讲清楚话语生成权力的内在逻辑和实践途径等问题。通过这种研究和探讨，为开展社会主义意识形态话语权的斗争提供自信的理论指导，同时服务于中国共产党的治国理政和社会主义事业稳定发展的需要。

第一章　意识形态与社会主义意识形态话语权的基本概念

社会主义意识形态话语权是一个关乎政党、民族和国家生存发展和前途命运的重大问题，作为上层建筑的重要内容，它在本质上是指作为思想上层建筑所具有的权威性。正如任何一种思想观念的产生都不完全由人的意志所决定一样，社会主义的思想上层建筑也有影响其生成的决定因素，其中最主要的因素有经济基础和人民群众主体的利益诉求两个方面，它们二者共同决定了社会主义的思想上层建筑所反映的客观内容。不过，要想全面理解和把握意识形态话语权，还必须深入到对其反映内容的话语表达、传播及其效果的过程中去，只有这样，才能将话语权生成的本质和过程完整地再现。不仅如此，社会主义意识形态话语权还是一个与资本主义意识形态话语权相对应的概念，这两个概念又进一步构成意识形态话语权的两种形式。这意味着，对于社会主义意识形态话语权的理解和把握，不仅要将其放到与资本主义意识形态话语权的关系中来加以把握，而且也要将其所具有的“特殊”放到与意识形态话语权的“一般”的关系中来进行思考。这样，对意识形态话语权的理解，又需要在对意识形态和话语权概念的辨析中才能得到正确界定。在本章中，我们将主要围绕意识形态、话语权、意识形态话语权以及社会主义意识形态话语权几个概念问题展开分析和思考。

第一节　意识形态的内涵和功能

意识形态自提出以来，就一直备受许多思想家所关注。不同学者基于不同的政治立场和学术背景对其进行研究，形成了对意识形态概念的各自不同理解，使意识形态概念具有很大的复杂性。因此，在对意识形态话语权研究之前，我们首先从对意识形态的概念界定、本质特征和主要功能等问题的分析开始。

一、意识形态的内涵界定

英国文艺复兴时期哲学家弗朗西斯·培根在其著作《新工具》中分析了产生谬误和偏见的原因，他将这些原因用“四假象说”来概括：第一种是种族假象，这是人类作为一种有限的、有理性的种族群体都会有的局限性，也就是说人类在认识事物时总是运用自己的尺度以及人类的视角而不是按照事物如其本然的样子去理解它，培根在此处进行了举例，他指出我们的认识如同一面镜子要对自然事物进行一种反映，但是由于我们按照自己的尺度以及理性去认识事物，导致这面镜子本身就是凹凸不平的，我们所认识的也不可能是事物真实的样子。第二种是洞穴假象，这一假象由种族具体到了每一个人。在培根看来，每一个人的出身、所接受的教育、成长的环境以及个人习惯有所不同，这就会导致每个人在认识事物时会带有自身的偏见以及喜恶，因此人们认识的事物不是客观的。第三种是市场假象，在培根看来，人们在进行交往活动过程之中，会运用语言以及文字进行思想的交流，但是人们的交往所借助的概念和语词也会出现错误，从而阻碍科学的进步。第四种是剧场假象，培根认为一些哲学体系比如诡辩派哲学、狭隘的经验派哲学以及迷信的哲学，这些哲学体系不仅没有促进学术以及科学的进步，反而对科学以及学术的发展起到了阻碍的作用。培根尽管提出了四假象说，但实际上可以将其归结为两类：一类是无论由于种族的缘故还是个人所受教育的不同而导致的人们固有的偏见，另一类是培根所处的时代流行的哲学体系和哲学方式。在培根看来，这些假象作为先入之见盘根于人们的头脑之中，使人们难以克服，从而极易形成各种偏见，影响人们对客观事物的看法以及判断，进而使人们难以形成科学的观念。培根在感觉之外探讨了人类产生偏见和谬误的原因，指出人类的观念以及感觉不可能是准确无误的，它们是极易发生错误的，初步揭示了意识形态的虚假性问题，这可以看作是催生“意识形态”概念产生的理论先导。培根的“四假象说”推动了人们对于意识形态问题的探索，最终促成了特拉西“意识形态”概念的正式提出。

法国思想家特拉西是正式提出“意识形态”概念的第一人。特拉西将由希腊文“理念”和“逻各斯”组合生成的“意识形态”一词定义为“观念的科学”，认为“意识形态”的功能在于破除人们对观念的各种偏见，为已经产生和即将产生的各种思想观念和理论体系确立一套评判标准，剔除那些充斥着各种偏见和谬误的思想理论体系。特拉西是彻底的感觉主义者，他十分强调感觉在构成知识中的作用，认为人们一切思想观念的来源都是感觉。这种处于认识论层面上的“观念科学”与近代以洛克和贝克莱为代表的经验论哲学有相似之处。特拉西主张一切的思想观念以及知识都要经过感觉的检验和还原，但是宗教和世俗的权威是无法被感觉经验所检验和还原的，因此，他指出，宗教学说看似具有不可动摇的权威性，实际上只是一种偏见和谬误。特拉西的这一观点动摇了宗教权威，由此遭到了当时执政的拿破仑的反对。特拉西主张一切社会矛盾都不应该通过暴力的方式来解决，我们只需要在理性观念层面进行解决，社会矛盾便会迎刃而解，拿破仑将其称为“空想家”。拿破仑对特拉西这种处于认识论层面上的“意识形态”的批判与马克思、恩格斯批判青年黑格尔派所理解的“意识形态”概念有着异曲同工之处。

马克思在《〈黑格尔法哲学批判〉导言》中论述宗教时提出了一种颠倒关系。在马克思看来，人生活在现实的物质世界之中，而宗教作为一种现实世界的产物，是人创造了宗教，而不是宗教创造了人。但在宗教改革之前，它被看作是创造人、主宰人命运的事物，这就产生了一种颠倒关系，马克思在此处指出了宗教的虚假性——不是宗教创造了人，而是人创造了宗教。马克思在《德意志意识形态》之中，又把这种颠倒的关系放在了对黑格尔的批判之中，“观念变成了主体，而家庭和市民社会对国家的现实的关系被理解为观念的内在想象活动。家庭和市民社会都是国家的前提，它们才是真正活动着的；而在思辨的思维中这一切却是颠倒的。”① 马克思在这段话中的“国家”就是后来所讲的上层建筑，市民社会就是经济基础。在黑格尔看来，作为思想载体的国家，它规定着市民社会，并且决定着市民社会。实际情况并不是国家即上层建筑决定了经济基础，而是经济基础决定了上层建筑，国家作为一种理念的载体是经济基础的产物。黑格尔的这种颠倒关系是马克思理解意识形态的基础。

在《德意志意识形态》中，马克思对青年黑格尔学派进行批判时将他们的观点称为德意志意识形态，认为他们仅仅是用新的思想观念来反对现实世界的思想观念，而不是反对现实的物质世界本身，他们是以主观思维为出发点，走向客观的物质世界。在马克思看来，这种意识形态是在资本主义社会之中，统治阶级对被统治阶级的一种遮蔽，是资产阶级对无产阶级的一种遮蔽，这种遮蔽是一种整体性的遮蔽。马克思将这种意识形态称为虚假意识，它本质上是意识和现实物质世界关系的一种颠倒。这种虚假意识的本质就是统治阶级将自身的利益以一种虚假的方式虚幻成全社会的共同利益，从而蒙蔽社会成员，遮蔽现实社会中存在的矛盾，以维护现有的政治统治。资产阶级的虚假意识是建立在对统治阶级世俗权力附庸基础之上的。

马克思对意识形态的理解并不仅仅是站在否定性的层面之上，也同样站在中性的立场上对其进行分析。马克思认为，意识形态是社会结构的一个组成部分，它作为一种观念上层建筑，是以现实物质世界的经济基础为前提，并为其所决定着。同样，意识形态这种观念上层建筑也是对现实物质世界中的经济基础的一种反映，它是一种观念的国家机器，具有组织和动员社会成员的能力。在这里，马克思对意识形态就是在中性层面上理解的，它是处于马克思意识形态建构的层面上，而不是批判的层面之上。马克思还在肯定层面上将意识形态看作是推动无产阶级革命运动的积极因素。马克思指出：“批判的武器当然不能代替武器的批判，物质力量只能用物质力量来摧毁；但是理论一经掌握

---

① 《马克思恩格斯全集》第 3 卷，人民出版社 2002 年版，第 10 页。

群众，也会变成物质力量。”① 马克思认为，作为一种革命意识，意识形态对历史发展起着能动的推动作用，如果这种革命意识发展成为系统完备的理论体系，就会成为强大的现实物质力量，提高无产阶级的革命性，推动历史的进步。

可以看出，马克思在使用意识形态概念的时候，使用最多的是否定性的概念，但他也在中性和肯定的意义上来使用。由此便决定了对意识形态概念的分析主要关涉以下三个方面：在否定性层面上，意识形态是统治阶级将自身的利益以一种虚假的方式虚幻成全社会的共同利益，从而蒙蔽社会成员，遮蔽现实社会中存在的矛盾，以维护现有政治统治的工具；在中性层面上，意识形态作为一种观念上层建筑，以现实的物质实践为前提，既由其所决定，也同样反映着这种现实的物质实践；在肯定性的层面上，它是一种对于历史进步起着推动作用的革命力量。概括起来，意识形态是一个综合性的概念，对其的理解，既不能仅仅局限于某一层面分析，也不能局限于对其进行简单的、片面化的理解分析。至于对意识形态的虚假、科学与否，要看其作为一种观念上层建筑是否客观真实地反映了现实的物质实践，是否提高了人民的革命性，顺应时代发展的潮流，推动了历史进步。

二、意识形态的本质特征

从上面对意识形态概念的界定中，我们不难看出意识形态具有阶级性、相对独立性、实践性、历史继承性、现实性和公共性等本质特征。

第一，阶级性。任何一种意识形态都不是超阶级性和无阶级性的，它具有鲜明的阶级性。正如列宁强调的，一种意识形态绝不可能是超阶级的，它要么是资产阶级的意识形态，要么是无产阶级的意识形态。不同的社会集团出于自身的利益考量都会有不同的意识形态，意识形态就是“反映和维护的阶级利益，

① 《马克思恩格斯选集》第1卷，人民出版社2012年版，第9页。

体现的是特定阶级的愿望、情感、意志、要求和价值倾向等，是特定阶级的经济利益、政治利益等在观念上的理论化和体系化”。① 不同利益集团的社会地位直接决定了代表其意志和价值观念的意识形态在社会中的地位。在阶级社会中，“非统治阶级”为了争夺“统治阶级”地位，试图通过让社会成员认可自己的意识形态的方式来认可自己的政治统治地位，为此，他们便通过将代表本阶级的特殊利益打上为社会全体成员共同拥有的普遍利益的符号，以谋求全体社会成员对自己利益集团意识形态的认同。这样，统治阶级一旦获得了全体社会成员在思想上的认同，其政治上的统治自然也就得到巩固。就此而言，意识形态成为维护统治者进行政治统治的工具。因此，在阶级社会中，意识形态代表的是各种利益集团的利益要求，而不是每一个具体的社会成员的利益要求，意识形态对于每一个社会成员来说不是可以自我进行选择的，而是在无意识之中被赋予的“赠品”。

第二，相对独立性。意识形态尽管由社会存在和社会经济基础所决定，但也有其自身的发展规律，具有相对独立性。这种相对独立性的主要表现有两种：一种是社会中意识形态的发展步伐跟不上社会存在的发展步伐，处于落后地位，即在相对先进的国家之中，残留着大量相对落后的封建意识形态，这种处于落后地位的封建意识形态不仅不会对社会的发展起到积极的进步作用，反而会阻碍社会的发展与进步。在封建社会向资本主义社会过渡时期，占统治地位的封建主义意识形态已经不能适应并且落后于新兴的、逐渐发展壮大的资本主义物质生产方式，这时，封建落后的社会意识形态不仅不会促进资本主义物质生产的发展，反而会阻碍社会的进步。另一种是意识形态的发展先于社会存在的发展，这种先进的社会意识形态可以对整个社会的发展起到引领作用，并且可以预见未来社会的发展趋势，对整个社会发展起到积极的进步作用。如 19 世纪前后在经济上落后于英国的德国却诞生了黑格尔哲学，并最终产生出了马克思主义。科学社会主义在资本主义生产关系的大背景下诞生，但是当时

① 李朝祥：《国家意识形态特征的双重性》，《中共四川省委党校学报》2007 年第 4 期。

的资本主义社会之中并未出现社会主义的物质生产关系，在这一大背景下诞生的科学社会主义不仅对社会的发展起到了积极的进步作用，并且对未来共产主义社会的大致方向和基本轮廓进行了预见。

第三，实践性。意识形态是现实物质实践的直接产物，它随着社会实践的产生而产生，随着社会实践的变化而发展，在发展过程中实现其理论体系的不断壮大，最终反过来指导社会实践。首先，意识形态作为人们社会物质生产实践的直接产物，具有实践性。随着劳动工具的升级改造、劳动分工的逐渐精细化，人们的社会物质生产实践也越来越丰富，人与人之间的交往随着物质生产实践而变得更加紧密，人们的价值观念就在这种社会物质生产实践之中被塑造。其次，语言作为意识形态传播的重要载体，同样在社会实践之中产生。社会劳动实践的发展，使得社会共同体的成员更加紧密地聚集在一起，实践对社会成员团结紧密合作的要求逐渐提高，这种团结合作可以提高社会的劳动生产率，带来生产力的大发展，因此社会共同体的成员是自觉自愿地进行团结合作，语言就随着社会成员之间的团结协作在社会劳动实践过程之中诞生了。再次，意识形态为社会实践服务，并且接受社会实践的检验。意识形态作为一种观念上层建筑，其目的就是要为社会实践服务，意识形态不仅是为社会提供一种思想观念以及价值目标，而且也通过发挥思想观念对人的凝聚和团结作用，激励广大人民群众朝着意识形态所要求的价值目标不断努力奋斗。意识形态不仅仅是服务于社会实践，它同样也要接受社会实践的检验。意识形态是先进的、落后的还是虚假的，是对社会发展起阻碍作用还是对社会发展起积极的进步作用，都需要在社会实践中不断接受检验。

第四，历史继承性。每一种社会意识形态都是在特定的社会实践和政治经济状况的基础上所形成的，但这并不是说意识形态的产生与之前的意识形态毫无关系，仅仅只是当下社会政治经济状况的产物。意识形态是人们基于当下的社会实践和政治经济状况，在对前人所遗留下来的思想观念进行分析、加工、整理和改造的过程中，形成的适用于当下社会生活环境的新的价值观念。前人遗留下来的意识形态对当下意识形态的影响是客观的，是不以人的意志为转移的。但是，人们对前人所遗留下来的意识形态也并不是全盘地吸收和改造，而是将其中适用于当下社会环境的思想进行吸收和改造，抛弃那些落后的不适用于当下社会环境的思想观念。也就是说，意识形态的这种历史继承性是一种相对的历史继承，而不是绝对的历史继承，不是对以往的意识形态进行生搬硬抄，而是对以往的意识形态进行扬弃。

第五，现实性。意识形态作为一种思想观念，其本身并不是抽象空洞的，它总是指向社会现实。正如齐泽克指出："意识形态的功能并不在于为我们提供逃避现实的出口，而在于为我们提供了社会现实本身，这样的社会现实可以供我们逃避某些创伤性的、真实的内核。"①意识形态不仅存在于人们的头脑之中，同样存在于社会现实之中。意识形态的现实性就在于它具有现实的社会物质实践基础，作为一种观念上层建筑的意识形态是在社会物质实践基础之上产生的，并且要随着社会物质实践的变化作出相应的改变，以适应其发展。意识形态的现实性还表现为意识形态在运作过程之中总是带有一定的现实目的，也就是说，不论是在社会中处于支配地位的统治阶级意识形态，还是在政治舞台中处于非统治地位的意识形态，它们要么是为了维护现有的统治秩序，要么是为了推翻现有的统治秩序，总之，都是带有一定的现实目的性。意识形态的现实性同样表现为社会成员出于一定的现实的目的，总是要接受社会意识形态的教化，否则其行为不可能被社会整体所接纳，只有自然存在物才可以逃避社会意识形态的教化。甚至可以说，社会成员接受社会意识形态的教化是从事社会物质实践活动的基础和前提。

第六，公共性。意识形态这一概念不仅具有现实指向性，它同样具有公共规范性。作为社会生活中一种普遍价值观念的意识形态，应当获得社会政治共同体之中全体社会成员普遍的认同以及广泛践行。但是在现实的社会生活中，一种意识形态想要获得全体政治共同体成员的认可和践行是不可能的。但是，

① ［斯洛文尼亚］斯拉沃热·齐泽克：《意识形态的崇高客体》，季广茂译，中央编译出版社2002年版，第64页。

追求意识形态的公共性是任何一种政治共同体的实践追求和价值旨趣。就意识形态的公共性而言，它通常在“有关公众的”和“为了公众的”两种意义上来理解。资产阶级的旧意识形态也具有追求公共性的尺度，新兴资产阶级在反对封建制度和宗教王权时提出要建立一个自由、平等、博爱的新社会，也就是我们所说的市民社会。但是由于资产阶级自身的阶级立场以及其指导实践的思想方法的局限性，他们所要建立的市民社会仅仅只是一种物化的市民社会。在这种物化的市民社会之中，意识形态代表的仅仅是各利益集团的利益，并不是代表全体社会成员的公共利益。因此，资产阶级意识形态的公共性是一种虚假的公共性。而无产阶级谋求全人类的自由平等以及全人类的解放，无产阶级的意识形态不是代表某一特定社会阶层和社会集团的利益，而是代表绝大多数社会成员的共同利益。因此，无产阶级意识形态才是真正具有公共性的意识形态。

第七，总体性。意识形态并不是抽象空洞的，它是由许多部分构成的有机的思想体系。各个部分相互补充、互相渗透，共同构成了意识形态的整体。政治思想和经济思想在社会意识形态体系中处于第一层次。政治思想是有关国家政治体制、政治制度以及社会利益集团利益分配问题的理论体系，经济思想是关涉国家经济体制、经济秩序以及经济制度等问题的理论体系，它们是统治阶级根本利益的最直接的体现，在一定程度上直接捍卫了统治阶级的统治地位。政治思想和经济思想不仅在一定层面上规范社会成员的行为，而且规范和制约着其他社会意识形态，在社会意识形态体系中处于支配地位。社会思想、文化思想以及艺术等，它们与政治现实以及统治阶级的关联不如政治思想以及经济思想密切，但它们却是直接影响到了民众的日常生活，在社会生活之中起到思想政治教育的作用，对广大人民群众政治心理以及社会心理的形成具有重要的作用，它们在社会意识形态体系中处于中间层次。宗教与哲学在社会意识形态体系中处于第三层次，它们与政治现实还有经济基础的联系最为疏远，往往需要通过许多中间环节才可以和社会政治以及经济基础联系起来，但是在发生政治斗争以及意识形态领域的争斗时，宗教和哲学就是最为明显的表现方式。处于第三层次的哲学在整个社会意识形态体系中，是构成其他社会意识形态的灵魂。

三、意识形态的主要功能

意识形态概念的界定，不仅涉及对其本质和特征的理解，而且也涉及对其主要功能的把握。对于意识形态的功能，可以从不同的视角进行分类，按照意识形态功能发挥作用的领域不同，可以将其分为政治、经济、文化和社会等功能。

第一，政治功能。政治功能也即对统治阶级统治地位合法性的辩护功能，它总是和政治权力联系在一起的，而任何权力的行使，都是建立在合法性这一前提基础之上的。一种权力，只有合法，才能有效地实施，确保社会政治秩序的稳定。这样，为统治者的政权合法性进行辩护，就成为意识形态的基本政治功能。意识形态为政权合法性的辩护方式主要有两种：第一种方式是意识形态借助话语这一传播中介使社会上绝大多数成员接受教化，使社会成员认同、支持、拥护这种社会意识，以此来论证统治阶级政治统治的合法性和有效性。在传统封建社会中，统治阶级维护其政权合法性仅仅是通过国家机器的强制压迫，从而迫使社会成员接受其政治统治，以维护其政治统治的稳定性。在近现代社会中，仅仅依靠国家机器暴力压制来维护政治统治合法性的统治集团，已经不可能长期而又稳固地存在下去。统治阶级在运用国家机器的同时，还必须要对社会成员进行观念上的政治教化，使其接受和承认政权的合法性。第二种方式是通过对社会多元文化背景之下“异己”的意识形态进行批判与排斥，从而保证自身意识形态的合法性与有效性。在任何社会之中，总是存在着占统治地位的主流意识形态和占非统治地位的非主流意识形态。非主流的意识形态为了争夺主流的统治地位，会对主流的意识形态进行批判和反抗，处于社会支配地位的主流意识形态为了维护其统治地位及其所代表的利益集团政治统治的合法性和有效性，会千方百计地对非主流意识形态进行批判。在当代社会之中，对“异己”意识形态的批判是维护国家意识形态安全的需要。当前中国正处于“转型期”，国家的发展在面临众多机遇的同时，也面对多元意识形态对马克思主义意识形态的冲击，我们要灵活应对各种挑战，牢牢掌握意识形态领域的领导权，维护好我国意识形态安全。

第二，经济功能。从意识形态的产生来看，它源于经济基础，并对经济基础的巩固和发展提供服务功能。这种经济功能既体现在对经济发展所需要的环境以及高效运转的制度体制方面直接提供经济社会发展的优良服务，也体现在通过建构与社会经济发展要求相契合的思想理论和价值观念，并对经济行为进行有效规范进而实现经济绩效的不断增长。就市场主体而言，作为经济活动的主要参与者，能否具有对市场秩序的良好意识，对社会经济的运行和发展产生十分重要的影响。为了实现这一要求，需要全体市场主体自觉遵守社会经济运行的秩序和规则。意识形态通过宣传经济秩序以及市场规则，使市场主体树立良好的市场秩序意识，从而使不同的市场利益主体共同遵守和认同市场规则，以维护良好的经济运行秩序。一个健康的市场秩序意味着该市场的主体都自觉地遵纪守法，才能使市场主体的市场经营活动平稳有序发展，降低市场监管和市场执法的成本，减轻社会经济运行的压力，释放市场主体的活力，推动社会经济的发展。反之，每一市场主体都不遵守市场秩序，市场秩序混乱无序，就会加重市场监管和市场执法的成本，给经济发展带来巨大的压力。良好的意识形态教育可以使市场主体自觉地遵纪守法，从根本上改变市场主体对市场秩序的认知，从而使市场主体自觉地认同并遵守市场秩序，在市场经济活动过程之中自觉地去规范自己的市场活动，以缓解经济发展的压力，提高社会经济治理的能力，促进社会经济健康平稳发展。

第三，文化功能。意识形态的文化功能指的是它既借助于文化而又实现对文化的影响功能。意识形态作为观念上层建筑，在其表述自己的思想观念、话语体系中，总是离不开“文化”这一产品形式的参与和表现，不管其是以哪一种形式参与其中，都不过是服务于社会谋求价值共识的需要，并使之成为既为社会所倡导，也能通过提供文化功能，给人们实现自己的美好生活愿景和价值理想提供不竭精神和文化的强大动力。意识形态之所以能够体现出这种文化功能，根本在于相对于文化而言，意识形态不仅构成文化的核心，而且也是文化的本质，并由文化现象表现自己的这种本质。正因为如此，当一种文化在变化和发展的过程中，必然伴随着意识形态的变化和发展。同样，文化现象的变化，又在于构成其本质的意识形态的变化引起并对其产生作用的结果。就此而言，它体现了意识形态所具有的文化功能。意识形态对文化所产生的这种影响功能，一是使文化得到延续的功能。意识形态作为一种观念上层建筑，其作用的发挥是借助于政治法律、思想道德等文化载体来实现的，在这一过程中，总是体现着对契合意识形态话语要求的已有文化传统的继承。而这种继承不是简单的一种拿来主义，而是将之前已有文化中的合理成分进行传承和发展。二是对社会成员进行“教化”的功能。这种教化功能，通过传递社会价值取向和思想观念，对社会成员进行认知层面的塑造。意识形态作为一种政治性、制度性的价值观念体系，在社会政治生活中对文化的发展划定一定的界限，将人们的思想意识活动框定在意识形态所划定的范围之内，为人们的思想活动提供特定的意识形态环境，从而在潜移默化之中改变并且塑造着社会成员的社会认知以及思想观念。三是进行文化创新的功能。意识形态是随着社会实践的产生而产生的，它由社会实践所决定，同时随着社会实践的变化而不断发展变化。社会实践不断发生变化，社会政治思想、经济思想、法律、艺术、宗教和哲学等社会意识形态体系的组成部分也会随之发展创新，社会意识形态也就起到了文化创新的作用，这些创新之后的社会意识形态又会反过来指导社会实践，推动社会实践不断发展。

第四，社会功能。从社会的角度看，无论是哪一个社会，都是由不同阶级、不同阶层、不同群体所组成的有机共同体系统。每一个阶级、阶层和群体总是基于自己的利益诉求来表达自己的思想观念和价值主张。为了确保社会的稳定和发展，特别是出于对自己统治地位巩固的考虑，总是试图从对社会各种不同利益及其主张的整合出发，确立一种在社会层面具有引领力的意识形态话语，以更好地发挥其社会功能。意识形态的这种社会功能主要表现在：一方面，是确立和规范社会秩序。意识形态作为统治阶级进行政治统治的精神工具，它为社会制定规范秩序，对社会成员进行教化，使社会成员在从事社会实践的过程之中，自觉规范自己的行为，主动遵守社会秩序，从而使社会更加稳定。另一方面，是对社会资源进行协调与整合，凝聚社会力量。随着社会的发展，社会中利益集团的增多，各种利益集团之间矛盾与冲突也逐渐增多，社会利益矛盾逐渐向复杂化方向发展，因此，协调各种社会利益、整合社会资源是社会迫在眉睫的任务。意识形态作为“合法性”的代表，具有这种协调社会利益矛盾冲突、整合社会资源的功能。葛兰西将意识形态所具有的这种整合与协调社会资源的功能概括为“社会水泥”，他十分强调意识形态的领导权，指出无产阶级要推翻资产阶级的统治，首先就必须确认意识形态的领导权，而不是夺取政权和控制社会，无产阶级革命不仅仅是夺得政权的问题，更是争夺意识形态领导权的问题。而争夺意识形态领导权，就要发挥意识形态这种整合与协调社会资源的功能，调动社会资源，从而动员和凝聚社会力量。

第二节　话语权与意识形态话语权的概念界定

在上一节中，我们就意识形态进行了概念界定，对该概念的分析和明晰，为我们正确理解和把握意识形态话语权提供了重要的理论前提。但是，要想对意识形态话语权有一个准确全面的理解和把握，还必须对话语权概念进一步展开分析。在本节中，我们接着对话语权和意识形态话语权概念进一步展开阐释。

一、话语与话语权

“话语权”是由“话语”和“权”结合而成。对“话语”和“权”进行概念的明确界定，是我们把握话语权这一概念的前提。

“话语”一词，可以追溯到希腊语“discourse”，它有交谈、讨论之意。话语是社会行为主体在一定的社会环境中传递信息的一种语言。“语言”则是人们在沟通交流过程中所使用的工具。要对“话语”一词进行考证，首先就需要对“话语”和“语言”进行辨析。一方面，“话语”与“语言”不同，首先，话语包括了话语发起者和话语接受者，而语言仅仅只是一种媒介、工具，不包括发起者和接受者。其次，话语涉及所要表达的具体事物以及具体事件，但是语言仅仅只是涉及符号与符号之间的关系。最后，话语可以实现人与人之间思想意识的交流以及交换，但是语言作为人与人交流的一种工具，仅仅只是为这种交流提供一种规则。另一方面，“话语”和“语言”之间虽有不同，但也是紧紧联系在一起的，任何话语的表达都离不开语言这个媒介。一个完整的话语包括话语发起者和话语接受者以及话语内容。话语发起者发起话语时，借助语言这一媒介，总是带有自己的目的，所表达的话语一定是体现了自己的立场和利益。对于话语接受者来说，他对于话语发起者所发起的话语是否接受以及接受的程度也会根据自己的立场和利益有所不同。这都表明，话语所传递的信息带有明显的意识形态性。

“权”这一概念，具有两种含义，即权利之权、权力之权。与之相对应，话语权也有两种理解，一种是话语权利，话语权利通常是指公民所拥有的说话的权利、表达的权利、发言的权利、诉求的权利，它是与义务相对应的概念。另一种是话语权力，它与政治密不可分，是指社会利益集团通过权力来支配控制和引导社会的舆论风向，从而达到维护其统治秩序的目的。权利保证了每个社会主体都具有话语权，而权力则决定了社会主体所拥有的话语权的大小。

米歇尔·福柯从权力角度对话语现象进行了分析。在谈到对权力的理解时，福柯解释道，应该区分两种不同的权力：即压制性权力和规范性权力。从压制性的角度思考权力是一种传统的思维方式，但是在福柯看来，现代社会中绝大多数重要的权力关系不是压制性权力，而是一种以更微妙、更为隐匿的方式发挥作用的权力，也就是规范性权力。说到权力，人们往往会将其和暴力联系在一起，无论是身体上的暴力还是精神上的暴力，实际发生的暴力或者威胁性的暴力等。压制性权力即人们想做一件事情，但是其他人会用他们的权力强迫你去做他们命令的另一件事情，例如，一个法官下令将罪犯关押二十年或一个愤怒的老板告诉他的员工按照他说的去做否则就会被开除。我们不难看出，压制性权力是有效的并且是最明显的权力形式。但是，它不过只是一种次要的权力形式，在人们的日常生活之中，仅仅极少数情况下会受到压制性权力所带来的影响，如只有少数人会因为偷窃入狱，绝大多数人不去偷窃，并不是因为害怕“入狱”，而是因为他们不想偷东西。再如绝大多数人在街上看到丢失的钱包，会原封不动地交还给失主，这就是福柯规范性权力思想的来源。压制性权力强迫人们去做不想做的事情，规范性权力使我们想做我们不得不去做的事情，这种权力将人们变成自动地、按自己意愿去做社会期待他们做的事情的人。规范性权力构建了我们对世界以及对自己的看法，塑造了我们的信仰和选择。同时，也使我们认为，这就是我们自己的信仰和选择。在福柯看来，没有社会，人甚至都不会成为人，所有人不论是现在还是未来都是在被社会规范化的。压制性权力之所以是次要的，是因为实际的情况就是，人们不需要胁迫和压制也会去做你想让他们做的事，是他们自己认为这是在做正确的事情，这正是通过规范性权力所达到的，规范性权力是首要的权力。福柯指出，权力并不是少数有权势的人以牺牲他人为代价来行使的，每个人都在权力的限制约束之下，所有人都一样，没有人是自由的。福柯在法兰西学院“话语的秩序”讲座中，放弃了话语的自律性，并给出了新的论断，指出任何话语都是规训，权力通过对话语的有效监控和改造来治理人们，任何知识的建构和传播都是话语规训的手段，这表明福柯对话语的理解由考古学转向了谱系学。福柯认为，话语是实证性的、物质性的实践，不是先验的、神秘的，话语之间相互吸引、排斥、替换，话语实践就是系统地描述话语的对象、限定话语的特殊性、有差别地分析各种话语方式。在福柯看来，话语与权力不可分离，产生和传播话语的机构本身就是规范性权力的来源，话语本身就是一个极为重要的规范化标准，它不可以脱离权力，也在围绕着我们的社会结构发挥极其重要的作用，这些社会结构不断地对我们每个人施加规范性权力，人受到话语的支配，话语是权力的表现方式。

概言之，“话语权”可以从“话语”的“权利”和“权力”两个维度来理解，指的是话语所具有的表达和言说的权利以及通过表达和言说去影响他人的一种能力。可以看出，这两个维度并非毫不相干，而是相互联系的。人们进行表达和言说总是出于一定的目的，服务于维护自身利益的需要。当人们进行言说和表达时，如果发现言说和表达并没有达到自身预期的目的甚至对自己的利益有所损害时，就会要求提升和扩大自己的话语权力，以达到自己预期的目的，维护自身的利益。就此而言，“权利”维度上的话语权是“权力”维度话语权的前提和基础，“权力”维度的话语权则是“权利”维度话语权的目标，二者是理解“话语权”的两个不同而又互相联系的重要维度。

二、意识形态话语权

意识形态的存在并不是孤立的，话语是其载体，它只有以话语为载体并且通过话语体系的系统表达，才能够被人们接受、支持或者反对，这种意识形态，如果想要维护自身利益集团的利益以及维护自身利益集团的政治统治，就必须建构意识形态话语权。

意识形态话语是意识形态与话语的相互融合。在意识形态与话语之间，任何一种意识形态都是要通过话语加以表达的，而话语则是对意识形态进行表达的工具和载体，二者相互依赖、相互影响，具有内在的关联性。意识形态作为特定的阶级和利益集团的统治工具，只有借助于一定的话语体系，才可以将利益集团的特殊利益转变成公共利益，也才可以将利益集团的特定思想观念转变成普遍的价值观念，进而使社会群体所接受并对社会群体形成约束作用。因此，意识形态话语是一定的社会阶级、社会利益集团表达自身利益诉求的语言，是意识形态表达自身的一种途径。意识形态话语的表达形式具有不固定性，它并不局限于某一固定的表达形式，它可以是语言符号也可以是思想观念，具有一定的多样性。意识形态话语具有渗透性，它渗透于一切社会活动之中，并且随着社会实践的发展而不断发展。话语本身也具有鲜明的意识形态属性，统治阶级如果想要使自己的话语被社会成员普遍接受，也必须建构意识形态话语权。

在上述的讨论中，我们从“话语权利”和“话语权力”两个层面对话语权进行了理解，同样，意识形态作为一种令人信服的力量，也应该以“话语权利”与“话语权力”为支撑。首先，意识形态话语权意味着一种话语权利。在社会实践中，意识形态作为一个阶级或利益集团的思想观念和价值取向，想要获得支配地位，就必须保证话语的主体有表达自己思想观念的权利。其次，意识形态话语权意味着一种话语权力。从话语权力层面来看，以话语为载体并且通过一定的话语体系所表达出来的意识形态，总是以维护自身利益集团的利益和统治秩序为目的，要想达到这一目的，就需要建构属于自己的话语权。因此，意识形态在社会生活实践中总是与一定的权力属性相联系，谋求与国家政治权力相结合，一方面，通过宣传、说服、感染等非强制的方式塑造意识形态话语，支配和控制社会的舆论风向，使人们自觉自愿地支持拥护这一意识形态。另一方面，意识形态在与国家权力的结合中，也通过建构起一套表达利益诉求的话语体系，对其他文化进行渗透和影响，迫使它们接受、认同和拥护自身的话语体系，进而获得社会中占据绝对优势的话语权，以维护自身利益和统治秩序。可以看出，意识形态话语的作用发挥不是在于强迫和强制民众认同，而是将意识形态自身所具有的优越性在传播过程之中展现出来，对民众形成吸引作用，并基于民众的自觉与自愿，通过话语将意识形态从外部渗透到公民的思想观念之中，使其自觉自愿地支持拥护这一意识形态，在社会中形成一股强大的影响力和感召力，进而维护统治阶级的领导权。现代意义上的意识形态话语权所指，并非是单纯表达自己思想观点的权利，而是指意识形态的领导权、主导权。这种领导权、主导权直接关系着民族和国家的政治地位。

当前，我国的意识形态话语权建设面临国内国外两方面的冲击。一方面，我国正处于社会的转型期，随着社会不断开放，作为我国主流意识形态的马克思主义面临多元化社会思潮的冲击和挑战而引发的一元与多元的相互冲突，一和多的冲突固然是由不同和差异所引起的，但在这种不同和差异的背后也蕴含着基于一和多关系的互补性，为了维护社会秩序，稳定国家政权，我们要在坚持马克思主义意识形态话语权的大前提之下，在差异中构建意识形态认同，在包容中增进意识形态的共识。另一方面，在当今时代，意识形态领域的斗争仍然十分激烈，话语权的争夺是意识形态领域斗争的焦点，谁占据了意识形态话语权的主导地位，就意味着谁就掌握了意识形态领域斗争的主动权，谁在世界舞台上发挥的作用就越大，其影响力也就越大。但是，这种话语的影响力与西方一些国家所持的话语上的强权逻辑、文化霸权不同，它是基于对平等、互利、合作、共赢的全球共同价值的尊重和认同。近年来，以美国为首的西方资本主义国家将代表着西方物质文明和精神文明的词汇和语言传播到世界各地，挤压着其他国家话语的生存空间，并且试图将中国特色社会主义的特殊性湮没在所谓“普世价值”的普遍性之中，从而建立意识形态话语霸权，面对这一挑战，加强社会主义意识形态话语权建设、维护意识形态的安全就显得十分必要。

三、意识形态话语权的构成要素

对意识形态话语权概念的理解，不仅要回答其“是什么”这一概念的基础问题，而且还要致力于对意识形态话语权构成要素的分析。意识形态话语权的各构成要素，分别从各自不同的角度对话语权的最后生成发挥着各自的不同作用。因此，对于这些构成要素的分析，有助于我们深化意识形态话语权概念内涵的理解和把握。

在意识形态话语权的构成上，通常可以从话语的主体、内容、载体、客体、效果等方面展开分析。这五个意识形态话语权的构成要素与哈罗德·拉斯韦尔所提出的“5W”相互对应。“5W”模式是由传播学奠基人之一哈罗德·拉斯韦尔于 1948 年在《传播在社会中的结构与功能》一文中提出的。“5W”即传播者（who）、传播内容（what）、传播渠道（in which channel）、受众（whom）、传播效果（what effect）。

第一，话语主体。在社会实践活动之中，人是一切活动的前提，没有人这个最基本的要素，一切社会实践都只能停留在空想和幻想的层面。意识形态话语权具有主体实践性，所谓的话语主体就是指在意识形态话语权建构过程中"谁在说"的问题。它既包括话语的生产者，也包括传播者和受众。概括来看，意识形态的话语主体既包括领导集体、政治家、理论家、知识分子，同时还包括意识形态工作者以及广大的人民群众，他们是介于政治家、理论家以及知识分子之间的群体。其中，领导集体始终处于引领全局的地位，政治家、理论家以及广大知识分子在意识形态话语权建设中具有一定的推动作用，而介于政治家、理论家以及知识分子群体之间的意识形态工作者是意识形态话语权建设的中坚力量，广大人民群众在意识形态话语权建设中则发挥着基础性的作用。由此可知，意识形态话语权建构的主体并不是单独的某个群体或者个人，而是各类群体、机构和个人的综合，具有多元性和综合性。因此，在意识形态话语权建构过程之中，就需要协调好各类主体之间的关系，使各类主体各司其职、通力合作，充分调动起他们的积极性和创造性，充分发挥意识形态话语权的主体力量。

第二，话语内容。话语内容就是解决意识形态"说什么"的问题。话语内容代表着话语主体的意志、思想和观念，是其利益的鲜明体现，因此，话语内容所表达的思想以及价值观念一定是与话语主体的利益相关联的。话语内容并不是抽象空洞的，它必须紧随时代潮流，做到与时俱进，根据社会发展的需要及时作出调整，以适应时代的发展。话语内容要植根于广大人民群众之中，要从复杂、抽象的理论体系落实到社会实践之中，切实回应人民群众在社会生活实践之中以及精神生活之中所遇到的困难以及热点问题。只有立足于人民群众并且适应社会实践发展变化的话语内容才具有更大的解释力，才可以更好地说服民众，使民众认可、拥护。

第三，话语载体。话语载体解决的是意识形态"通过什么方式说"的问题。话语主体将代表自身利益的话语内容说出之后，就要考虑以何种方式将这一话语内容传播和表达给话语客体，这就需要借助于一定的媒介平台，发挥这一功能的就是话语载体。话语主体在传播话语内容时总是要选择对自己最为有利的话语媒介，并借此充分表达代表自身利益的思想观念和价值取向，以期使自己的话语权得以立足并产生一定的社会影响。各利益集团在争夺意识形态话语权时总是通过掌控传播意识形态的媒介和平台以抢占先机。意识形态话语权的话语载体既包括广播、报刊、电视、微博、微信和抖音等平台，同时又包括各种国内国际会议、学术交流活动以及各种民间组织的活动。当前，随着虚拟网络的快速发展，如何更好地利用这一虚拟平台来加强广大人民群众对马克思主义的认识，是新时代加强意识形态话语权建设所面对的重要课题。

第四，话语客体。话语客体强调的是“对谁说”的问题，意识形态话语的接受者就是话语客体。话语客体不单单指某一个人、某一群体、某一社会机构和组织，它是指广大人民群众，话语客体是一个基数庞大的群体。人民群众作为一个基数庞大的群体，他们对待某一社会事件的看法可以从根本上改变这一社会事件的舆论导向。话语客体虽然不像话语主体那样具有强有力的话语权，但是他们具有充分表达自身意见的空间，他们对话语主体所传播的话语内容是否认同以及认同的程度对意识形态话语权的影响力起着至关重要的作用。因此，话语客体除了具有基数大的特质之外，影响大、范围广也是它的重要特质。意识形态话语要想得到话语客体的认同和支持，就必须使意识形态话语面向人民群众立言，回应人民群众需求，契合人民群众根本利益关切。

第五，话语效果。话语效果旨在解决“说得怎样”的问题。话语效果是指话语内容代表的话语主体的立场、观点以及价值取向是否达到了预期的某种效果，是否获得了话语客体的支持、拥护和践行。话语效果不仅仅是指积极的效果，它包括积极效果和消极效果两个方面。所谓的积极效果是指意识形态话语对个人和群体产生了积极的影响，使他们在认知和实践层面与主流意识形态相契合。消极效果是指意识形态话语对个人和群体没有产生影响或者产生了消极的影响，使他们无法认可并且践行主流意识形态。

上述五个方面意识形态话语权的构成要素，并不是互不相干的，而是相互联系、相互影响和相互作用的。正确处理好意识形态话语权五个构成要素之间的关系，既需要协调好这五个要素之间的内在逻辑关系，保持他们之间关系的协调，又使它们之间的这种关系协调统一于意识形态话语权生成的实践之中。

四、意识形态话语权与其他主要话语权类型的关系

研究意识形态话语权，不仅要对其进行概念的界定，把握其构成要素，还要研究它与其他类型话语权的关系。在与其他类型话语权的关系中，明晰意识形态话语权概念的外延和边界。

第一，与经济话语权的关系。一个国家意识形态的影响力以及与之相对应的意识形态话语权的地位在很大程度上取决于该国家的经济实力的大小，与经济实力相直接对应的是经济话语权。意识形态作为观念上层建筑，是由经济基础所决定的，经济基础决定政治上层建筑。一种意识形态所反映的经济制度如果具有强大的话语权，就可以释放出巨大的经济活力，从而提高社会生产率，实现经济的发展，人民收入水平会得到提高，广大人民群众就可以获得切实的经济实惠，这种意识形态就会得到人民群众的支持与拥护，进而在社会中拥有强有力的话语权。相反，一种意识形态所反映的经济制度如果不能给广大人民群众带来切实的经济实惠，那么，这种意识形态就不会被人民群众所接受，它也不会拥有强有力的话语权。但意识形态话语权与经济话语权之间并不是单纯的决定与被决定的单向关系，它们之间具有双向互动的关系，意识形态话语权对经济话语权具有反作用，“政治、法、哲学、宗教、文学、艺术等等的发展是以经济发展为基础的。但是，它们又都互相作用并对经济基础发生作用”①。社会主义意识形态包含着公平正义、道德诚信等价值观念，良好的意识形态教育可以使市场主体自觉地遵纪守法，可以从根本上改变市场主体对市场秩序的认知，使他们自觉地认同并遵守市场秩序，从而降低经济执法和管控的成本，

① 《马克思恩格斯选集》第4卷，人民出版社2012年版，第649页。

释放经济发展的活力，维护良好的经济秩序，使社会经济健康平稳运行，进而使经济话语权的影响力和领导力得以提升。

第二，与政治话语权的关系。政治话语权是一个国家对本国的政治发展道路、发展制度以及发展方向作出规定性说明的资格与能力，以及对国际政治秩序所形成的影响力。从国内层面来看，社会的主流意识形态对异己的意识形态进行排挤和打压，其目的就在于维护现有的统治阶级的政治统治，对现有的政治制度进行合法性辩护和诠释，巩固统治阶级政治话语权的地位。就此而言，加强意识形态话语权，有利于维护现有的政治制度，提高人民群众对政治制度的认同感，促进政治话语权的建设。与此同时，政治话语权影响力的提升也有利于意识形态话语权的建设。政治话语权的提升，意味着反映政治集团利益和意志的思想观念在意识形态领域中的话语权比重就会得到提升，意识形态话语权的影响力和领导力也会随之提升。从国际层面上看，意识形态在国际政治舞台上始终扮演着重要的角色。一个国家或地区在国际政治舞台上地位的高低，直接影响着这个国家或地区意识形态话语权在国际话语权中的地位。由此可见，意识形态话语权的影响力直接与政治话语权相对应，而政治话语权的权重，也直接影响着意识形态话语权的影响力。

第三，与意识形态领导权的关系。葛兰西提出了文化领导权思想。在葛兰西的思想中，文化领导权与意识形态领导权二者是相通的。领导权有广义和狭义之分，广义的领导权就是指政治统治和意识形态的领导，而狭义的领导权就是单单仅指意识形态的统治，葛兰西主要是在狭义上使用领导权这一概念。从狭义层面把握领导权，它指的是资本主义社会统治阶级对被统治阶级在精神层面上所实施的领导。具体而言，资产阶级通过一系列社会设施，例如工会、学校、教会等以及民俗和习惯来对公民进行意识形态的控制，在资产阶级虚假意识形态的粉饰之下，民众被资产阶级的虚假外衣所蒙蔽，看不清资产阶级政治统治的实质，在被蒙蔽的状态之下接受和认可了资产阶级的意识形态，由此认可了资产阶级的政治统治。葛兰西认为，在一个国家中，谁掌握了领导权，谁就占据了精神文化领域的制高点，谁的价值观念就可以在思想领域获得主流地位，而丧失掉领导权，就意味着其意识形态丧失掉了主流地位，其政治统治就会面临危机。在现代社会中，资产阶级进行政治统治不只是单纯依赖于国家机器的暴力强制，他们同样采取了说服与教化的方式，将其统治渗透于国家政治、社会和精神文化的方方面面，形成了一种整体意义上的霸权，这是现代资本主义政治统治的一种新的趋势。葛兰西指出，为了应对这一新的发展趋势，就要进行“阵地战”。无产阶级夺取资产阶级统治地位的首要任务不是暴力夺取政权，而是在意识形态领域占据制高点。无产阶级争夺领导权，绝不能只是对教会、工会、新闻传播机构等社会传播媒介进行统治占领，重要的是要彻底清除资产阶级旧有的思想观念以及意识形态，要在市民社会内部传播无产阶级的意识形态以及思想观念，使之成为社会主流的观念上层建筑。这场革命不仅仅是争夺政权的政治革命，更是一场争夺意识形态领导权的思想革命，这种新的革命形式，就是一场“阵地战”。在阵地战中，获得意识形态的领导权的方式绝不是暴力强制，而是对民众在思想上的征服。意识形态借助语言和话语体系，将其所代表利益集团认同的价值观念从外部嵌入民众的思想之中，逐步引导民众认同接受并且拥护这一价值观念，从而使其获得领导地位。可见，意识形态话语权和意识形态领导权都紧紧地掌握在统治阶级手中，二者都服务于共同的政治目标，即维护统治集团的利益。不仅如此，意识形态话语权和意识形态领导权作为一种“软实力”具有非强制性，但是，二者又都是以暴力性的国家机器为保障的。只有依靠国家机器，二者才可以有效运行。意识形态作为一种观念上层建筑，借助于话语体系表达出来，使得人民群众对其接受、认可并且践行，进而使得统治阶级掌握意识形态话语权。统治阶级在掌握了意识形态话语权后，就会充分发挥其引领导航作用，进而获得意识形态领导权。

第四，意识形态话语权与文化话语权的关系。文化话语权源于国家的自主提出，其表达的是与该国家文化相关的在话语、安全、发展、权益、利益等方面的诉求，它既是一个国家软实力的重要体现，也是一个国家文化主权的指标诉求，在对国家文化安全的维系中起着重要作用。这表明，文化话语权与文化安全紧密相关。在文化话语权与文化安全的关系中，文化话语权相对于文化安全，其重要性更为根本。一个国家的文化话语权，说到底是这个国家对文化主导权的掌控，也关乎着国家的文化安全。因此，一个国家和民族的文化话语权影响力越大，说明这一国家和地区的文化软实力越强，也意味着对自己文化主导权的拥有，一个拥有文化主导权的国家和民族，也就难以受到其他国家对其进行文化渗透的影响，该国家和民族在文化安全方面就会得到有效保障。在文化安全中，意识形态安全占据核心地位，并成为影响文化安全的关键。意识形态安全由于又与意识形态话语权密切相关，因此，与文化安全也密切相关，这就进一步使意识形态话语权与文化话语权之间表现出一种相互的联系，这样，意识形态话语权便通过对文化话语权的影响表现自己所具有的文化功能。一方面，意识形态与思想文化一样，同属于思想上层建筑，但是，它们之间的关系是一种内核与外围的关系，发生在不同意识形态之间的碰撞和较量，也会以作为思想观念的文化以及在不同文化之间的冲突中表现出来，其变化和发展的方向不仅受意识形态的引领和主导，而且也随着意识形态的变化要求而进行塑造。从这个意义上说，意识形态话语权一旦生成，在文化上的话语权也自然得到确立。另一方面，意识形态话语权相比文化话语权，尽管人们从其一提出就围绕着它展开了无尽的探索，而且对这一概念的争议也一直不断，但与文化话语权之“文化”这样一个宽泛无边的概念相比，它不仅在内涵的理解上范围更小、问题更聚焦，而且作为对文化发展起着影响制约作用的意识形态概念，无疑为人们对文化话语权的研究找到了一个最具解释力的切入点。

第三节　社会主义意识形态话语权及其功能

在上述分析中，我们对意识形态、话语权以及意识形态话语权的相关内容都进行了概念上的界定以及系统的考察。在这一节中，我们进一步理清社会主义意识形态话语权的概念内涵、特征、功能以及作用方式。

一、社会主义意识形态话语权的含义

理解“社会主义意识形态话语权”这一概念，首先要对“社会主义意识形态”这一前提性概念进行分析。

如前所述，在马克思那里，意识形态概念通常在“虚假的观念”、区别于无产阶级意识的思想体系和特殊的社会意识三种意义上进行把握。首先，就“虚假的观念”而言，它指的是与历史唯物主义相对立的一切唯心主义，体现了马克思对意识形态的批判性。这种批判性，又集中体现为对资产阶级的意识形态所展开的批判性。恩格斯晚年在写给梅林的信中对唯心主义意识形态为什么具有虚假性这一问题从认识论进行了批判。在恩格斯看来，各种唯心主义的意识形态，之所以呈现在人们面前的是一种如同照相机在成像的过程中所出现的倒立的颠倒关系一样，其本质不过是统治者们“自己为自己编造出诸如此类的幻想”①而已。其次，就区别于无产阶级意识的思想体系而言，指的是作为统治阶级的资产阶级的思想体系。从根本上说，这种统治阶级的思想体系是基于本阶级在利益上的需要编造而成的，不过是他们一厢情愿地意图维护自己统治的“阶级的”意识和观念，这种意识形态将自己之外的其他阶级排除在意识形态之外。其他阶级，特别是作为与资产阶级相对立的无产阶级为了争取自己的权利和利益，不得不与他们展开斗争，为了更好地开展斗争，无产阶级也逐渐形成了属于本阶级对权利和利益诉求的“彻底革命的意识”即“共产主义的意识”②。马克思在这里，并没有将这种属于无产阶级的革命的、共产主义的意识，用意识形态来表达。马克思之所以这样表述，在他看来，尽管资产阶级的意识形态与无产阶级的革命的、共产主义的意识之间在意识和观念的意义上具有相同的地方，但是却不能由此将二者混淆起来，这与马克思对意识形态所持的批判性有关。所以，在马克思看来，意识形态与统治阶级是直接联系在一起

① 《马克思恩格斯选集》第1卷，人民出版社2012年版，第180页。

② 《马克思恩格斯选集》第1卷，人民出版社2012年版，第170页。

的，他们以及其代言人之所以为该阶级编造种种完全与事实相反的幻想，是由其历史唯心主义的立场所致。再次，就特殊的社会意识而言，它指的是作为观念的“上层建筑”。这种观念上层建筑的特殊在于，总是与“一定社会”“经济基础”相联系。在马克思1859年撰写的《政治经济学批判序言》中，不仅将意识形态与历史唯物主义“同框”出场，而且也将意识形态视为构成历史唯物主义的重要内容之一。马克思从对社会所作的经济基础和上层建筑的区分出发，立足于既用经济基础解释上层建筑，又从上层建筑中区分为政治上层建筑和思想上层建筑，进而得出了意识形态生成于阶级社会这一论断。作为社会结构的重要组成部分，意识形态在特定的经济基础之上生成并服务于该经济基础。不过，马克思在这段经典表述中，既没有直接使用思想上层建筑概念，也没有使用意识形态概念，而是使用了“社会意识形式”的概念。相对于意识形态或思想上层建筑，“社会意识形式”显然更具有在其所指向上的一般性。同样，马克思在“社会存在决定社会意识”这一历史唯物主义基本原理的阐述中也表达了这样一种思想，即从社会存在决定社会意识出发，必然会得出社会意识形式也建立在社会存在基础上并由其所决定。这一基本原理是一个涉及全部社会形态的具有普遍性的基本原理，其中所指的社会意识、社会意识形式是一个与“社会存在”总体性要求相对应的社会意识的总和。

从上述马克思关于意识形态概念的基本理解出发把握社会主义意识形态概念，我们可以对其作这样一种原则性阐释。

首先，它是一种不同于资本主义意识形态“虚假性观念”的“真实性的”意识形态。马克思在对资本主义意识形态的批判过程中，为了揭开资产阶级意识形态对其本质和社会弊端的各种有意的粉饰、掺杂的谎言、社会的遮蔽以及对社会大众的威逼利诱，将对社会主义的理解和把握立足于历史唯物主义的基本立场上，将历史唯心主义颠倒的人与世界之间的关系颠倒过来，从社会现实的真实关系出发，在人的生活实践的基础上确立起来的能够消除人与人之间的剥削关系，在一种新的社会基础上确立一种社会存在为价值本位的真实的共同体，在这种真实的共同体社会意识中，致力于社会共同体真实的人与自然、人与人、人与社会、人与自我的关系和矛盾的协调中，构建人人共享丰富社会关系、每一个人都致力于自由个性的全面实现的“自由人的联合体”的思想观念和价值的意识自觉。由此可见，马克思基于“真实性”的社会关系和现实生活的作为社会主义高级阶段的意识形态价值理想，体现在对未来理想的社会主义基本原则的设计中。马克思对资本主义意识形态的批判，也是社会主义、共产主义的价值理想的建构过程。

其次，它是一种不同于资本主义的统治阶级思想体系的、彰显无产阶级和人民大众“权利和利益”价值诉求的“彻底革命的意识”。与资产阶级作为统治阶级的意识形态只服务于统治阶级的统治地位的巩固不同，社会主义意识形态是以改变少数有产者凭借自己占有劳动者的劳动获取超额剩余价值的不平等的社会制度，实现以无产阶级和人民大众的权利诉求和利益需求为价值理想的。它体现在反对资产阶级意识形态的斗争中，总是开诚布公地将自己的观点、意图公布于世，将无产阶级作为一个阶级整体同资产阶级的相对立，提出“无产阶级的运动是绝大多数人的，为绝大多数人谋利益的独立的运动”①，原因在于无产阶级的“阶级利益”与人民群众的“普遍利益”之间没有任何根本的对立，并且具有高度的契合性。因此，在社会主义意识形态这面旗帜上，写下以无产阶级和人民大众为利益主体，代表并体现无产阶级和人民大众的利益，服务于无产阶级和人民大众美好生活需要的初心使命。但是，无产阶级和人民大众的这一要求，只有在社会主义的经济基础和制度建立的前提下才能够彻底改变和得到实现。这就决定了摆在无产阶级和人民大众面前的首要任务是要进行推翻以资产阶级统治为目的的无产阶级革命，并在建立社会主义的经济基础、政治制度以及国家政权的基础和前提之上的为人民大众谋幸福的一种思想体系。如马克思恩格斯提出的“每个人的自由发展是一切人的自由发展的条件”②，列宁提出的“使所有劳动者过最美好的、最幸福的生活”③，邓小平提出

① 《马克思恩格斯选集》第 1 卷，人民出版社 2012 年版，第 411 页。

② 《马克思恩格斯选集》第 1 卷，人民出版社 2012 年版，第 422 页。

③ 《列宁选集》第 3 卷，人民出版社 2012 年版，第 546 页。

社会主义的本质是“解放生产力，发展生产力，消灭剥削，消除两极分化，最终达到共同富裕”[①]等，无不体现着这种以人民为中心的博大情怀。从制度上来看，社会主义制度的确立，不仅确立了人民的主体地位，而且也为实现其主体性提供了制度保障。在此基础上，社会主义意识形态也就自然成为围绕服务于社会主义经济基础的巩固、发挥社会主义的制度优势和制度效能、为全体社会成员提供社会价值引导、发挥其对全体社会成员的凝聚力和向心力而进行思想理论上的建构。从这个意义上说，社会主义意识形态一方面要围绕着政权和执政的合法性，站在人民立场上进行合法性变化，另一方面也将捍卫和维护人民群众根本利益作为自己的“天职”。

再次，它是一种集观念上层建筑与社会价值为一体、体现其价值引领要求的思想观念的总和。从本质上说，社会主义意识形态不仅是一种思想观念和理论体系，而且也是以一种开放的、批判的胸襟和精神，不断地在实践中开辟真理发展之路的意识形态。它第一次真正实现了同无产阶级和人民大众利益和实践的结合，在对人类社会历史规律的科学揭示中，完成了从空想到科学、从理论到实践的形态转换。站在实践的高度，我们不难看到，社会主义还是一种在科学社会主义基本原理指导下展开的运动。作为一种运动，它又有着其他意识形态所不具有的人类崇高理想。社会主义作为共产主义的第一阶段，其价值理想诉诸共产主义的远大价值目标。因此，社会主义的意识形态，既要服务于社会主义的经济基础，同时又要着眼于从战略上思考社会主义，用共产主义的价值理想关照社会主义意识形态建构，体现人民大众共同富裕要求以及共产主义人的自由全面发展价值目标的实现。当然，也应该看到，社会主义社会由于生产力发展的不平衡，在社会发展过程中也存在各种矛盾。社会主义制度和资本主义制度共处于今天的时代，在这种情况下，更需要社会主义意识形态既体现出巨大的包容性，也体现出其对各种思想观念和价值理念的思想引领和理论武装作用。

---

① 《邓小平年谱》（一九七五——一九九七）下卷，中央文献出版社 2004 年版，第 1343 页。

应该看到，马克思、恩格斯毕竟都没有将自己创立的新唯物主义世界观作为一种意识形态，而只是将无产阶级的思想主张视为一种“共产主义的意识”，或者用“历史唯物主义”“科学社会主义”指称。不过，如果我们将体现马克思、恩格斯新世界观的“历史唯物主义”“科学社会主义”“共产主义意识”与他们所阐述的“社会意识”“社会意识形态”“思想的上层建筑”等相关概念联系在一起把握的时候，我们也不难发现，这其中也寓意了马克思、恩格斯试图从对意识形态的肯定意义与其所创立的新唯物主义世界之间建构一种联系，而这种联系蕴涵于马克思、恩格斯对资本主义意识形态虚假性批判所诉诸的建构旨趣之中。更何况，马克思和恩格斯青年时期，由于当时的社会主义革命仍然处于未完成状态，因此，社会主义意识形态的建构任务也没有作为一种实践要求提到日程上来，恩格斯晚年对历史唯物主义的系统阐发，已经表明在无产阶级革命的推动下，资本主义世界也在通过进行经济和政治政策等方面的调整而出现一些新变化。正是适应这种变化要求，恩格斯及其以后的第二国际时期的马克思主义理论家提出无产阶级在思想理论上的调整任务。尤其是恩格斯，不仅阐述了意识形态对经济基础的相对独立性，而且也试图从社会意识诸形式的分析中，揭示意识形态对资本主义发展所起到的重要作用。这实际上也预示着对马克思主义科学世界观的理解，正在发生向对其的肯定性理解的转向中，沿着作为科学的意识形态的马克思主义的方向发展。

列宁提出并确立社会主义意识形态概念，既是马克思主义在新的历史条件下发展的需要，也适应了形势对理论建构的新要求。列宁在领导俄国十月革命取得胜利、确立了无产阶级政权以后，面临的一个突出问题就是在意识形态上的领导权问题。而当时列宁面临的形势是，国内资产阶级意识形态十分成熟，再加上其具有的欺骗性，在工人阶级那里不仅很有市场，也表现出比较强的动员影响力，在这种形势下，实践提出了建构一种与资产阶级意识形态相对立的社会主义意识形态任务，以及与之相抗衡的斗争要求。与此同时，在第二国际内部，以伯恩施坦为代表的修正主义向马克思主义发起的一系列挑战，不仅对各国无产阶级政党理论和策略造成严重混乱，而且也使马克思主义的科学性以及共产主义运动面临巨大冲击。在这种情况下，开展意识形态领域的斗争，清除资产阶级和修正主义等错误思想的影响就显得尤为重要。同时，面对国内中心工作向经济建设的转移，文化上的严重落后与经济发展的要求形成严重落差，迫切需要得到改变，这也需要在理论上提出与社会主义发展要求相适应的思想纲领和政策策略。列宁在新的实践条件下，坚持用马克思、恩格斯确立的社会主义基本原则为指导，在回答俄国革命斗争和实践面临的形势和提出的问题中，没有如马克思、恩格斯那样延续使用虚假性来表述意识形态，从与资产阶级意识形态的对立和不同出发提出“无产阶级意识形态”概念，进而将其视为与社会主义相等同的概念。列宁指出，“或者是资产阶级的意识形态，或者是社会主义的意识形态。这里中间的东西是没有的（因为人类没有创造过任何‘第三种’意识形态，而且在为阶级矛盾所分裂的社会中，任何时候也不可能有非阶级的或超阶级的意识形态）”①。与“人们已经习惯于抽象地把资本主义与社会主义对立起来”②不同，马克思主义不再是“我们用来与意识形态相对照的抽象”③，而是一种与资产阶级意识形态完全不同的“社会主义的意识形态”④，还首次实现了“科学性”与意识形态的结合。他指出：“任何意识形态都是受历史条件制约的，可是，任何科学的意识形态（例如不同于宗教的意识形态）都和客观真理、绝对自然相符合，这是无条件的。”⑤显然，列宁是在“科学的意识形态”意义上把握社会主义意识形态的，科学的意识形态也就是马克思主义。马克思主义与意识形态第一次实现了二者的贯通。在马克思主义传播到中国以后，毛泽东同志也首次提出，我国的社会主义意识形态建构，必须坚持马克思列宁主义为指导，这也意味着，毛泽东同志在对社会主义意识形态的概念理解时，是将其与“马克思主义意识形态”“无产阶级意识形态”在相统

① 《列宁选集》第1卷，人民出版社2012年版，第326—327页。

② 《列宁选集》第3卷，人民出版社1972年版，第525页。

③ 《马克思恩格斯选集》第1卷，人民出版社2012年版，第153页。

④ 《列宁选集》第1卷，人民出版社2012年版，第326页。

⑤ 《列宁选集》第2卷，人民出版社2012年版，第96页。

一的意义上来使用的。

从唯物史观出发把握社会主义意识形态，社会主义意识形态首先是与社会主义所赖以存在的经济基础相联系，它不仅建立在该经济基础之上，而且也反映和体现社会主义的经济基础以及由其所决定的政治制度不断得到巩固的价值诉求，诉诸人的自由全面发展和社会的全面进步这一价值追求和价值目标，体现广大人民群众最根本的利益需要。这表明，社会主义意识形态不仅要以社会主义经济基础为其存在的前提，而且也以此为出发点建构而成，它汇聚了以马克思主义的指导思想和主流意识形态的主导地位以及与之相适应生成的各种“思想观念的总和”，它既强调了作为思想理论体系层面的意识形态，也强调了作为具体价值观念的意识形态。从作为思想观念总和的意识形态主体的承担者来看，它也包括政党、国家和社会三个层面。一是社会主义政党意识形态，是面向全体党员所共同拥有的、对所在世界和政党自身的认知基础上生成的认识、思想、信仰和价值等观念体系。二是社会主义国家意识形态，是在国家层面基于国家意志而确立的一种社会价值规范，它通常以宪法的方式加以规定，并依法使其得到落实。社会主义的国家意志的执行，又是建立在其与占国家人口绝大多数的人民群众在价值取向上相契合的基础之上，并以对广大人民群众根本利益的满足和保障对国家意识形态进行定性和辩护，以便获得更广泛的群众认同的共同基础。三是社会的意识形态在社会中的存在状态，这种社会的意识形态由于受社会多重因素的影响，不仅其表现出包容性，也需要在社会层面为人与人之间社会关系的协调提供实现将政党意志、国家意志和人民意志相融通的主导价值观。

社会主义意识形态一经生成，它便对社会主义经济基础巩固、社会主义制度体系的优势发挥、最广大人民群众根本利益需要的实现等起到积极推动作用。而这一作用的发挥，当然离不开话语权的构建。从这个意义上说，社会主义意识形态以其强大的凝聚力和引领力发挥作用的过程，与社会主义意识形态话语权的生成和实现的过程是相一致的。正如无论什么社会和国家都有其体现在社会中占主导地位作为阶级利益反映的意识形态一样，社会主义也有占主导地位的意识形态，这就是社会主义意识形态及其话语权的主导地位。这种话语权，将人民群众根本利益作为自己的价值诉求，并围绕人民群众根本利益的实现、推动从人的自由全面发展向社会的全面进步，通过多种话语的途径和方式进行话语传递，以获得人民群众的认可和接受。在这种意义上对社会主义意识形态话语权进行概念界定，究其实质而言，是指以无产阶级为话语主体，以契合广大人民群众的根本利益为出发点，以话语为传播手段，通过建构一定的话语体系，使广大人民群众切实地认同共产主义的理想和信仰并且为之不懈努力奋斗，掌控社会发展的大局，从而规范和引领整个社会的发展的权力和权利的总和。在当代的学术语境中，我们谈社会主义意识形态话语权，更多是指中国的社会主义意识形态话语权。我国的主流意识形态是由我国的国家性质所决定的，它既包括马克思和恩格斯的思想理论，又包括我们党历届中央领导集体立足于中国国情，在继承、发展和创新马克思主义理论基础之上所形成的理论成果，是中国化的社会主义意识形态的“话语权利”和“话语权力”。在“话语权利”层面上看，指的是主流意识形态对中国道路、中国制度、中国特色社会主义理论的解释权和表达权。在“话语权力”的层面上看，中国的社会主义意识形态话语权是指中国的主流意识形态与非主流意识形态斗争过程中所取得的支配性、领导性的权力。加强社会主义意识形态话语权建设任重而道远，中国特色社会主义意识形态要与其他良性的社会思潮进行交流互动，在多元文化背景之下占据主导地位，在社会实践中不断经受检验，不断彰显社会主义意识形态的话语特色和广泛的影响力，获得话语优势，掌握话语权。

二、社会主义意识形态话语权的特征

从社会主义意识形态话语权概念的上述分析中，我们可以进一步把握其所具有的鲜明特征。概括起来，社会主义意识形态话语权有人民性、科学性、包容性、主导性、先进性等五个特征。

第一，人民性。社会主义意识形态话语权的最高属性就是人民性，马克思在《第六届莱茵省议会的辩论》中最先提出了人民性的概念，在他看来，自由报刊不能仅仅代表少数英雄人物，不能仅仅代表官方，不能只为少数人发声，要具有人民性，要为广大人民群众发声立言。社会主义意识形态话语权在其建设过程之中，也要始终坚持马克思主义的人民性。马克思主义的人民性体现在追求人自由而全面的发展以及全人类的解放上。马克思强调，实践是全部社会生活的基础，社会关系以及人类社会只有在实践基础上才可以更好地被理解。生产实践不仅仅是实现人类自由的基础和手段，它更是人的类本质，生产实践不仅仅是手段，它更是目的。正是通过人自由自觉的生产实践，人将自己的本质力量对象化到客观世界，从而创造出一个属人的世界，这个属人的世界本质上是人所创造的，它不是支配和控制人的异己的世界，而是真正的自由人的联合体。在这个属人的世界之中，一方面，人类的一切异化劳动和不平等都会随之消亡，每个人都会实现自由而全面的发展。另一方面，人与自然、人与人、人与社会之间的矛盾会得以解决，每个人都会获得真正的解放。社会主义意识形态话语权在继承马克思主义人民性的同时，始终坚持意识形态所代表的价值观念与最广大人民群众的根本利益相契合，始终坚持为最广大人民群众立言发声，因而具有鲜明的人民性特征。

第二，科学性。社会主义意识形态话语权之所以具有科学性，首先在于马克思主义这一理论基础具有科学性。马克思主义不是以意识为出发点，而是以社会物质实践为出发点，它立足于革命实践并且总结各国无产阶级革命实践中的经验和教训，是对无产阶级革命实践经验的总结和升华，因而具有科学性。其次，社会主义意识形态话语权之所以具有科学性，还在于其立足的社会基础是科学的。资产阶级意识形态是在与之相对应的社会基础之上产生的，立足于这种社会基础之上的意识形态代表的仅仅只是利益集团的特殊利益，而不是广大人民群众的普遍利益，因而不具有科学性，是虚假的意识形态。社会主义意识形态立足于社会主义这一社会基础，并且对资产阶级意识形态进行了扬弃，抛弃了其虚假性并且吸收了其合理的成分，因而具有科学性。再次，社会主义意识形态话语权的科学性还在于它实现了理论和实践的统一。社会主义意识形态话语权在建设过程之中，将主流意识形态放在社会实践之中去检验，并逐步形成了严密的意识形态话语体系，经社会实践检验过的意识形态反过来又去指导社会实践、解决社会现实问题。建立在社会实践基础之上的社会主义意识形态话语权，对社会主义初级阶段的基本规律进行了科学的揭示，并对社会主义的发展趋势作出了科学的预设。任何一种意识形态如果想要获得话语权，就必须走在时代发展的前列，遵循社会发展的客观规律，接受实践的检验，实现理论和实践的统一，与最广大人民群众的根本利益相契合，否则就不能被广大人民群众所接受和认可。如果意识形态的理论和话语不能经受实践的检验，不能被民众所认可，就会在话语权的争夺中被淘汰，从而失去话语权。社会主义意识形态话语权以马克思主义为理论基础，立足于社会实践，根植于社会主义这一社会基础，坚持了理论性和实践性的统一，科学解释了社会主义的发展规律，与广大人民群众最根本的利益相契合，具有科学性。

第三，包容性。马克思指出："你们赞美大自然令人赏心悦目的千姿百态和无穷无尽的丰富宝藏，你们并不要求玫瑰花散发出和紫罗兰一样的芳香，但你们为什么要求世界上最丰富的东西——精神只能有一种存在形式呢？"[①]由此可见，马克思主义在其发展过程中，并不倡导"一家独大"，而是以广阔的胸襟和包容的胸怀借鉴和吸收其他文化之中的合理成分，实现自身内涵的创新和突破，整合社会利益群体之间的利益诉求，体现出强大的包容性。社会主义意识形态话语权在充分发挥引领作用的同时，允许多元思想文化的存在，坚持多元多样发展，可以为社会主义意识形态话语权创新和发展提供充足的养分，社会主义意识形态话语通过对多元社会意识中合理成分的不断吸收，其内涵得到不断丰富和完善，其影响力才能不断得到提升。坚持多元多样发展并不意味着放任各种落后和错误的思想文化无序发展，坚持多元多样发展是以有序性为前提的，是对各种思想文化取其精华、去其糟粕，是对各种错误的意识形态进行

① 《马克思恩格斯全集》第 1 卷，人民出版社 1995 年版，第 111 页。

批驳。

第四，主导性。主导性是指马克思主义在国家话语体系中的支配地位，它通过控制和支配社会的舆论风向，引领其他意识形态的发展。坚持马克思主义作为主流意识形态的一元性是社会主义意识形态话语权主导性的前提和基础。指导思想一元是人类社会发展的一般规律，从古至今，无论是哪个民族、哪个地区、哪个国家，不论是哪一种社会形态或者是处于社会发展的哪一阶段，在社会中占据主流地位的意识形态只能是一种。社会主义意识形态话语权的主导性是由社会主义意识形态的内在属性所决定的。社会主义意识形态是社会生产关系以及政治制度在观念上的反映，它是由社会存在所决定的，是由社会中经济关系所主导的。只有一种政治制度、一种社会形态、一种经济制度，因此社会中占据主导地位的主流意识形态话语权也只能是一种。在多元的环境之下，马克思主义作为主流意识形态，是其他非主流意识形态的方向标，引领其他非主流意识形态的发展。离开了主流意识形态的引领，其他非主流意识形态的发展就会陷入混乱与无序状态。

第五，先进性。判断一种意识形态是否具有先进性，要看其是否符合时代发展的要求，是否紧跟时代的步伐，能否以话语体系的力量来支撑一个国家和民族的发展。社会主义意识形态话语权源于广大人民群众的社会实践，由广大人民群众的社会实践所检验，并且随着社会实践要求的变化不断作出改变，以适应社会实践的发展变化。社会主义意识形态话语权根据广大人民群众实践要求的不断变化，产生出新的话语体系，回答新的时代问题，回应广大人民群众新的发展要求，并指导人民群众新的社会实践。一是社会主义意识形态话语权“有高度”，是指它根据时代的发展不断丰富和更新自身内容，在新时代的背景下，社会主义意识形态话语权以自身独特的话语体系为实现中华民族伟大复兴这一时代任务不断发挥引领作用。二是社会主义意识形态话语权“有深度”，是指它要不断运用马克思主义理论为指导，善于总结社会主义意识形态话语权建构中的经验和教训，并结合我国不断发展的社会实践，不断丰富社会主义意识形态话语权的新内涵，不断深化对社会主义意识形态话语权建构规律的新认识。三是社会主义意识形态话语权“有温度”，是指它始终为最广大人民群众立言发声，始终与最广大人民群众的根本利益相契合，始终回应人民群众的呼声，是有温度的话语权。面对新的国际国内环境，中国共产党始终走在时代前列，对社会主义运动过程中的经验和教训进行系统化的总结，使社会主义意识形态话语权的建设始终紧跟时代发展的步伐，不断回应时代发展所提出的新问题新挑战，保持时代性和先进性，不断焕发生机与活力。

三、社会主义意识形态话语权的功能

社会主义意识形态话语权的功能是围绕着社会主义本质属性展开的，它主要体现为合法辩护、理论阐释、引领指导、凝聚激励、整合调控五个方面的主要功能。

第一，合法辩护功能。意识形态话语权总是与“合法性”联系在一起，为社会的经济基础和上层建筑进行合理合法的辩护，以维护社会秩序，巩固统治集团的政治统治。但是这种合法性并不是通过国家机器的暴力来获得，而是通过人民群众对这种政治体制、政治道路、政治统治的认可与拥护而获得。这种认可和拥护是以作为一定的思想信仰体系和价值观念体系的意识形态为基础和前提的。马克思·韦伯对此持相同的观点，在他看来，一种政权是否具有合法性，并不需要人们对这种政权进行道德和伦理上的判断，只要人们认为这种政权是合法的，那么它就是合法的，这种合法性来自人们对这种政权的信念。作为我国主流意识形态的马克思主义，在其创新和发展过程之中，建构了自己的话语体系，掌握了社会意识形态领域的话语权和领导权，获得了最广泛的群众基础，为稳定大局和推动社会发展提供了精神动力，进而为中国共产党的执政进行了合法性的辩护。社会主义意识形态话语权在建设过程中，始终为最广大人民群众发声，始终与最广大人民群众的根本利益相契合，为中国共产党的执政打下了坚实的群众基础，为中国共产党执政的合法性进行了辩护，维护社会大局的稳定。

第二，理论阐释功能。社会主义意识形态话语权的阐释功能是指在具体实践中对作为自身理论基础的马克思主义及其最新成果进行话语阐述和解释，其目的在于“说服人”。社会主义意识形态话语权是马克思主义理论的外在表达。在对马克思主义进行解释与阐述基础之上，不仅宣传和推广马克思主义，还使人民群众意识到社会主义意识形态是科学的意识形态，是以人民群众的利益为最根本诉求的意识形态，是正确反映人类社会发展规律的意识形态，从而使人民群众自觉、自愿地认同、支持和拥护社会主义意识形态，使社会主义意识形态掌握话语优势，进而获得话语权。中国共产党团结带领全体人民进行社会主义革命、建设、改革和发展的过程，就是通过将马克思主义与中国具体实际相结合、与中华优秀传统文化相结合的过程，将具有中国特色的价值观念以及思想理念借助于话语体系传播给民众，对马克思主义中国化成果进行阐释与传播的过程。在当前对社会主义意识形态话语权的理论阐释过程中，要围绕着中国共产党为什么能，中国特色社会主义为什么好，马克思主义为什么行，向广大人民群众既积极宣传马克思主义的真理性，全面宣传马克思主义科学的世界观和方法论在当代中国实践中的运用和发展，学会运用社会主义制度优越性的话语来阐释中国特色社会主义道路、理论、制度和文化自信，在社会主义制度优越性话语体系的阐释中彰显马克思主义真理伟力，在坚定对中国特色社会主义四个自信的过程中夯实全体人民共同奋斗的思想基础，用党的理论创新的最新成果武装全党和人民，打造具有强大凝聚力和引领力的马克思主义的理论高地。

第三，引领指导功能。“引导”一词在字面意义上看，具有很强的方向性和目的性。社会主义意识形态话语权的引领指导功能是指其引领指导社会主义运动的前进方向和发展道路。社会主义意识形态话语权这种引领指导作用的发挥要通过政策导向和舆论导向来实现。社会主义运动的发展目标，要通过国家大政方针的制定来实施，意识形态通过话语体系将这种方针政策灌输、传播给广大人民群众，对广大人民群众进行意识形态教化，使广大人民群众坚定社会主义的信念，使社会主义意识形态占据舆论制高点，从而推动社会主义运动的发展。只有坚定地选择社会主义意识形态，才能顺应时代发展的潮流推动社会发展。中国共产党在长期执政过程之中，不断探索社会主义意识形态和社会主义实践之间的关系，既在中国特色社会主义实践过程中坚持了马克思主义的主流意识形态地位，以马克思主义引领社会意识形态的发展，保证社会主义发展大方向的正确，同时又以社会主义意识形态话语权的建设来推动社会主义实践的发展。通过社会主义意识形态话语权建设，一方面，使社会主义意识形态话语彰显社会主义制度优越性、表达党和国家发展理念；另一方面，以理论灌输的方式向广大人民群众不断宣传真、善、美的价值理念以及正确的政治立场，使他们明白什么是“可为”与“不可为”，培养广大人民群众的政治情感，使他们能够辨别错误的政治思潮，从而引领广大人民群众向着正确的方向前进。

第四，凝聚激励功能。社会主义意识形态话语体系作为观念上层建筑的集中体现，在国家发展中发挥着精神凝聚和激励的功能，是一个国家凝心聚力、获得认同感的重要“武器”。对于一个民族和国家而言，意识形态话语体系凝聚着民族传统和历史文化，蕴含着代表最广大人民群众根本利益的共同价值取向，是一个国家和民族集中统一的重要表现。社会主义意识形态话语权将符合最广大人民群众利益需要的理论通过话语体系传递给广大人民群众，使广大人民群众支持、认可和拥护社会主义意识形态，在广大人民群众之间引发思想共鸣，形成价值认同，从而获得广泛的群众基础，凝聚起来自广大人民群众的磅礴力量，增强其对社会的精神感召力，为社会主义精神文明建设凝聚起思想共识，为社会主义事业强基固本，形成为社会主义事业拼搏的强大的精神合力。社会主义意识形态话语权立足于社会发展规律以及社会客观现实，不断提出新的发展的阶段性目标、短期目标和长远目标，这些目标都是与马克思主义相契合的，发展目标就是发展方向，方向就会转化成一定的理想信念，理想信念是广大人民群众不断努力奋斗的精神动力。为了实现发展目标，在社会主义意识形态话语权的激励作用之下，广大人民群众不断克服困难，积极进取，投身到社会主义事业的伟大实践之中。社会主义革命、建设和改革之所以可以取得胜利，不仅仅依靠物质力量，还在于马克思主义理想信念激励广大人民群众不断克服困难、百折不挠，为社会主义事业贡献出自己的力量。

第五，整合调控功能。调控功能指的是对各种社会矛盾和冲突进行调控，使社会矛盾和冲突得以缓解或消除，从而使社会秩序保持稳定。整合功能以调控功能为前提，在社会秩序稳定的基础之上，对多元社会思潮进行整合，使其为社会主义的发展贡献精神力量。社会主义意识形态话语权的整合功能表现为对多元化的社会思潮进行整合。社会主义意识形态是伴随着社会主义和资本主义的斗争而产生的，只要两者的斗争依然存在，那么社会意识形态领域必然呈现多元多样化的趋势。社会主义意识形态对多元多样的社会思潮就要进行批判性的辨别，对符合社会主义意识形态本义、真义的思潮要不断巩固、支持、引导和调控，吸收其中的积极成分，从而丰富社会主义意识形态的内涵。对于不符合社会主义意识形态本义的、与社会主义意识形态相对立的社会思潮，例如拜金主义、享乐主义、历史虚无主义等，要精准识别，剔除和批判其中的糟粕成分，与其进行彻底决裂。对于导向模糊的社会思潮，要明确地甄别和鉴别，并对其进行积极的引导，防止其造成恶劣的影响，使其沿着健康的方向发展。在批判性辨别各种社会思潮的基础上，要充分发挥社会主义意识形态对多元化社会思潮进行整合的功能，尊重差异、包容多样，整合调控不同的思想资源，使其为社会主义的发展贡献出精神力量。总之，社会主义意识形态话语权的调控功能是指社会主义意识形态通过话语体系的传播和灌输，内化为广大人民群众的道德观念和行为准则，从而支配社会主体的活动，对社会主体的行动进行调控，使广大人民群众保持共同的发展方向，使各类社会主体之间的矛盾和冲突得以缓解，使他们保持良性的互动关系，维持良好的社会秩序，推动社会主义的发展。

第二章　社会主义意识形态话语权的理论基础和思想资源

关于意识形态话语权的理论研究和实践探索并非始于今时今日，而是早有渊源。当代中国的社会主义意识形态话语权不是无源之水和无本之木，它充分汲取了马克思主义经典作家关于意识形态话语权的思想，后经中国共产党百年理论与实践探索，经过转变与创新后逐步生成与巩固的。厘清当代中国意识形态话语权的历史生成与内在规律，需以阐明其理论基础为前提。

第一节　社会主义意识形态话语权的理论基础

社会主义意识形态话语权，可以回溯到马克思主义经典作家那里。在马克思主义经典作家那里，马克思对意识形态话语权的阐释以及列宁对科学的意识形态话语权的论述，构成了当前意识形态话语权研究的重要理论基础。

一、马克思的意识形态话语权思想

意识形态概念在马克思这里首次成为科学研究的对象，他通过对意识形态话语权生成过程、作用机理的深入考察，将资本主义社会的剥削实质和发展规律展露人前。马克思的意识形态话语权思想建基于唯物史观的实践存在论之上，通过批判虚伪的资产阶级意识形态，试图确立一种建立在科学理论基础上的真实的意识形态话语。

（一）理论只要说服人，就能掌握群众

早在18世纪，法国哲学家特拉西就对“意识形态”概念进行过阐释。他认为，“意识形态”可以定义为“观念科学”或者“观念体系”。此后，学界关于从何种性质上界定意识形态这一概念争论不休，但有一点可以达成共识，意识形态本质上是一种思维性存在。马克思以“理论力量”作为出发点对意识形态的历史作用进行了阐发。马克思认为，作为批判的武器的理论无法代替作为武器的批判的实践，但是，“理论一经掌握群众，也会变成物质力量”①。意识形态作为一种社会意识形式依赖于生产关系，但它自身具有能动的反作用，当它的话语表达能够被人民群众理解和认同时，它就能够拥有左右“他者”的权利，从而变成改变世界的物质力量。那么，什么样的意识形态可以掌握更强的话语权？马克思继而指出，“理论只要说服人［ad hominem］，就能掌握群众；而理论只要彻底，就能说服人［ad hominem］”②。也就是说，理论能否成为改变世界的物质力量，归根结底还是在于理论自身是否彻底。何谓彻底？马克思的观点即能够抓住事物的根本。换言之，理论能否掌握群众，意识形态能否掌握话语权，其根本在于它能否对自然、社会和人类意识发展的一般规律进行正确的揭示。而建基于科学理论的意识形态势必能令人信服，从而指导社会实践，推动时代发展。尽管马克思是在揭示资本主义生产方式内在矛盾的基础上谈论意识形态概念的，对此概念的阐发也多在否定性语境中，但这不意味着他否定意识形态的历史作用。相反，马克思非常重视意识形态的作用，他甚至认为，“一定的意识形式的解体足以使整个时代覆灭”③。东欧剧变、苏联解体有力地证明了他对意识形态历史作用判断是准确的。意识形态作为“观念的上层建筑”尽管由经济基础决定，但是有其历史继承性和相对独立性，对社会存在

---

① 《马克思恩格斯选集》第1卷，人民出版社2012年版，第9页。

② 《马克思恩格斯选集》第1卷，人民出版社2012年版，第9页。

③ 《马克思恩格斯文集》第8卷，人民出版社2009年版，第170页。

有能动的反作用。而从历史的发展来看，这种反作用是无比巨大的。马克思虽然没有明确提出意识形态话语权概念，但是他深刻认识到意识形态的强大力量，并对这一概念的发生逻辑和作用形式做了详细阐发。马克思对于意识形态能动作用的分析，即是其意识形态话语权思想的最初阐述。

（二）统治阶级的思想在每一个时代都是占统治地位的思想

马克思看到了作为“上层建筑”的意识形态自身所带有的阶级属性，并对其存在的形式和作用进行了分析。在马克思看来，一个时代的意识形态反映的是统治阶级意识。一个阶级在掌握了一个时代的物质统治权的同时，也掌握了这个时代的精神统治权，思想统治地位不过是物质统治地位在观念上的体现。换言之，在经济上和政治上掌握领导权的统治阶级，也要求获得思想观念上的话语权。马克思认为，统治阶级也不过是思维着的个体，他们拥有个人的意识，作为一个阶级，他们想要获得一切领域的控制权。统治阶级在进行物质生产的同时也进行思想生产，而且试图支配一个时代的思想生产和分配。细言之，在以往的统治阶级的内部，有一部分思想家拥有较强的思维和概括能力，马克思称其为意识形态家。他们的任务就是编造关于这个阶级的幻想和思想，并推及全社会，使其成为具有普遍性的思想。例如，贵族统治时期生产出的概念是责任、荣誉等，而资产阶级统治时期生产出的概念则是自由、博爱等。那么，资本主义社会被统治阶级是否真正获得了这些口号式的权利了呢？统观工人阶级状况，答案无疑是否定的。事实上，马克思一方面看到了意识形态影响力扩大与资本主义社会兴起和壮大之间的内在联系，另一方面也从剖析资本主义生产方式的矛盾中阐释了资产阶级意识形态为了维护本阶级利益的虚伪本质。马克思认为，意识形态绝不是单纯抽象概念的堆砌，从它诞生之日起，就与统治阶级意志密不可分。此外，马克思也阐发了掌握意识形态话语权的重要性，他认为革命阶级能够推翻统治阶级的一大原因在于，革命阶级的意识形态能够反映其余一切被统治阶级的共同利益。也就是说，革命阶级的意识形态的普遍性越强，越能够获得话语权，从而发动更广泛的群众联合起来对统治阶级的统治进行反抗。至此，马克思对意识形态话语权的性质和作用进行了充分的论述。但是需要明确的是，无论如何重视意识形态话语权的能动作用，都不能忘记这种能动作用始终建基于生产方式的矛盾运动。依马克思所言，占据统治地位的意识形态既不能与占据统治地位的人相分离，也不能与其所处时代的生产方式生产出的各种关系相分离。马克思对意识形态话语权的阐发始终在其唯物史观的逻辑框架之下，这也是其理论科学性的重要原因。

（三）“思想”一旦离开“利益”，就一定会使自己出丑

一个时代的主流意识形态反映的是该时代统治阶级的意志，而统治阶级意志归根结底生发于自身的阶级利益。正如马克思所言，“‘思想’一旦离开‘利益’，就一定会使自己出丑”①。首先，意识形态作为一种思想观念必然依赖于思维着的主体。关于这一观点有无异议呢？马克思在《德意志意识形态》中谈到，假使将占统治地位的思想剥离于统治阶级，成为一种纯粹的精神存在，即把“思想”“观念”当作历史进程中的独立存在物，也就是认为“概念”派生一切关系。若使这一逻辑成立，需承认思想是“自我规定着的概念”，历史的发展就成为了“概念”的前进运动，这就是思辨哲学逻辑。而事实是，对于意识形态家的幻想，只要从他们的实际生活状况、分工入手就能剖析清楚了。这一阐发即说明了意识形态无法脱离人而独立存在。其次，意识形态不可避免地受控于主体的意志。马克思认为，统治阶级内部的每个个人都有自己的意识，因其要维护自身的统治地位，就势必要掌握所有领域的领导权，而思想领域正是统治阶级希望控制和掌握的关键区域。因此，阶级社会中占统治地位的思想总是统治阶级出于某种目的生产出来的，而这个目的就是维护自身所代表的特殊利益。为了实现这一目的，统治阶级总是将自己的特殊利益包装成全社会的普遍利益，把自己的思想描绘成具有普遍性的思想。按照马克思的观点，意识形态只有代表或者“假装”代表普遍利益才能拥有话语权。于是，意识形态话

① 《马克思恩格斯文集》第1卷，人民出版社2009年版，第286页。

语权成为了统治阶级维护自身利益、减损“他者”利益的工具。而与历史上的剥削阶级不同，无产阶级没有自己的特殊利益，它与普遍利益具有天然的联系。因此，无产阶级无须掩饰其真实目的和立场，也无须为任何特殊利益争辩，它的利益即是全人类的共同利益。此外，无产阶级还批判任何形式的意识形态独断论，它反对为了将自己的特殊利益固化下来而僵化不变的意识形态。无产阶级的革命性充分体现在它具有刀口向内的自我革命精神，坚持建立不断革新的内在机制，敢于自我批判，力图永葆思想的开放、包容与活力。思想不能离开利益，而一种意识形态是否获得话语权就要看它代表哪一群体的利益，只有代表更广泛的利益群体才能获得更大的话语权。无产阶级意识形态因其站在全人类的立场之上，又具有与时俱进的特性，必然能够在未来社会获得更广泛的话语权。

（四）“意识形态阶层”是阶级意识和利益的代言人

“意识形态阶层”是马克思关于意识形态思想的一个重要范畴，这一群体在其论及意识形态问题时多次提起，因此，我们有必要对这一概念进行深入挖掘和阐发。在《德意志意识形态》中，马克思提到，统治阶级内部有一群积极的、有概括能力的思想家，能够编造这一阶级的幻想，可以称他们为“意识形态家”。这是马克思对这一群体的最初阐述，在后期的众多著作中，则称其为“意识形态阶层”。对于这一范畴虽无明确定义，但从马克思的许多描绘中能够形成对这一群体的大致认识。首先，“意识形态阶层”服务于统治阶级，为维护自身的利益及其统治的合法性，统治阶级需要一批人为其政治统治作合理化辩护，将他们的意志变成全社会的共同思想，于是招揽能够完成这一目标的人组成专业化队伍服务于自己的统治。可见，“意识形态阶层”的产生和存在与统治阶级密切相关。其次，“意识形态阶层”既有依附性又有相对独立性。马克思提出，意识形态阶层是依附于资本家的。一方面，“意识形态阶层”是由统治阶级组建的；另一方面，这一阶层存在的缘由和目标都是为统治阶级服务。因此，他们不可避免地要依附于资本家。但是，这一阶层又具有相对独立性。一方面，他们并非全部直接隶属于国家权力组织；另一方面，阶层内部也并非思想一致，存在相对独立的各个思想阵营。最后，“意识形态阶层”的任务是为统治阶级统治作辩护和进行思想传播。“意识形态阶层”是阶级意识和利益的代言人，他们一方面为资产阶级的特殊利益作辩护，将其描绘为全社会的普遍利益；另一方面在普通民众中传播统治阶级思想，使民众将统治阶级意识形态内化为无意识思想，并以此指导自身行为。对于“意识形态阶层”，马克思大多是站在批判的角度进行阐释的。他认为，这一阶层是历史的产物，在封建社会和资本主义社会他们的作用形式有所不同，但其本质都是统治阶级代言人。尽管如此，马克思也同样承认“意识形态阶层”在历史上发挥的重要作用。在《共产党宣言》中，马克思谈到，在无产阶级革命中，能够正确认识整个历史运动的一部分资产阶级思想家已经站到了无产阶级阵营。也就是说，当“意识形态阶层”与无产阶级政党和人民站在一起的时候，他们就会成为无产阶级“意识形态阶层”，成为无产阶级代言人，传播真正代表全人类普遍利益的无产阶级意识话语，为人类解放贡献力量。

（五）要无条件地掌握无产阶级世界观

马克思极其重视科学理论对于无产阶级革命的指导作用。他认为，科学的纲领是成功领导工人运动的前提条件，而科学的纲领来自现实的历史活动。在《共产党宣言》中，马克思指出，共产党人的理论绝不是由哪个世界改革家发明的，而是在现实的阶级斗争、现实的历史活动中概括出来的。19 世纪中叶以后，马克思亲身参与到国际工人运动中，在工人阶级革命经验中总结规律，形成了科学的理论体系。在这一过程中，马克思不断与蒲鲁东主义、巴枯宁主义、拉萨尔主义以及德国党内机会主义等形形色色的资产阶级思潮作斗争，在斗争中马克思主义的影响力得以扩大。马克思逐渐意识到，想要实现自己的革命目标必须要有科学的理论作为引导，如果无产阶级思想领地没有被科学的理论占领，那么错误的思潮就会乘虚而入，侵染无产阶级意识。因此他认为，必须夺得工人运动的思想领导权，让无产阶级信仰自己的理论。而在实际的无产阶级革命中，随着国际工人运动的扩大，其他阶级也逐渐加入革命队伍中来。伴随着其他阶级加入无产阶级革命，一些非无产阶级思想也进入到了革命队伍。因此，马克思不得不在工人阶级内部清肃错误思想。在《哥达纲领批判》中，他全面清算了拉萨尔主义，将拉萨尔主义同自己的思想划清界限。马克思指出，拉萨尔所谓的“铁的工资规律”、不折不扣的劳动所得、公平分配、依靠国家建立生产合作社等观点都是资产阶级言论，这些言论只会搅乱无产阶级革命队伍。马克思在与工人领袖通信时说到，要保证其他阶级的人参与无产阶级革命时，不要把他们阶级的偏见带入无产阶级队伍，“要无条件地掌握无产阶级世界观”①。由此可见，无产阶级意识形态的纯洁性是马克思十分看重的。从其有关意识形态的论述可以发现，即便马克思时常站在批判资产阶级意识形态的层面上否定这一概念，但是他深刻认识到掌握意识形态话语权的重要性。尤其是在无产阶级革命中，他认为让无产阶级信仰科学的意识形态是保证无产阶级实现革命目的的关键。全面掌握无产阶级世界观也就是保持无产阶级思想阵地的纯洁，而纯洁的意识形态是保持革命队伍纯洁性的必要条件。可以说，马克思对意识形态话语权精准的剖析，为当代社会主义意识形态话语权建设奠定了坚实的理论基础。

二、列宁的社会主义意识形态话语权思想

列宁作为一名伟大的无产阶级革命家，高度重视无产阶级能否掌握意识形态话语权的问题。他在充分吸收马克思意识形态话语权思想精髓的前提下，将马克思主义基本理论同俄国具体实际相结合，形成了自己体系完整、内容独特的意识形态话语权思想，并在实际的革命和建设中带领俄国无产阶级取得了意识形态斗争的胜利。

① 《马克思恩格斯选集》第3卷，人民出版社2012年版，第739页。

（一）“意识形态”概念的肯定性解读

与马克思对“意识形态”概念多作否定性和描述性阐述不同，列宁是在肯定意义上阐发“意识形态”概念的。在他看来，尽管意识形态被统治阶级用作维护阶级统治的工具，但概念本身并无褒贬。列宁还明确区分了两种意识形态，他认为，没有超越阶级的意识形态，“或者是资产阶级的意识形态，或者是社会主义的意识形态”①。资产阶级意识形态的理论基础是唯心史观，它代表的是少数资产阶级利益；无产阶级意识形态的理论基础是唯物史观，它代表的是广大无产阶级的意识形态。列宁明确区分了两种意识形态，他继承了马克思对资产阶级意识形态的批判态度，对其虚伪性和虚假性进行了斥责，在此基础上又旗帜鲜明地捍卫无产阶级意识形态。尤其是在无产阶级取得俄国革命胜利后，无产阶级意识形态逐渐扩大其影响面，成为占统治地位的意识形态，列宁深刻认识到掌握意识形态话语权是至关重要的。他提出，要巩固无产阶级意识形态话语权，推动马克思主义大众化发展，其方法就是推动通俗化马克思主义理论的普及。列宁认为，马克思主义意识形态要注重通俗化表达，要拉近与劳动群众的距离，通过让更多人理解马克思主义理论来扩大其影响力，从而使马克思主义意识形态的话语权得以强化。由此可见，“意识形态”概念在列宁这里多在肯定性框架下阐发。列宁的阐发立场开启了意识形态概念从否定性到肯定性的转变，肯定性意识形态得以扩大影响力，为当代中国意识形态话语权建设奠定了坚实的理论基础。

（二）提出“科学的意识形态”

俄国无产阶级革命胜利之后，马克思主义逐渐成为占据统治地位的意识形态。但在马克思恩格斯逝世以后，马克思主义受到了修正主义思潮的歪曲。在科学社会主义方面，德国社会民主党人伯恩施坦对马克思主义的阶级斗争学说进行了猛烈的攻击，通过否认无产阶级革命的和专政的必要性，试图消解马克

① 《列宁选集》第1卷，人民出版社2012年版，第326页。

思主义的科学性。面对党内存在的非马、反马的错误言论，列宁作为一个坚定的马克思主义者势必要与其展开论战。他意识到有必要让“科学的意识形态”出场以正视听，在《唯物主义和经验批判主义》一文中，首次提出了这一概念。列宁在文中批判波格丹诺夫混淆真理的相对性和绝对性的错误时坚定地指出：“任何意识形态都是受历史条件制约的，可是，任何科学的意识形态（例如不同于宗教的意识形态）都和客观真理、绝对自然相符合，这是无条件的。”①换而言之，意识形态的相对性与科学性并不相悖。修正主义者以真理受到历史条件制约而否定真理的绝对性，进而否定马克思主义的科学性。这一逻辑本身就是不成立的，真理的这种相对性恰恰防止了科学成为教条，而它的绝对性又使它与唯心主义、诡辩论划清了界限，由此，辩证唯物主义与相对主义之间的根本区别得到了彻底的明确。列宁认为，科学的意识形态存在的原因有以下几点，首先在于它是完备而严密的理论体系，是不为任何外在压力而妥协的完整世界观；其次在于它正确揭示了自然、人类社会以及人的思维的客观规律；最后在于它经受住了历史的检验，并且它是开放的、与时俱进的理论。列宁将科学的意识形态同资产阶级意识形态划定界限，科学性作为社会主义意识形态的本质特征，不同于资产阶级意识形态的虚伪性，它不回避自己的阶级属性，公开承认自己是站在广大无产阶级立场上的意识形态，它与作为压榨穷苦工人的工具的资产阶级意识形态不同，代表了真正的普遍利益，它的阶级属性与它的科学性并不矛盾。列宁用“科学的意识形态”概念消解了意识形态与科学的对立，并进而指出，要推动科学的意识形态成为“占统治地位的社会主义意识形态”。

（三）社会主义意识形态概念阐发

作为列宁意识形态话语权思想中的核心概念，社会主义意识形态的突出特点就在于它是科学的意识形态。列宁对这一概念的阐发可以分为三个层面。第

---

① 《列宁选集》第 2 卷，人民出版社 2012 年版，第 96 页。

一，在与各种错误思潮的斗争中，形塑社会主义意识形态。一方面，一部分错误思潮本质上仍是一种资产阶级意识形态，通过对资产阶级意识形态的虚假性进行揭示和批判，列宁对其合法性进行了瓦解；另一方面，是无产阶级内部的修正主义、机会主义，则是将更加精致的“外壳”披在身上，列宁通过纠正它们对马克思主义的歪曲在党内以正视听。列宁在理论论战中论证了社会主义意识形态无产阶级属性的先进性和马克思主义理论基础的科学性。第二，在无产阶级革命实践中确立的科学意识形态。一种意识形态能够掌握话语权除了在理论上“说服”群众，更要在实践中兑现其“承诺”。无产阶级革命成为现实的一个重要前提是无产阶级意识的觉醒，马克思主义对资产阶级意识形态虚假性的深刻揭示，使无产阶级认识到自身受压迫的现实处境。而十月革命真正使马克思主义从理想走向现实，社会主义意识形态的科学性也在实践中被证实。第三，社会主义意识形态要以社会主义建设为根本出发点和落脚点。意识形态的阶级属性始终是列宁看重和强调的，社会主义意识形态作为无产阶级意识形态，它存在的根本目的就是维护无产阶级利益。俄国社会主义革命胜利后，在意识形态领域就出现了两大阵营，即资产阶级意识形态和无产阶级意识形态。而面对着资产阶级意识形态影响范围的扩张，列宁作出了要加强社会主义意识形态建设的准确判断，只有在思想上坚定社会主义立场，才能推动社会主义建设的稳步前进。社会主义意识形态以科学理论为指导，以无产阶级革命胜利为现实论据，是经过检验的被人民群众所认同和相信的科学的意识形态。因此，社会主义社会的进一步发展必须以加强社会主义意识形态的建设作为根本前提。

（四）社会主义者要做“思想领导者”

列宁认为，意识形态的领导阶级决定了意识形态性质，因此，社会主义者要牢牢掌握无产阶级的思想领导权。列宁曾深刻批判自称“人民之友”的俄国自由主义民粹派，指责他们还沉迷在经济对抗十分剧烈的60年代，妄想资产阶级“知识分子”能自动走到无产阶级方面来。列宁犀利地指出，“人民之友”恰恰使俄国知识分子的小资产阶级性质暴露无遗。在认清资产阶级“知识分子”的图谋之后，列宁继而要求社会主义知识分子要立足现实的社会经济关系，研究当下经济对抗的关系和发展趋势，完备地揭示国家的生产关系体系。列宁指出，理论工作“应当指明劳动者在这个体系下遭受剥削和剥夺的必然性，指明经济发展所昭示的摆脱这个制度的出路”。[①] 在列宁看来，理论工作虽没有实际工作重要，但它关系到社会主义成长，关系到无产阶级意识觉醒的速度。如果社会主义者能成为无产阶级的“思想领导者”，领导无产阶级革命，那么，理论工作的重要性就不会弱于实际工作，而是和实际工作融为一体，在无产阶级解放中发挥重要作用。列宁意识到掌握思想领导权的极端重要性，因此他要求站在无产阶级立场上的社会主义者掌握无产阶级的思想领域，也就是让社会主义意识形态成为无产阶级信仰。列宁意识到了掌握意识形态话语权的重要性，所以他在揭下小资产阶级思想家的虚伪面具之后，要求真正的社会主义者在全面把握社会经济关系的基础上制定理论工作。他指出，社会主义者要完成“研究、宣传、组织”的工作步骤，既不能不做理论研究工作也不能不做实际宣传，要成为无产阶级的“思想领导者”，领导无产阶级进行实际斗争。只有用社会主义意识形态引领无产阶级革命，才能让无产阶级真正实现革命目标。

（五）社会主义意识形态“灌输”理论

列宁指出，社会主义意识形态虽产生自无产阶级革命实践，但却不是自发产生，工人阶级更不会自觉地用其武装头脑。因此，若社会主义意识形态想要实现对无产阶级的领导，必须通过“灌输”的方式。理解列宁的“灌输”理论需要厘清三个问题，即“灌输”的原因、“灌输”的内容以及“灌输”的具体方法。第一，为什么“灌输”。20 世纪初，俄国工人阶级意识形态呈现出混乱的状态。一方面，俄国社会民主党内出现了坚持马克思主义和坚持经济主义的分歧，经济派热心地进行经济鼓动，贬低社会主义意识形态的作用，动摇马克思主义在

---

① 《列宁选集》第 1 卷，人民出版社 2012 年版，第 77 页。

党内的指导地位，掀起了工人运动内部对自发性的崇拜。另一方面，资产阶级和封建阶级也通过理论宣传活动向工人阶级渗透其思想。针对工人阶级意识形态领域的混乱状况，列宁深刻批判出现的“自发性崇拜”现象，提出要“把认清无产阶级的地位及其任务的这种意识灌输到无产阶级中去”①。列宁“灌输”理论的提出既有现实针对性，又有理论规律性。第二，“灌输”什么。当时的俄国社会，形形色色的理论、主义充斥工人运动内部，究竟给无产阶级“灌输”什么样的理论是革命政党必须要回答的问题。对此，列宁给出明确答案，即给俄国社会民主党内和工人群众灌输社会主义意识形态。他解释道，“社会主义理论比其他一切理论都更深刻更正确地指明了工人阶级受苦的原因”②，因此，这一理论只要不受自发性支配，就能成为指导无产阶级革命的科学理论。列宁还特别指出，在灌输的过程中要注意消除错误思想。一方面需要看到资产阶级意识形态存在的时间更长、加工得更全面、传播载体也更丰富，所以要十分警惕它对工人群众的控制；另一方面也要注意清除党内的工联主义、修正主义等各种非马克思主义思想。第三，怎样进行“灌输”。列宁明确反对暴力“灌输”，他认为要用科学的方法灌输社会主义意识形态。其一，革命政党和社会主义知识分子要放低姿态，要深入群众中做理论宣传和政治教育工作，用通俗化的马克思主义使工人群众领会其要义。其二，要重视宣传载体，将党的出版物作为宣传阵地。列宁认为，写作事业是革命事业的重要部分，要坚持党对出版物的领导，革命政党要牢牢把握意识形态话语权。其三，要丰富理论灌输的方式方法，通过文学、艺术的形式进行理论灌输，用工人群众喜闻乐见的形式使其自觉内化社会主义意识形态。

（六）社会主义意识形态建设途径

列宁十分看重意识形态的历史作用，提出要在无产阶级革命和社会主义建

① 《列宁选集》第1卷，人民出版社2012年版，第326页。

② 《列宁选集》第1卷，人民出版社2012年版，第328页。

设中加强社会主义意识形态建设。第一，坚持以马克思主义为指导。列宁在许多文章中都明确表示，马克思主义不仅是无产阶级政党的理论基础，也是社会主义意识形态的指导思想。因此，社会主义意识形态建设必须坚持以马克思主义为指导，但不是原封不动地照搬马克思主义理论，而是应该立足本国社会现实状况坚持与发展这门科学，从而使社会主义意识形态建设向着正确的方向迈进。第二，加强党的建设。列宁认为，作为无产阶级革命的领导者，无产阶级政党的形象、作风关系到社会主义意识形态的说服力。列宁指出，无产阶级政党不能把自己描绘成完美无缺的政党，而要敢于剖析自己的问题、积极改正问题，要成为群众的榜样，要善于挖掘和保护人才。他认为在社会主义建设中无产阶级政党自身的建设是十分必要的。第三，拓宽意识形态宣传渠道。首先通过在工人中间成立小组、训练动员等方式直接进入工农群众中宣传社会主义意识形态；其次让俄国报纸成为党的“公开喉舌”，将机关报刊作为无产阶级政党理论宣传的阵地，通过办刊办报的方式扩大社会主义意识形态的影响力；再次建立服务于工农群众和士兵的图书馆网和阅览室网，在提高国民素质的同时宣传党的理论和信仰，让人民群众更好理解和认同社会主义意识形态。最后加强青年人教育。列宁曾说过：“我们是未来的党，而未来是属于青年的。”①他十分重视社会主义意识形态建设中的青年教育问题。列宁在《青年团的任务》一文中谈到，建立共产主义社会的任务是由青年人来完成的，而青年人当下的任务就是学习。对于要走向共产主义的青年来说学习的内容就是共产主义。但他反对青年人空泛地学习共产主义书本知识，他要求青年人参与到公共事业和共同劳动中，在集体劳作中培养共产主义道德，成为一个真正的共产主义者。列宁提出要对资产阶级学校进行社会主义改造，作为意识形态传播的主要阵地，学校的建设要坚持以马克思主义为指导，传播社会主义意识形态，让学生成为未来共产主义社会的建立者。

① 《列宁全集》第14卷，人民出版社2017年版，第161页。

第二节　中国共产党关于社会主义意识形态话语权的论述

在中国共产党百年历史发展过程中，牢牢掌握意识形态话语权是一条重要的历史经验。百年来，中国共产党始终重视意识形态建设工作，在革命、建设、改革的实践中逐渐形成了新时代社会主义意识形态。理解新时代社会主义意识形态话语权需要从中国共产党百年发展史中找寻其历史逻辑和理论逻辑，在此基础上才能推动社会主义意识形态建设。

一、新中国成立前后我党关于意识形态话语权的论述

在新民主主义革命以及社会主义革命和建设的实践中，毛泽东逐步产生了一系列关于意识形态话语权的论述。他全面分析了国内外所处的时代形势，从中认识到：在推进革命发展进程中，思想领域的革命能够发挥极大作用。毛泽东关于意识形态话语权的论述内含着马克思主义基本理论和中国实际发展规律，其产生与发展一方面指导了中国革命取得胜利，另一方面为新时代社会主义意识形态话语权思想的形成奠定了宝贵基础。

（一）在坚持马克思主义基础上丰富意识形态话语内涵

在意识形态中，最直接的表达形式就是意识形态话语，它的内涵充分反映了意识形态的价值核心，只有准确把握话语思想，才能有效发挥实际作用。任何国家构建自身的意识形态话语权，都要基于时代现实和发展要求对话语内涵加以拓展，不断丰富其内容，然后在社会发展中持续性地发挥主流意识形态价值。其中，进行理论创新不仅是保证话语力量的必然选择，更是实现这一目标的关键路径。马克思主义就始终坚持站在人民立场之上进行理论创新，克服种种矛盾，成为无产阶级获得解放的有力武器。关于意识形态话语权的建立与巩

固，毛泽东也一直强调理论创新的重要性，理论创新围绕的中心始终是“人民”。同时，在实践中拓宽意识形态话语内涵，这也为新时期巩固主流意识形态话语权提供了一条宝贵经验。细化来分析，毛泽东意识形态话语权在坚持马克思主义基础上对意识形态话语内涵的拓展，有两方面内容。

第一，在以人民为主体上进行理论创新。意识形态展现社会现实，它拥有阶级属性，必然体现阶级的意志和利益。马克思主义是无产阶级理论，它代表无产阶级利益，其价值中心是人民，依靠人民更服务于人民，掌握民心是意识形态获得话语权的关键。毛泽东指出：“如果不为人民群众所掌握，即使是最好的东西，即使是马克思列宁主义，也是不起作用的。”①在意识形态话语内涵的丰富和创新中，人民为主体是根本价值选择。关于以思想和文化为主的意识形态，毛泽东早期便认识到它在推动社会发展、形塑社会形态和掌握民心上的重要作用。因而，他将建构新民主主义文化作为一项重大任务，从文化创新层面推进马克思主义中国化的理论进程。他指出，新民主主义的文化，就是“无产阶级领导的人民大众的反帝反封建的文化”②。在毛泽东看来，新民主主义文化如何发展都不能离开人民大众，意识形态如何创新都不能脱离人民需要，这反映出人民在意识形态领域的关键地位。第二，基于实际面对的问题来创新并健全理论。马克思主义普遍真理并不是通过空想产生的，它强调理论和具体实际相结合。毛泽东1930年在《反对本本主义》中详细阐述了理论和实践相结合的内容。他认为，关于马克思主义的“本本”，我们是需要的，也要学习，但要基于中国社会的现实状况来学习。在毛泽东的带领下，中国共产党将视野聚焦到我国内外交迫的现实状况，将马克思主义普遍真理同当下中国最现实的问题相结合，从而使其立足中国实际解决中国问题，最终形成了毛泽东思想，开启了理论创新的伟大征程。新中国成立后，新的社会现实对中国共产党提出了新要求：如何向社会主义过渡，怎样在经济落后的情形下推动社会主义现代

---

① 《毛泽东选集》第四卷，人民出版社1991年版，第1515页。

② 《毛泽东选集》第二卷，人民出版社1991年版，第698页。

化进程。这些问题的答案并不能从书本中直接获得，在毛泽东看来，前人的书是宝贵财富，要理解，要吸收，但创新理论是每一个国家和每一个执政党的必要任务，产生为国家建设服务的新理论不能仅依靠老祖宗。所以，中国共产党要着眼于当下所做之事，并以理论和实践结合的形式来寻找与国情适应的理论体系和实践道路，为巩固、建设和发展社会主义积极创造条件。

（二）通过话语表达增强意识形态影响力

就意识形态和话语权，马克思认为二者不可分割。统治阶级如果要证明政权合法性，需要将话语作为桥梁来表达自己的意识形态，对话语表达方式、内容和有效性的掌控就是话语权的体现。而达到这一目的，需要对话语的重要功能有准确理解，从而形成合适的话语体系，以实现维护统治阶级利益的目的。对意识形态地位和话语特殊作用的认识，是增强意识形态话语权的前提。新民主主义革命阶段，毛泽东开始逐步巩固马克思主义话语地位，加强思想政治教育和理论学习，通过马克思主义话语的传播，扩大意识形态影响力。在《湖南农民运动考察报告》中，针对农民协会、共产党积极开展政治宣传活动，毛泽东给予了高度赞扬，充分肯定“文化运动”带来的价值。在农民群众中开展马克思主义教育，为中国共产党群众基础的扩大奠定了良好基础。1945 年，党的七大召开，毛泽东思想作为马克思主义中国化的理论成果载入党章。会上，毛泽东发表《论联合政府》讲话，他认为，“掌握思想教育，是团结全党进行伟大政治斗争的中心环节。如果这个任务不解决，党的一切政治任务是不能完成的。”[①]可以看出，在党和军队发展中，毛泽东尤为重视思想建设和政治宣传。他认为，“全党全军应加强理论学习，以马克思主义意识形态话语的继承为前提，在继承的前提下进行创新，通过完善意识形态话语巩固其地位，将意识形态提升为“伟大政治斗争的中心环节”[②]。新中国成立后，毛泽东更加看重

---

① 《毛泽东选集》第三卷，人民出版社 1991 年版，第 1094 页。

② 《毛泽东选集》第三卷，人民出版社 1991 年版，第 1094 页。

意识形态在巩固党的领导地位和促进国家发展上的作用。在他看来，所有经济工作的开展都以政治工作的方向正确为前提，意识形态至关重要。三大改造完成后，毛泽东再次强调意识形态工作的极端重要性，认为意识形态工作保证了其他一切工作的方向不偏离，只有坚持马克思主义意识形态对其他工作的统领才能更好地建设社会主义。1960 年，对意识形态的积极作用毛泽东又做了新的思考，主要体现在生产力和生产关系方面。在他看来，历史的经验充分证明消灭旧的生产关系首先要有舆论引导，通过革命夺取政权，生产关系的改造并不完全依赖发达生产力。因此，在党的八届十中全会上，毛泽东强调，推翻一个政权先要制造舆论。他借此警示全党，只有扎实开展意识形态工作才能保证政权稳固。在毛泽东的观点中，意识形态要通过话语来表达，因此，做好意识形态话语的宣传工作是扩大意识形态影响力的重要方式。

（三）从中国实际出发推动马克思主义话语转化

话语是思想的载体，承载着人类意识的表达，无论是推广思想观念，还是传播价值理念，都需要借助话语来完成。而意识形态想要掌握人民群众，就要完成话语的通俗转化，提升意识形态话语的亲和力，具体而精准的话语表达是构建主流意识形态体系的前提条件。因此，毛泽东提出，提升意识形态的话语权要立足中国实际状况。马克思主义的话语转化既要合乎中国实践的历史与现实，也要满足中国人民群众的需求，这也是马克思主义在中国发展的关键环节。按照毛泽东的观点，构建中国意识形态体系不能忽视中华优秀传统文化，要将文化融入马克思主义立场、观点、方法中，依据中国式话语规律和思维习惯转变话语表达，最终得以实现话语创新。

这一创新突出表现在两个方面：一是将马克思主义融以中华优秀传统文化基因，使马克思主义话语彰显中华民族风格。对马克思主义实践观的分析，毛泽东就运用了中国哲学体系里的诸多命题加以解读，比如“知行合一”。他在《实践论》一文中就以知行关系来解读认识与实践的辩证关系，“实事求是”的思想路线也是在这一著作中得以确立。在对矛盾分析法、对立统一思想阐释时，毛泽东则以唯物主义辩证法为基础，将中国古代朴素辩证法思想融入其中，实现了话语表达上的创新，并呈现在《矛盾论》一文中。辩证法在《矛盾论》中被创造性解读为一种宇宙观，同时，对立统一规律，矛盾的普遍性与特殊性、同一性与斗争性也在这一著作中得到了中国式解读。此外，在构建辩证法话语系统中，中国传统哲学中“一分为二”的表达方式也被灵活应用，毛泽东认为，“一分为二”就是通俗意义上的辩证法。他解释道，任何事物都可以划分为两部分，既有对立的一面也有统一的一面，二者紧密相关，可以作为认识世界的根本方法，这是他对对立统一规律的中国式表达。由此可见，在推进马克思主义意识形态的话语转变中，毛泽东将传统与现实、东方与西方充分结合，不仅用马克思主义引领了中国革命，也使马克思主义话语体系有了鲜明的中国特色。二是在马克思主义意识形态中，渗透我国民俗民风，同时把中国社会心理纳入其中，使马克思主义话语更加贴近中国社会，和人民群众生活紧密联系在一起。作为主流话语意识形态，要想获得更广泛的群众认同，必须充分考虑中国心理和中国文化、解决中国实际问题。而在毛泽东看来，中国农民问题是那个时代最亟待处理的问题。因此，在意识形态话语的转化中，他将农民需要放在重要位置，要在广大农村实现政治教育的普及。这一目标的实现要以宣传农民可以听得懂、易于接受的政治口号为前提，如打倒土豪劣绅、打倒军阀等。他特别指出，这些政治口号要“飞到无数乡村的青年壮年老头子小孩子妇女们的面前，一直钻进他们的脑子里去，又从他们的脑子里流到了他们的嘴上”。① 自此，“打土豪、分田地”等通俗话语，成为积极动员广大农民群众参与革命的口号。这些话语因其符合农民群众心理而引起他们的共鸣，马克思主义意识形态也由此深入农民群众内心。除此之外，针对工人阶级和知识分子等群体，毛泽东也用符合他们心理和认知的话语向他们传播马克思主义意识形态，通过转化话语体系的方式使意识形态发动了更多群众，在革命和建设过程中发挥了重要作用。毛泽东十分重视意识形态的话语权地位，并提出了加强意

① 《毛泽东选集》第一卷，人民出版社 1991 年版，第 34 页。

识形态话语权建设的一系列措施，从而强化了党的领导地位。

二、改革开放新时期我党关于意识形态话语权的论述

改革开放不断深入的过程也是中国共产党对意识形态话语权重要性不断认识的过程。尽管这一历史时期中国共产党人并没有对意识形态话语权的相关概念和范畴作专门而具体的阐释，但在一系列党的文件和纲领中都体现出了党对意识形态话语权问题的重视。在改革开放和社会主义现代化建设的过程中形成了一连串马克思主义中国化的理论成果，这些成果中包含着许多关于加强意识形态话语权的方针、政策和措施，实现了社会主义意识形态的话语创新。

（一）邓小平关于意识形态话语权的论述

邓小平对意识形态话语权的建设不仅体现在对“文化大革命”后的整个社会发展方向的调整，还体现在对我国意识形态建设的整体推进。邓小平对我国意识形态问题的准确把握，使我们走出了一条既符合时代潮流，又具有中国特色的社会主义意识形态道路。全面、准确、系统地领会这些重要论述，不仅能够维护以马克思主义为指导的社会主义意识形态的领导地位，从而维护我国社会的稳固和安定，而且能够为新时代持续推进意识形态工作平稳发展奠定牢固的理论和实践基础。

意识形态领域是发散与汇集社会多元思潮的空间，这源于意识形态的内涵和特征。如果要保证主流意识形态地位，就需要采取正确的意识形态斗争手段，让人民群众可以明辨是非。“文化大革命”结束后，在社会意识层面，“左”和右两种思潮仍旧影响着主流意识形态。具体来说，是以“两个凡是”为代表的“左”倾思想和以“资产阶级自由化”为代表的右倾思潮，这些意识形态的复杂情况严重阻碍了中国特色社会主义的建设。面对文艺理论领域所出现的“淡化意识形态”，否定社会主义制度、反对马列主义毛泽东思想等观点，邓小平旗帜鲜明、寸步不让，将这些错误思潮视为“精神污染”，并主张给予坚决

反击，对社会主义意识形态的功能进行重新定位。

首先，要确保党对意识形态建设领导权的正确方向。就党内存在的“两个凡是”思想，邓小平认为，它不仅违背马克思主义基本原理也不实事求是。改变这一情况的关键在于加强思想政治工作，就要对党内和党外存在的一切封建残余思想进行彻底清除，当前唯一正确的出路就是重新确立“实事求是”的思想路线。“一个党，一个国家，一个民族，如果一切从本本出发，思想僵化，迷信盛行，那它就不能前进，它的生机就停止了，就要亡党亡国。”[①]而意识形态领导权的掌握直接关系到国家的前途和命运。

其次，要明确意识形态为经济建设服务的根本目的。“实事求是”观点的重新确立，使意识形态回到了其原有的社会功能，即作为思想观念的上层建筑要始终服务于经济基础。邓小平明确指出，意识形态工作最终要以服务社会为目的。对于当时的中国来说，最急切的任务就是：发展经济，实现四个现代化。通过确立“一个中心，两个基本点”的基本路线，他将意识形态工作与“四个现代化建设”紧密联系在一起，提出坚持四项基本原则是“实现四个现代化的根本前提”[②]，使意识形态工作面向中国现实中所遇到的新情况、新问题，真正为社会主义现代化经济建设服务。

再次，要以“四有”新人的培育作为意识形态建设的重任。“四有”新人以培养社会主义的建设者和接班人作为根本目标，而我国的社会主义精神文明建设工作在一定程度上承担了培育“有理想，有道德，有文化，有纪律”四有新人的重任。具体来说，我们所要培养的社会主义建设者和接班人要以共产主义作为理想信念，能够树立社会主义道德规范，通过学习知识，成为能够为社会主义现代化建设贡献力量，并能够听党指挥，从而保证现代化建设的性质和方向不动摇的时代新人。可以说，邓小平关于意识形态话语权的论述充分体现了无产阶级政党的理论自觉意识和历史使命感，这些论述既明确了我国意识形

① 《邓小平文选》第二卷，人民出版社 1994 年版，第 143 页。

② 《邓小平文选》第二卷，人民出版社 1994 年版，第 164 页。

态的指导思想始终是马克思主义，又在较大程度上推动了马克思主义意识形态的发展，更开启了改革开放新时期社会主义意识形态建设的新局面。

（二）江泽民关于意识形态话语权的论述

20世纪80年代末90年代初，社会主义事业在全球范围内遭遇重创，苏联解体、东欧剧变的发生，极大削弱了社会主义意识形态阵营的力量，我国意识形态话语权的建设也受到巨大冲击。在如此严峻背景下，江泽民坚定指出："我们要更加坚定不移地把马克思主义普遍真理同我国具体实际结合起来，走自己的路，建设有中国特色的社会主义。"①

改革开放后，西方资本主义国家对我国的"和平演变"愈演愈烈，加之国内的意识形态建设也存在薄弱环节，由此导致了严重的政治风波的出现。江泽民充分认识到意识形态斗争的重要性，指出意识形态工作的成败直接关系到社会主义事业的兴衰。他认为，在"和平演变"和反"和平演变"斗争的重要领域，意识形态的斗争是其中的关键之处。具体来讲，资本主义阵营和社会主义阵营对立和斗争的实质是要不要坚持共产党的领导、要不要走社会主义道路的政治斗争。而这场政治斗争又经常性地表现为思想理论领域的意识形态斗争。因此，谁能抢占思想宣传阵地，谁就能取得斗争的胜利。基于此，江泽民提出了一系列加强意识形态建设的政策和措施。

江泽民将意识形态工作提升到党的执政基础的高度，要求各级党委必须加强对意识形态工作的领导，要牢牢掌握意识形态各部门的领导权。各级党委要严格区分意识形态领域的不同性质的矛盾，要"长期不懈地进行坚持四项基本原则、反对资产阶级自由化的教育和斗争"②。要重视思想文化工作者的作用，引导和组织他们深入群众，投身社会主义建设和实践，成为人类灵魂的工程师。江泽民特别突出社会主义精神文明建设的重要性，要求弘扬社会主义民族

① 《江泽民文选》第一卷，人民出版社2006年版，第69页。

② 《江泽民文选》第一卷，人民出版社2006年版，第161页。

精神和先进文化，以此补充意识形态工作。此外，江泽民还丰富和发展了社会主义意识形态的指导思想。他指出，马克思主义在我国意识形态领域居于指导地位，西方敌对势力在针对我国进行意识形态斗争时的一条重要策略就是刻意宣传“马克思主义过时了”的论调。而应对这一策略就要回答一个核心问题：马克思主义究竟还有没有现实指导性。江泽民指出，马克思主义是在总结历史发展规律的基础上提出来的，其基本原理依然放之四海而皆准。马克思主义的生命力在于它是一个开放的、发展的体系，在实践中总结的科学经验的融入使马克思主义始终具有时代性。江泽民提出的“三个代表”重要思想丰富和发展了马克思主义，极大地提升了社会主义意识形态话语权。

（三）胡锦涛关于意识形态话语权的论述

改革开放实现了我国经济的快速发展，进入21世纪后，我国社会政治经济结构发生重大变化，社会各阶层的思想文化状况日益多元。面对中国社会主义意识形态建设的新形势、新问题，胡锦涛明确要求：“要把意识形态工作作为关系国家安全和社会稳定、关系党和人民事业兴衰成败的重大工作紧紧抓好，始终坚持和不断巩固马克思主义在意识形态领域的指导地位。”① 自党的十六大起，胡锦涛在充分研判国内外形势的基础上持续深化对意识形态工作的认识和部署。

胡锦涛高度重视意识形态这一重要阵地。他强调，敌对势力要想颠覆一个政权往往从意识形态领域着手，他们打着各种旗号借机推销其社会制度和价值观念，企图通过搞乱一个国家人民的思想，搞乱这个国家的社会，最终颠覆其政权。因此，为了维护国家政权的稳定和人民生活的长治久安，必须加强意识形态建设。其中，巩固马克思主义在意识形态领域的指导地位是重要一步。各级党委和政府要加强马克思主义理论研究，不断增强其说服力和战斗力，使马克思主义成为全党全国人民团结奋斗的共同思想基础。要坚持原则，敢抓敢

---

① 胡锦涛：《论构建社会主义和谐社会》，中央文献出版社2013年版，第30页。

管，对错误政治思想和观点要理直气壮地予以辩驳。要加强宣传阵地的管理和建设，尤其是随着网络技术的发展，互联网成为各种社会思潮、各种利益诉求的集散地，因此“我们必须从占领文化传播制高点和掌握信息化条件下宣传思想工作主导权的高度，抓住信息化的历史机遇”①，加强互联网平台的管理和应用，切断错误思想错误传播的渠道，让互联网平台成为社会主义意识形态宣传的重要阵地。

此外，胡锦涛尤其重视社会主义先进文化建设。他强调：“文化作为一种社会意识形态，是随着社会历史条件变化而发展变化的。”②先进文化影响人的精神和灵魂，能够引导人积极向上，能够推动社会向前发展。而在当前中国，以马克思主义为指导的有中国特色的社会主义文化就是先进文化。大力弘扬社会主义先进文化一方面能够凝聚中国人民的共同理想和强大的精神支柱，保持国内社会的稳定和发展，另一方面能够提升国家“文化软实力”，从而提高综合国力，使我们国家在国际竞争与合作中拥有更大的话语权。胡锦涛多次强调坚持马克思主义在意识形态领域、在思想文化建设领域的唯一指导地位，决不能搞指导思想的多元化。他提出的“科学发展观”是马克思主义中国化的理论成果，也进一步深化了中国共产党对社会主义意识形态话语权的认识，为新时代社会主义意识形态建设提供了经验。

三、中国特色社会主义新时代我党关于意识形态话语权的论述

进入新时代，习近平总书记高度重视意识形态工作，关于为什么做、怎样做好意识形态工作提出了许多重要论断，具体而深刻地阐明了意识形态工作的若干重大理论和实践问题。习近平总书记对意识形态工作作出一系列具体部署，充分保障了我国意识形态领域安全。深刻领会习近平总书记的意识形态话

① 《胡锦涛文选》第三卷，人民出版社 2016 年版，第 64 页。

② 《胡锦涛文选》第一卷，人民出版社 2016 年版，第 429 页。

语权重要论述对推进新时代社会主义意识形态建设具有重大意义。

（一）在意识形态领域不断强化党的主导权

按照马克思的观点，掌握意识形态工作主导权是无产阶级政党转变为执政党后的必要任务。马克思主义思想要成为整个社会的基础思想，必须把意识形态工作放在重要位置。习近平总书记强调："必须把意识形态工作的领导权、管理权、话语权牢牢掌握在手中，任何时候都不能旁落，否则就要犯无可挽回的历史性错误。"①

第一，掌握意识形态领导权。按照马克思主义观点，无产阶级政党的历史使命是消灭一切剥削，建立共产主义社会，实现共产主义要求消灭私有制及其意识形态。如果在社会生产中，生产力还不足以支撑社会化大生产，私有制及其观念就尚未失去现实基础，公有制经济便会遭受它们的破坏，社会主义意识形态建设也会受到阻碍。因此，"意识形态工作是党的一项极端重要的工作"②，"是为国家立心、为民族立魂的工作"③。中国共产党组织并领导人民群众建设社会主义，既要让生产力高度发达，更要大力培育共产主义理想信念。共产主义信念和私有制观念要进行一场长久的斗争，要想在这场斗争中占领先机，从容应对，就必须提升社会主义意识形态的软实力，这就需要中国共产党加强在意识形态领域的领导，调动各级党委在日常工作议程中融入社会主义意识形态建设工作，和文化、政治、经济等战略建设任务共同开展，真正将中国共产党对意识形态的领导权落实到位。

第二，把握意识形态管理权。对意识形态的管理实际上是党掌握意识形态领导权的具体体现。在社会主义建设过程中，尽管意识形态工作一直摆在重要位置，尤其是针对市场经济对意识形态的冲击，提出了抵制资产阶级自由化的

---

① 《习近平关于社会主义文化建设论述摘编》，中央文献出版社 2017 年版，第 34 页。

② 《习近平谈治国理政》第一卷，外文出版社 2018 年版，第 153 页。

③ 习近平：《高举中国特色社会主义伟大旗帜　为全面建设社会主义现代化国家而团结奋斗——在中国共产党第二十次全国代表大会上的报告》，人民出版社 2022 年版，第 43 页。

历史命题，但社会上还是一度出现了否定马克思主义的思想倾向。习近平总书记特别指出，“实际工作中，在有的领域中马克思主义被边缘化、空泛化、标签化”①，对这一现象党要高度重视。习近平总书记还强调，新时代意识形态的管理工作还包括管好教育阵地、党校阵地、文艺阵地以及新闻舆论阵地，“对各种政治性、原则性、导向性问题要敢抓敢管，对各种错误思想必须敢于亮剑，帮助人们明辨是非”②，最终为中国特色社会主义发展创建最有利的思想环境。

第三，获得意识形态话语权。对意识形态的领导和管理集中体现在话语权的掌握上。进一步说，中国共产党对领导权与管理权的掌握，最终也是要实现对主流意识形态话语表达权力的掌控。西方国家由于在技术层面占据优势，一直以来通过新闻媒体对社会主义意识形态话语进行污蔑与抹黑，通过宣传“中国威胁论”等言论企图遏制中国发展。综合国力的逐步提升使我国在意识形态问题上也逐渐化被动为主动，习近平总书记特别强调，“要着力推进国际传播能力建设，创新对外宣传方式，加强话语体系建设”③，如建构理论体系、激活传承载体、构筑精神家园等，以此保证中国共产党始终掌握中国社会意识形态的话语权。

（二）构建整体性的意识形态工作格局

意识形态工作属于极端重要工作，因而要由全党来落实，构建意识形态整体工作格局才能获得实际效果。

首先，要将意识形态纳入党的工作布局。这要求各级党委积极承担自身在意识形态工作中的组织和领导责任，将其作为常态工作开展，与文化、政治、经济、社会、生态文明建设工作放在一起谋划部署，并监督落实。习近平总

---

① 《习近平谈治国理政》第二卷，外文出版社 2017 年版，第 329 页。

② 《习近平关于社会主义文化建设论述摘编》，中央文献出版社 2017 年版，第 53 页。

③ 《习近平新时代中国特色社会主义思想专题摘编》，中央文献出版社、党建读物出版社 2023 年版，第 328 页。

书记就新时代意识形态建设强调，“各级党委要把做好意识形态工作摆在重要位置，加强组织领导，及时掌握意识形态形势和动态”①，各级党委在日常工作中，绝不能忽视意识形态工作，并且要让意识形态工作渗透在中国共产党各个领域的实际工作中。以社会经济工作为例，社会主义和资本主义经济发展的特征、目的是截然不同的。资本主义社会秉承资本至上观念，经济发展的最终目的是实现最大限度的赢利，财富往往向极少数人手中聚集。而社会主义的经济发展是为了满足最广大人民的需要，其立场和观念与资本主义社会截然相反，当代中国经济发展就充分贯彻五大发展理念，以实现共同富裕为发展目的。事实上，社会主义各个领域的工作都如经济工作一般体现着意识形态立场。为此，习近平总书记强调，“要树立大宣传的工作理念，动员各条战线各个部门一起来做，把宣传思想工作同各个领域的行政管理、行业管理、社会管理更加紧密地结合起来。”②为此，要“压实压紧各级党委（党组）责任，做到任务落实不马虎、阵地管理不懈怠、责任追究不含糊。”③这样，意识形态工作就成为了全党全社会的基本工作之一，通过全社会普遍参与，这一战略任务得以常态化存在。在意识形态工作中，有一项极端重要的工作就是青少年的意识形态工作。习近平总书记指出，要在加强青少年思想政治教育工作的基础上实行“三全育人”工作机制，也就是全员全程全方位做好青少年理想信念教育，推动立德树人根本任务得以落实。将意识形态工作纳入党的工作布局，最重要的是各级党委是否能够严格履行职责。不同于经济建设看得见、能够量化的特征，意识形态如若不持续强调，就会被虚化。因此，习近平总书记提出要注重意识形态工作责任制的建设，落实主办和属地管理任务，提高党对意识形态阵地的管理能力，并且将其转变为党巡视巡查的基本工作内容之一。

其次，构建整体性的意识形态工作格局也要依赖制度建设。意识形态工作

① 《习近平关于社会主义文化建设论述摘编》，中央文献出版社 2017 年版，第 53 页。

② 《习近平谈治国理政》，外文出版社 2018 年版，第 156 页。

③ 《举旗帜聚民心育新人兴文化展形象　更好完成新形势下宣传思想工作使命任务》，《人民日报》2018 年 8 月 23 日。

的制度体系建设是当前意识形态工作的关键部分，也是落实全党狠抓意识形态工作的必要路径。在中国共产党谋划全面深化改革进程中，党的十八届三中全会提出了发展并完善中国特色社会主义制度，其中，治理体系和治理能力的现代化建设是重中之重。在党的十九届四中全会上，习近平总书记提出要在推进中国特色社会主义制度创新发展的基础上，把国家治理能力和治理体系的现代化作为当前和下一步工作的重心，重视治理能力建设和制度建设，不断深化各个方面、各个领域的体制机制改革，使我国制度趋向定型和成熟。这次会议也再次明确了马克思主义在当代中国意识形态领域的指导地位，提出了具体的各项制度，包括确保舆论方向正确的体制机制、完善网络突发事件处置机制等，这些具体制度为我国意识形态领域的安全提供了强大保障。

概括起来，党的十八大以来，习近平总书记针对意识形态工作多次发表重要讲话，组织召开重要会议，其关于意识形态话语权的重要论述一方面是对马克思主义经典意识形态理论的继承和发展，另一方面是中国共产党意识形态思想在新时代的丰富和深化为新形势下的意识形态工作提供了理论指导和具体的实践方案，回答了为什么建设意识形态话语权以及怎样建设意识形态话语权等问题。在其指导下，中央相继推出针对性制度规章，落实意识形态建设工作。在党的二十大报告中，习近平总书记指出："新时代党的创新理论深入人心，社会主义核心价值观广泛传播，中华优秀传统文化得到创造性转化、创新性发展，文化事业日益繁荣，网络生态持续向好，意识形态领域形势发生全局性、根本性转变。"①就现代网络社会环境来看，意识形态的建设促使传统媒体与新媒体在融合中向纵深局面发展，网络空间生态下的舆论环境不断改善，党基本实现了意识形态领域对"三权"牢固掌握的目标。

---

① 《习近平著作选读》第一卷，人民出版社 2023 年版，第 8—9 页。

第三章　社会主义意识形态话语权生成的根源和逻辑

社会主义意识形态话语权的生成，不仅有着深厚的理论基础和思想资源，而且也有着现实社会发展所提供的深刻根源。从根本上说，社会主义意识形态话语权的生成是通过社会主义主流话语信息的有效传播而实现的，它既与话语本体内蕴的权力有关，又取决于作为社会主义意识形态话语权构成要素之间的相互联结和有机配合，是组成话语权的各要素相互作用的产物，它们共同构成了社会主义意识形态话语权的生成逻辑。

第一节　社会主义意识形态话语权的生成根源

正如一切意识形态话语权都有自己生成的深厚根源一样，社会主义意识形态话语权也有自己实在而独特的根源生成性，其中，社会主义经济发展、社会主义主体的利益诉求与合理需要、社会主义实践的源泉，成为社会主义意识形态话语权的生成根源。

一、社会主义的经济发展是根本基础

马克思在论述意识形态的生成时，从对各种唯心主义的批判出发，立足于社会的经济基础把握意识形态，提出了一定社会的意识形态不过是“占统治地

位的思想”的观点，其实质指的是拥有在社会中主导一切思想的统治权、领导权，因而也包含了话语权。归根到底，它是由“占统治地位的物质力量”所决定的。正是在这种意义上，马克思认为意识形态本质上是“没有自己的历史的”[①]。恩格斯也曾指出：“每个场合都证明，每次行动怎样从直接的物质动因产生”[②]。这样，一个社会的话语权，实际上取决于占统治地位的阶级所拥有的对话语分配的权力。从这一理解出发把握社会主义意识形态话语权，它当然体现的是在社会经济获得不断发展的基础上，通过对话语资源的占有，提供满足无产阶级和劳苦大众的利益和价值需求的话语，其获得认同、引领践行的价值追求，进而引领社会发展、生成社会主流话语的权力。对于社会主义意识形态而言，它作为社会意识诸形式的重要内容，属于思想上层建筑，体现了人们从社会经济基础出发把握社会主义获得的认识成果，体现了现实的物质基础对其的决定性作用。这表明，社会主义意识形态话语权的生成，意识形态的宣传和教育固然重要，但是也不能由此而脱离了其所赖以存在的经济基础，否则就会犯形而上学和唯意识形态论的错误。没有强大的物质基础巩固，就无法兑现对人民群众的现实合理诉求，更谈不上拥有社会主义意识形态的话语权。只有夯实了社会主义的经济基础，才能为社会主义意识形态话语权提供厚实的话语底气。正如习近平总书记所言：“没有扎扎实实的发展成果，没有人民生活不断改善，空谈理想信念……最终意识形态工作也难以取得好的成效。”[③]

中国自鸦片战争到中华人民共和国成立之前，没有形成统一国民思想的话语权，国家一直处于四分五裂、军阀割据和一盘散沙的状态之中。面对列强侵略，尽管中国人民进行了英勇顽强的抗争，但都以失败告终，在这种情况下，想拥有在国际上的话语权也只能成为一种不切实际的奢望。新中国成立后，我们通过三大改造，建立了社会主义基本经济制度，全体人民对社会主义的未来

① 《马克思恩格斯选集》第 1 卷，人民出版社 2012 年版，第 213 页。

② 《马克思恩格斯选集》第 2 卷，人民出版社 2012 年版，第 9 页。

③ 《习近平关于社会主义经济建设论述摘编》，中央文献出版社 2017 年版，第 5 页。

发展充满了信心。

党的十一届三中全会后，我们党带领全国人民实现了马克思主义在当代的理论飞跃，实现了前所未有的思想上的高度统一。在国家综合国力不断提高、国际影响力不断增强的情况下，我国社会主义意识形态话语的国际影响力也得到空前提升。一方面，我国的社会主义意识形态的生成和建设，始终坚持中国共产党自成立起提出的为全体人民谋幸福，为中华民族谋复兴的庄重承诺，并让中国人民亲身感受到自己生活质量的不断改善，在社会主义中国经济发展的奇迹中使马克思主义不断焕发出强大的生命力、凝聚力和引领力，它是一种以雄厚的经济基础为支撑的实践创造的结果。另一方面，一个国家话语权的影响力，取决于经济发展的实力，并通过国家的综合国力体现出来。综合国力提高了，在国际话语权中说话的机会也就多了，话语的分量也就重了，在国际事务中发挥的作用也就大了，其在国际上的认同度也就增强了，在国际上所处的地位、国际话语的贡献力、引领力就会举足轻重。中国社会主义意识形态话语权在国际舞台上、在世界社会主义发展的历史进程中将会扮演越来越重要的角色、发挥越来越大的作用、贡献越来越多的中国智慧，“中国立场”“中国话语”将成为21世纪马克思主义发展史上的响亮名片。

二、人民群众的美好生活需要和利益的满足是生成动因

人类生活的任何活动都与人的需求和利益有关，并由其所决定。社会主义意识形态话语权的生成，也总是与人的需要和利益有着不可分割的联系。从某种意义上说，社会主义意识形态话语权的生成，实际上也就是社会在为其成员提供并传播的意识形态话语，要着眼于与话语接受者的需要和利益驱动而提出的话语诉求存在一定程度的契合度。只有在这种情况下，话语权提供与接受客体之间生成一种供需关系，并通过满足人民大众的合理需求与利益诉求，为意识形态话语权的生成提供动力。

（一）人民群众美好生活需要是内在动因

马克思主义经典作家十分重视人的需要在社会发展中的作用，并从需要构成人的活动的前提和动因出发来论述满足需要的活动及其发展。马克思、恩格斯指出，人类生存所要解决的首要前提就是生活需要的满足，但是，人的生活并不因为第一个需要的满足就可以万事大吉，“已经得到满足的第一个需要本身、满足需要的活动和已经获得的为满足需要而用的工具又引起新的需要，而这种新的需要的产生是第一个历史活动”①。这实际上表达了人们对自己生活的需要既离不开以往需要的满足这一前提，又会在已经得到的需要满足的基础上提出新的需要，保持对需要的连续性，正是在这样一个从需要到需要的满足，再到新的需要的不断满足过程中，展开了人类对美好生活的不懈追求。马克思还着眼于从人的发展的历史维度，通过分析与之相对应的三种人类社会形态，揭示了人对自己美好生活的追求和实现过程，即与“人的依赖关系”相对应的“最初社会形式”、与“以物的依赖性为基础的人的独立性”的“社会形式”，以及与“以每一个个人的全面而自由的发展为基本原则的社会形式”②。其中，“每一个人的自由个性的发展”构成了人类美好生活的价值目标，也成为社会主义美好生活的价值追求。

既然人民对美好生活的需要是社会主义的基本原则，在社会主义话语权的构建中，就应该反映和体现这种要求，并将其作为推动话语权生成的不竭动因。但人民群众对美好生活的需要，既立足于现实需要的满足，又同时体现着基于需要满足之上的不满足的新的需要产生，是一个从现实需要的不满足走向新的需要及其满足的过程。相对于一个实现了的需要而言，它是新的需要的起点，相对于新的需要而言，它又是人所诉求的价值目标。每一种需要的提出，都意味着一种基于需要的实践的展开；一种需要的满足，同时也意味着新的需要的孕育而生。不过，人的需要也有合理不合理之别，在马克思看来，人的这种需要既要

① 《马克思恩格斯选集》第 1 卷，人民出版社 2012 年版，第 159 页。

② 《马克思恩格斯选集》第 2 卷，人民出版社 2012 年版，第 267 页。

考虑自我需要，又要考虑社会需要；既要考虑当下的需要，也要考虑理想的需要。每一个人在某一种规定性上再生产自己需要的同时，也生产着它的全面性。正是从这一理解出发，社会主义的话语权生成，需要紧紧围绕着需要规律的要求，在社会发展的不同阶段上提出与社会主义基本原则要求相契合的体现人民大众幸福生活要求的阶段性的价值理想，构建社会主义意识形态话语权。

中国在社会主义话语权的生成中，就是将民族复兴、人民幸福的美好生活价值目标通过围绕人民大众的“共同富裕”而展开的。在对共同富裕的理解中，不仅强调满足全体人民物质生活需要的共同富裕，而且也强调推进和实现全体人民的精神生活需要的共同富裕，用能否满足人民群众日益丰富的新需要，能否使人民大众亲身感受社会发展带给自己实际生活质量的提升，作为衡量和评价社会主义意识形态话语权能否获得认同、支持和信仰的重要尺度，不断为社会主义意识形态话语权提供源源不断的生成动因。从推翻三座大山，建立新中国，到改革开放，全面建成小康社会目标的实现，再到迈向全面建设社会主义现代化强国新征程，我们党始终围绕人民美好生活这一美好需要，建构社会主义意识形态话语权。党的十九大以来，我们党又在对我国社会主要矛盾已经发生变化的情况下，适时地从人民对美好生活的向往出发，提出了新时代我国社会主要矛盾的新判断，并以此确定党和国家新时代的主要任务，更重要的是，也为我们新时代社会主义意识形态话语权建设指明了新方向，提出了新要求。纵观中国共产党百年的历史，它是一部党带领全体人民前赴后继、英勇奋斗、开拓创新、创造美好生活、不断满足人民对美好生活需要和期待的历史。

（二）人民群众的利益诉求是直接动因

人的任何思想，无论看上去多么抽象，都不过是对客观存在现实的一种反映，并总是体现了人的利益诉求，受利益驱动，人的“‘思想’一旦离开‘利益’，就一定会使自己出丑”①。利益对人的重要性，使其能够通过利益能否得到满足

① 《马克思恩格斯文集》第1卷，人民出版社2009年版，第286页。

以及满足的程度来实现对一种思想的评价，或者选择接受，或者选择拒绝。这样，意识形态话语权的获得和实现，是人们选择和接受的结果。

社会主义意识形态，从本质上是一种从对人民大众利益的关切入手，以人民利益为价值立场和价值取向的话语理论。不过，社会主义意识形态话语权对人民大众利益的关心，并不是仅仅停留于理论层面上，而是体现在人民大众实实在在的利益获得感上。这种获得感，既表现在人民群众总体上的获得感，也体现在每个人的获得感，是两种层面获得感的不断增强，它体现的是社会主义公平正义原则的内在要求。人民群众获得感增强了，他们就会愿意接受社会主义意识形态话语，其对人民群众行为的动员、凝聚和激励作用也就能够得到最大程度的发挥，也意味着社会主义意识形态话语权的生成和实现。

社会主义意识形态话语权在本质上就是人民群众对社会提出和宣传、传播的主流意识形态以及价值观念，是否在情感上得到共鸣、在认知上得到趋于认同、在所持观点的不同时也能够彼此获得宽容和接受等问题，这又与人民群众利益诉求能否实现以及实现程度有关。从深层意义上说，利益不过是“需要在生产关系上的表现”①。由于人的需要的不同所表现出的利益差异，会在不同利益主体之间发生因利益的不同而引发利益冲突，它既表现为个体和社会群体在需求结构上的不同，也取决于对该需求结构的满足程度起影响作用的社会发展水平，并表现为人们对社会主义意识形态话语能否认同以及在何种意义上认同。发生在社会主义意识形态话语接受者在个体和群体之间的因需求结构和发展水平所表现出的利益不同以及因这种利益不同而引发的各种利益冲突，事关人们对社会主义意识形态话语的认同和接受程度的大小以及高低。

正如人的需要在结构上表现为物质的和精神的两方面一样，人也在物质的、精神的两种利益诉求为社会主义意识形态话语权提供生成动因。一方面，就物质利益诉求而言，人民群众总是通过自己从社会中所能获得的利益的满足

① 孙承叔：《真正的马克思〈资本论〉三大手稿的当代意义》，人民出版社2009年版，第74页。

程度、从意识形态话语能否带给自己利好以及利好的大小的评判中，来决定对其是否认可和接受。人民群众在实际生活中，通过自己实实在在的物质利益的实现，从自己对获得感和幸福感的亲身体验中，获得对社会主义、马克思主义的认同。这不仅能够实现社会主义价值理想在人民群众中拥有强大的认同基础，而且也使马克思主义的指导思想地位能够得到进一步巩固。另一方面，就精神利益而言，它在总体体现在物质利益的满足基础之上，体现着人在精神层面的需求以及得到满足的程度。人在多大程度上能够实现自己的精神利益的诉求，既取决于精神利益的合理性，也取决于这种精神利益结构诉求的丰富程度。其一，精神利益诉求的合理性侧重强调的是其在权利上的平等性和公平感。对于一种理论来说，其为人们所认同和接受的程度，取决于该理论能否彰显一种基于公平的正义诉求，只有体现公平正义精神的理论，才能对人产生向心力和凝聚力，才会成为人们为之去奋斗的信仰，这种信仰才不仅是理性的、坚定的，也是用信念作支撑的、长久的、永恒的。其二，人的精神利益结构的丰富性程度指的是人在精神生存、精神发展、精神享受三个方面的利益诉求的充分展开及其满足，具体表现为：在与他人进行精神交往中生成的对社会规则、角色认知以及价值理想的精神生存利益诉求，从精神上完善自我、追求向善的精神预期中对自己进行角色定位、彰显个性话语的精神发展诉求，基于精神享受的、完美理想人格的更高、更好、更优、更美的精神享受利益诉求。这三种精神利益诉求以其层次性和递进性的不断展开，从社会能够提供的满足程度和质量的判断和评价中决定是否生成对其的价值认同或者这种价值认同的程度大小，进而影响社会主义意识形态话语权主导地位的实现以及实现的程度。

三、社会主义建立和发展的实践是生成源泉

社会主义意识形态话语权的生成，还与社会主义事业发展所提供的实践源泉有着深刻的关联，后者构成了社会主义意识形态话语权的生成基础。马克思

的“全部社会生活在本质上是实践的”① 的思想，也揭示了社会主义意识形态话语权生成的活水之源。

（一）实践生成话语以及主体的权力关系

作为一种思想观念体系的社会主义意识形态话语权不仅既体现和反映了人民群众的根本利益，而且也是实现人民群众利益需要和满足的话语实践要求以及话语实践本身。正如从来就不存在没有以明确的政治目标和理想作为对意识形态话语权的表述一样，也不存在任何一种不具有实践内容、要求以及在实践中实现的社会主义意识形态话语权。

从实践出发展开对意识形态话语权的分析，离不开对社会主义的生产力和生产关系、经济基础和上层建筑的矛盾及其规律的把握。换言之，需要从社会主义的基本矛盾和规律中认识社会主义意识形态话语权的变化。因此，对社会主义意识形态话语权的判断，不仅要从时代的发展、形势的变化、新旧资本主义的不同，以及传统社会主义与中国特色社会主义、21 世纪的社会主义的形态区别中把握其变化，而且也将这种变化放到与对生产力的解放、发展和促进上来判断其真实性与否，还要看是否体现了国家综合国力不断提高的发展要求以及是否能够不断满足人民群众对共同富裕的美好生活的向往。具体而言，对于社会主义意识形态话语权的评价，要着眼于对其的认识论的规律性把握、价值论的目的性思考加以解决。与社会主义革命实践相适应，在意识形态话语权上表现为旧的意识形态话语权的失效，它通过社会主义革命建立起体现社会主义意识形态话语权要求的物质基础，在此基础上，才有了反映和体现社会主义经济基础发展要求实际状况的社会主义意识形态话语权。这种意识形态话语权既与社会主义革命的社会现实相吻合，也与人民群众的根本利益相一致，它随着社会实践的不断变化和发展，按照认识和价值两种维度相统一的要求作出适应这种变化的调整，并将其融入社会主义建设和发展的全过程之中。

① 《马克思恩格斯选集》第 1 卷，人民出版社 2012 年版，第 135 页。

但是，在社会主义建设和发展中生成的作为对现实社会生活“反射和回声”的社会主义意识形态话语权，又总是要通过作为实践主体的人民群众广泛的实践参与，将来自对社会主义意识形态话语的认同转化为他们的行为实践，发挥其对人民群众实践主体活动的规范作用，并在这一过程中通过话语主体之间的影响力和认同力表现其话语权力。对于这种权力关系，罗素早就从人的“预期”出发给予了解释。他指出：“每一种愿望，如果不能立刻得到满足，就会使人希求得到满足它的能力，从而引起对权力的某种形式的爱好，不管是最好的愿望还是最坏的愿望，这一点都是真实的。假如你爱你的邻人，你就会希望得到权力来使他快乐。因此，如果对权力的爱好一概加以谴责，那就是谴责对邻人的友爱。”① 罗素在这里所说的“愿望”，实际上就是人的“预期”。在他看来，基于人的某种预期，就会产生愿望，愿望是人为之付出努力的内在动力，这样，在愿望与努力之间就存在着一种因果关系，因而人与人之间也就蕴含着一种权力关系。马克斯·韦伯也从对人的关系的分析中，揭示了基于人与人之间互动关系的权力本质。强调了作为行动者的主体将自己意志“强加于别人行为之上的可能性”② 以及用“服从”概念将人的主观意向渗透到对其的理解中。话语权作为一种体现话语发出者与话语接受者之间关系的概念，要想使一种意识形态话语在传受者之间实现传递，并对接收者产生影响，唯有通过实践，才能使话语双方彼此获得认知上的强化、认同上的深化等心理上的感受以及从内化转向外化的行为之效果。因此，一种意识形态话语权的实现，既意味着该意识形态话语通过传播为接受者所认同，也意味着话语接受者从接受的话语中获得了在需要和利益诉求方面的满足，而实践正是生成这种话语关系不可或缺的中介。所以，无论是话语的传播者还是接受者，从实践的视野看，他们既共生于话语权实现的实践之中，也通过话语之间的良性互动，使社会主义意识形态话语权通过传受关系的确立得到生成。

① ［英］伯兰特·罗素：《权力论》，吴友三译，商务印书馆 2012 年版，第 213—214 页。

② ［美］莱因哈特·本迪克斯：《马克斯·韦伯思想肖像》，刘北成译，上海人民出版社 2002 年版，第 307 页。

（二）实践决定话语表达的影响力度

任何一种意识形态都是用话语作为载体进行表达的，它既与人的思想观念直接相关，也是与人的实践有着密切联系的概念。马克思指出："观念不能离开语言而存在。"[①] 但作为"思想的生命表现的要素，即语言，是感性的自然界。"[②] 马克思在这里强调的是作为话语生成的实践活动通过语言表现出的对话语的决定作用。这意味着，任何话语都离不开语言符号这一系统对所要言语的内容进行表达和传播，它不仅是作为人的认识活动的结果的话语表达和传播，而且也承载着价值观念的建构功能。

在话语交往的过程中，话语传播主体试图通过将话语所要表达的意愿和价值诉求的结合，用引导、说服、感化等方式将话语信息传递给话语接受者，以确立传播话语的主导地位。因此，在话语所承载的价值观念的建构中，实际上已经蕴含了一种源于话语的"权力"。这表明，每一种意识形态的话语表达，其背后总是诉诸对于一个阶级、政党、国家和社会群体的利益，在围绕着利益而展开活动中表现出的对话语的影响力。社会主义意识形态的话语权也同样是一种在社会主义实践基础上确立的以话语为载体在传播中表现的作为主流意识形态话语所具有的影响力。正如有学者指出的："话语本身不是目的，通过话语来表达和传递思想才是目的所在。话语是思想的形式，是思想传播的途径，它的意义不在自身，而在其背后的思想。"[③]

社会主义是马克思恩格斯等经典作家在对资本主义进行了全面批判的基础上提出的、以每个人的自由全面发展为价值理想和制度设计的、体现了人类社会历史发展规律要求的关于人类社会新形态的一种科学理论。它是一种根源于实践的理论，这一理论的形成，是与马克思对自己所处的时代困境的反思和克服分不开的。马克思面对当时的唯物主义和唯心主义都试图从对个人的狭隘力量的超越意义上理解和把握理性的理解出发，针对旧唯物主义为了避免对理性

① 《马克思恩格斯文集》第8卷，人民出版社2009年版，第57页。

② 《马克思恩格斯全集》第3卷，人民出版社2002年版，第308页。

③ 刘建军：《思想政治教育话语转换的三重基础》，《思想理论教育导刊》2016年第5期。

的理解不至于像唯心主义仅仅理解为一种纯粹的精神现象而试图用“普遍利益”解释理性的做法，一针见血地指出了旧唯物主义脱离开“市民社会”这一社会基础而只是空谈普遍利益的错误，通过对历史的深入研究，不仅对作为革命阶级的无产阶级与人类利益的关系有了明确的认识，而且也揭示了普遍利益赖以确立的现实根由。在此基础上，马克思着眼于在阶级利益与人类普遍利益所具有的统一关系中，阐释无产阶级作为一个先进阶级，在追求自己利益的过程中，从来就不把对自己利益的追求与人类利益对立起来，而是始终将对人类普遍利益的永恒追求作为自己阶级奋斗的终极目标，并通过将这一承载无产阶级历史使命的远大目标的实现，与无产阶级崭新社会实践形式的结合，为无产阶级确立了立足于实践基础的，通过解放全人类最终解放自己的最高理想。马克思对社会主义最高理想的阐释，对于任何进行社会主义革命、按照科学社会主义的理论原则实现自己发展的国家和民族而言，无疑提供了重要的方法论原则。

社会主义在不同国家的具体运用中，首先遇到的问题，就是不能对其作简单化的教条主义式的理解，而应该将其与各个国家的具体实际相结合，“理论在一个国家实现的程度，总是取决于理论满足这个国家的需要的程度”①。当马克思主义的社会主义理论传到中国，它便与中国的实际结合在一起，并在这一过程中，实现了其为人民群众所掌握，而这其中，就隐含了对“实现马克思主义中国化”的意识自觉。从这个意义上说，马克思主义从一传入中国，实际上就面临着中国化的问题，这一问题的实质是“使之在其每一表现中带着必须有的中国的特性，即是说，按照中国的特点去应用它”②，这样做的前提是社会主义成为群众所掌握的理论。理论掌握群众强调的是对理论的阐释不能仅仅局限于学术的层面，而应该转向生活的维度，彰显理论表达的生活气息，用带有浓浓生活特质的话语，将理论的理想、纲领、政策、口号等所诉诸的实际利益

① 《马克思恩格斯选集》第 1 卷，人民出版社 2012 年版，第 11 页。

② 《毛泽东选集》第二卷，人民出版社 1991 年版，第 534 页。

转化为人民群众既明白又实在的利益诉求的过程。群众掌握理论指的是理论通过群众而实现的传播过程，其实质是人民群众在对美好生活的向往和需求与理论所能够提供的供给的不断比较和平衡中通过寻求契合点而表现出的“群众的历史主动性”[①]问题。从这一视角思考社会主义意识形态话语权，它实际上不过是对面向人民群众利益诉求而进行针对性供给所作的意识形态话语表达的要求，正是在这种供与求、传和受之间追求契合的过程中，不断使马克思主义意识形态话语彰显出强大的生命力和影响力。因此，社会主义意识形态话语权究竟能够在多大程度和范围上生成和实现，取决于话语交往实践中马克思主义意识形态理论融入生活、用生活话语表达人民群众利益诉求的有效性程度。

（三）实践生成作为话语权核心的价值认同

认同概念从字面意义上指的是在主体与人的关系中，从他人那里获得的在认知层面的一种认可、赞同或接受，但实际上，它表达的是在来自人的心理和灵魂深处的融通中生成的情感的依附感和意识的归属感，它完全是基于对他者的一种自觉、自愿以及因认知产生的对其价值观念的认同和油然而生的信心信念。它通常是围绕着自我和社会两个层面展开的，有自我认同和社会认同两种形式。这里所说的认同指的是“社会主义意识形态话语认同”，它是指人们对社会主义意识形态话语所倡导的价值理念、政治原则和社会价值理想等的认同。作为社会主义意识形态话语认同，如同认同概念是由认同的主体、客体以及作为认同手段的介质所构成一样也是由此三者构成。就认同主体而言，它指向人民立场和人民价值，就认同的客体而言，是指社会主义意识形态理论，其认同效果受自身建设的水平所制约。就认同介质而言，它存在于认同主体和认同客体之间，其作用是在二者之间通过搭桥联系在一起。它通常表现为人们交往的过程、方式或者方法。由此可见，社会主义意识形态话语认同是通过多种因素的相互作用，生成于人的交往实践活动中，本质上表现为一种价值认同。

① 《列宁全集》第 14 卷，人民出版社 2017 年版，第 379 页。

社会主义意识形态话语认同，在根本目的上是用其对社会各种资源进行有效整合，为社会主义各项事业的发展凝心聚力，具体表现为将社会主义的核心价值理念通过宣传教育为社会成员所接受，内生为社会成员的个人价值，并以此规范人的实践活动，以促进社会主义建设的发展。

人民群众对社会主义意识形态话语的认同，发生于主客体之间，源于人的实践是话语主客体相互作用的产物。主体在认同实践中，以对自我的认识为对象展开自我塑造，不断地赋予其新的规定，实现着对主体自我和他者客体的在人的实践中的双重创造。社会主义意识形态话语认同实际上是人民群众从自己在社会生活中所处的地位以及角色的清醒认知出发，以自己原本就存在的“心理图式”为基础，用积极主动的心理和态度面对他者提供的认同客体，对契合自己价值标准的客体内容作出理解和认知的反应，沿着从认知经过理解和顺从到认同的转换过程。由此可见，在人们对社会主义意识形态的认同生成过程中，他们会面临同样的认同客体，但是却因为主体在心理图式上的不同而不同，因而在认同的效果上也不尽相同。但这也不排除作为认同客体的社会主义意识形态话语带给认同主体的认同建构的影响。无论是从认同主体还是从认同客体来看有何不同，或者产生多大影响，有一点可以肯定的，社会主义意识形态话语认同就是人民群众对来自自我价值和作为社会主义意识形态之核心价值理念进行双重反思、实现认同主体和认同客体之间相互融通的结果。社会主义意识形态话语权的产生表现为社会主义意识形态话语在人民群众身上获得了认可，出现了效果，影响了他们的价值选择。不过，这种影响究竟有多大，则取决于人民群众对其的认同的大小。

从人民群众的实践出发把握其对社会主义意识形态话语的认同，我们不难获得如下两个方面的具体认识。一方面，人民群众的实践生成作为社会主义意识形态话语的核心价值理念。作为人民群众所生成的价值观念，当然离不开他的需要，每一种需要又都体现了他们的利益诉求，是对其需要和利益诉求的直接反映。但人的任何需求和利益诉求都只有通过与他人和社会的多重社会关系，并通过这种社会关系才能实现。社会关系生成于人的交往实践中，人的任何需要和利益诉求，都会受到来自他人和社会的各种话语信息的影响，而且这种影响会通过人们思想、观点、意识等表现出来，甚至会影响人们原有生成的价值观念。在这种情况下，对于作为认同主体的人民群众主体而言，他们在面对各种思想观点并存的情况时，尽管会产生价值选择的困惑，但如何从多种价值观念中作出自己的选择，用哪一种思想来建构自己的自我认同和社会认同，取决于他们在实践中获得的体验。这种源于实践的体验，既对他们实践中听到和看到各种思想观念的正确性起到验证作用，也会在此基础上生成自己的所思、所想以及思想观念，以实现对社会主义意识形态话语的接受。另一方面，人民群众实践的发展决定作为社会主义意识形态话语的核心价值理念的发展。在人民群众实践基础上生成的价值观念，由于实践这一基础不可能永远停留在原有的水平上不发生任何变化，因此，实践的变化，必然在人与人之间建构起丰富而复杂的社会关系，在这些复杂的社会关系之网中，人们的思想观念、价值理念不仅表现出对社会实践的反作用，而且对作为社会成员的广大人民群众的思想观念和价值理念的影响也渗透到人民群众生活的方方面面，并通过不同的价值观念之间的冲突和碰撞，以及人民群众之间广泛的话语交流，对流行于社会中的各种社会思潮进行批判性辩证，选择那些符合社会主义意识形态话语要求的思想观念、价值理念，并巩固其在自己思想中的主导地位，既内化于心又外化于行。一旦实现了这一要求，也就意味着社会主义意识形态话语权通过自身的这种自主变化，实现了在话语权上与人民群众实践的与时俱进。

（四）实践持续生成话语权的有效性

从社会主义实践中生成的意识形态话语，以实践为中介，通过生成话语传播主体与作为话语接受客体的人民群众之间的关系，由话语传播主体将社会主义意识形态话语通过将信息向人民群众的传递，内化为其价值认同。如果对于社会主义意识形态话语权的认识仅仅停留在这种内化于心的状态，显然无法最终起到通过影响人的思维和思想，发挥对实践的积极影响作用。而且当这种价值认同面对实践中存在的各种非主流意识形态话语的情况下，有可能会使之前生成的价值认同受到影响，甚至会出现价值认同的反复和动摇。这就需要人们对于之前生成的价值认同，既要有一个沉淀的过程，也需要通过实践在与各种非主流意识形态话语进行比较、辨析和博弈的过程中强化之前的认同。只有这样，才能保持社会主义意识形态话语的影响力能够得到延续，保持社会主义意识形态话语权影响力的稳定性。

当人们以生成的价值认同为指导，自觉地发起基于价值认同的价值实践行为时，一方面，将之前认同的主流意识形态话语与自身在社会生活中所面临的问题以及基于这些问题而提出的需要和利益诉求相比较，从自己所能够获得的满足感的亲身体验中，选择将之前的价值认同进一步固化，这也同时意味着之前的价值认同在生活实践中得到了进一步的价值验证，反之，如果自己在生活实践中生成的价值需求和利益诉求不能从之前的价值认同中获得契合或满足感，就会通过调整自己的价值需求和利益诉求以求与之前生成的主流意识形态话语相契合，这也会使自己之前的价值认同得到固化。另一方面，人民群众也会通过将自身认同的、内化于心的社会主义主流价值观念外化于行的方式，用自己认同的主流价值观念规范自己的行为，使自己的行为适应主流价值观念的要求，并通过自己的言和行自主地参与到对自己所接受的主流价值观念的传播和践行中。可见，社会主义意识形态话语权的生成，关键在于要使自己对主流价值观念的价值认同能够生成为行为的一种固化的惯习，它不仅表明社会主义意识形态话语权的生成，还表明其话语权生成也是通过实践所提供的动力作用实现的。

第二节　社会主义意识形态话语权的生成要素

从话语权概念的直面意义看，它是一种基于话语而生成的权力。作为话语的权力与硬权力不同，它是一种软的权力，它表达的是一种由话语而生成的影响力。不过，任何话语的影响力是通过语言来表达的，其表达的内容是对客观存在的事物的一种反映和体现，反映什么，怎么反映又总是与人们在社会中所处的地位以及与其相适应的利益的不同诉求密切相关。从这个意义上说，任何话语都不过是对利益的一种思想表达，与话语内容相比，它尽管是一种外在的形式，但其对生成话语的权力同样具有重要影响。因此，选择什么样的话语形式来表达思想内容就构成话语权的重要构成要素。而一种话语权的生成，其影响力又离不开通过话语的传递或传播，将言说者的话语内容传递到话语的接受者那里，并为接受者所接受。这意味着，一种话语权的形成离不开构成生成它的要素之间的有机结合。具体而言，话语权的生成主要包括谁来说、说什么、怎么说、为谁说、说的效果怎么样等构成要素，它是我们理解和把握社会主义意识形态话语权生成要素的前提条件和主要内容。

一、谁之话语：社会主义意识形态话语权的主体要素

从话语主体的角度来把握社会主义意识形态话语权，它解决的是谁之话语的问题，这一问题的实质是“谁来说”。“谁来说”是由社会主义的国家本质所决定的，对于任何一个社会主义国家而言，领导这一伟大事业的是作为先进组织的无产阶级政党，在中国就是共产党。中国共产党不仅承担着社会主义意识形态话语权的生产、传播、建构的使命，而且掌握对社会主义意识形态的领导权和话语权也是党的建设的一项极端重要工作。

共产党对社会主义意识形态话语权的领导，总是围绕着社会主义意识形态的本质要求，着眼于从发展方向、价值目标、政治纲领、战略策略上实现党的领导主体作用的。党的领导作用发挥的效果如何，又取决于社会主义意识形态话语权能否贯彻好、落实好，思想的引领作用以及对全体人民的思想和行为所产生的影响作用的效果如何，也取决于对社会主义意识形态的思想话语进行阐释、宣传、传播工作的党的各级组织的党员领导干部的积极推动。要完成其生成话语权的神圣而光荣使命，就需要使其具备胜任使命要求的足够能力。能力

是一种做事成事的本领，在社会主义意识形态话语权的生成过程中表现为通过自己的话语阐释和传播，使自己不仅能准确把握社会主义意识形态话语权的基本含义和理论建构的要义，并精准地将其传播给人民群众主体，而且还能使他们对传播的社会主义意识形态话语发自内心地认同和接受，并使之在思想观念和价值理念等方面筑牢理想信念之基的能力。社会主义意识形态话语权的生成主体，由于其职业身份、利益需求、角色定位等方面都存在着诸多不同，他们在发挥对社会主义意识形态话语权的功能方面也会呈现出各自不同的情况。作为社会主义意识形态话语权生成主体的党的领导主体，始终都要担负起社会主义意识形态话语权建构的主体责任，发挥好自己在政治思想、价值理念、道德素养等方面的主导和引领作用，也发挥好理论和宣传工作者对社会主义意识形态话语的阐释和传播作用。

在社会主义意识形态话语权主体能力不断得到提升的同时，还要致力于其在各项事业发展中指导思想地位的巩固以及不断为汇聚广大人民群众价值共识提供强大群众基础的能力提升，这需要通过加强对作为执政党的共产党自身的建设，尤其是党的政治思想建设，把提高党员领导干部的政治思想能力水平作为党自身建设的重要内容抓好抓实，不断在用马克思主义这一思想武器武装全党的过程中增强抗击各种风险挑战的能力水平。一方面，要不断提高社会主义意识形态话语的社会整合能力。通过社会主义主流意识形态话语权的建构，积极应对各种非马克思主义意识形态话语的挑战，引导人们不断提高自己辨别是非的能力和水平，在指出它们对党的意识形态话语权和执政地位巩固造成的危害并积极加以剔除的同时，对其他分散于不同话语语境中对社会主义意识形态话语权不会造成严重危害的思想观念则发挥主流意识形态话语权的整合作用，将它们之中积极的因素进行有效吸收，进而生成一种具有开放包容性质的新的意识形态的综合话语系统。另一方面，要不断提高社会主义意识形态话语的创新能力。这种创新能力，体现为在对社会历史发展规律的观察、认识、探索的基础上，不断以历史的主动精神着眼于新思维、力求新发现、发明新方法、开拓新思路、创立新理论、完善新知识等方面的能力建设。除此之外，还要不断提高社会主义意识形态话语的治理能力。这种治理能力表现在基于对执政党执政地位的巩固以及对广大人民群众最根本利益的维护，对于来自社会不同领域、不同方面的不同问题，通过广泛运用技术的、治理的手段和办法实施有效协调，发挥主流意识形态主导作用的能力。

二、为谁话语：社会主义意识形态话语权的所指要素

从话语“所指”的角度把握社会主义意识形态话语权，“所指”的字面意义是话语指向谁，有“向谁而话”“为谁而语”的意思，它有着明显的价值指向。意识形态的“社会主义”本质，直接决定了其所指只能是作为社会主义主体的在社会中占据人口绝大多数的无产阶级和人民群众主体，这种话语定位就决定了其在话语权上要站在人民群众立场上言说、围绕无产阶级和人民大众展开话语内容，坚持将无产阶级和人民群众最根本的利益挺在前面。正因为如此，马克思主义作为社会主义意识形态的核心和主心骨，它将话语的价值起点和价值诉求指向“为绝大多数人利益”，也使其与历史上一切剥削阶级特别是资产阶级的意识形态话语区别开来。

马克思、恩格斯从共同创立自己的科学学说那一刻起，就向世人公开表明自己所持的立场和态度，他们指出：“共产党人不是同其他工人政党相对立的特殊政党。他们没有任何同整个无产阶级的利益不同的利益。他们不提出任何特殊的原则，用以塑造无产阶级的运动”①，“无产阶级的运动是绝大多数人的，为绝大多数人谋利益的独立的运动”②。“整个无产阶级的利益”“代表绝大多数人”“为绝大多数人谋利益”构成社会主义意识形态始终坚持和强调的价值诉求。始终从“为谁说话”立场的所指出发，去阐释社会主义意识形态以谁的利益为根本利益、为了谁去谋利益的根本问题。这不仅构成社会主义意识形态话语权

① 《马克思恩格斯选集》第1卷，人民出版社2012年版，第413页。

② 《马克思恩格斯选集》第1卷，人民出版社2012年版，第411页。

的生成基础和起始要素，而且也直接规定了在实践中如何按照这一起始要素的要求，解决“为谁服务”这一党的根本宗旨问题。

中国共产党自成立之日起，就举起了社会主义旗帜，始终坚持社会主义的人民性的价值立场和价值取向，以为中国人民谋幸福、为中华民族谋复兴的初心使命，确立起全心全意为人民服务这一共产党人的根本宗旨，使其始终成为推动中国新民主主义革命、社会主义建设、改革开放社会主义建设新时期和新时代中国特色社会主义事业从胜利走向胜利的价值目标。特别是中国特色社会主义进入新时代以后，习近平总书记不仅提出要将实现人民对美好生活的向往作为党一切工作的出发点和落脚点，坚持诚心诚意为人民谋利益，而且也多次强调并要求党员干部“始终要把人民放在心中最高的位置，始终全心全意为人民服务，始终为人民利益和幸福而努力工作”①，鲜明地体现了“以人民为中心”话语的价值指向。

三、是何话语：社会主义意识形态话语权的内容要素

从话语所涉及的内容要素来把握社会主义意识形态话语权，它指的是有关社会主义意识形态话语所表达的内容，涉及用来做什么、担负什么样的任务、追求什么样的价值目标、如何实现以及实现的结果是什么等问题。社会主义意识形态话语权究竟要说些什么，关键要看目标是什么，目标明确了，说什么的问题也就解决了。社会主义意识形态话语权的生成，要围绕实现每一个人的自由个性的自由全面发展这一理想目标展开。

从话语内容的目标层次看，它可以从横向和纵向两种不同维度展开。前者指的是社会主义意识形态话语目标的多样性，它是一种量上的规定，要求话语内容要尽可能覆盖到不同领域的不同人群在利益需求上的多样化需求。后者指的是社会主义意识形态话语目标的阶段性，它是一种质上的规定，要求话语内

① 《习近平谈治国理政》第三卷，外文出版社 2020 年版，第 139 页。

容要体现社会发展不同阶段的人们在利益上的不同需求，并根据这种利益需求的不同制定不同的话语战略和话语策略。具体而言，一方面，社会主义意识形态话语权的生成在不同领域所发挥的功能不同，这种功能上的不同，也用不同的话语来体现其需要。如在政治领域内，其主要功能是为作为领导阶级的无产阶级执政党执政目标的合法性进行辩护，在这个领域涉及的一些问题政治性强，而且有些问题也具有敏感性特点，这就要求每一名共产党员都必须旗帜鲜明讲政治，确保政治话语表述准确、态度明确，保持在政治立场和政治原则上的严肃性。再如，在社会发展目标上，其主要功能是实现对社会资源进行整合，实现社会稳定之目标，在这一领域涉及的问题多是一些与人们的日常生活、家庭和社会关系的和谐等方面问题，在处理这些问题的时候，宜使用一些活泼性、趣味性和大众性的话语。另一方面，在社会主义意识形态话语权的生成方面，对于执政党而言，由于在社会历史发展的不同阶段任务和使命都不相同，表现在对社会主义意识形态话语权的要求上，也会通过其阶段性要求的不断调整以适应这种变化要求确立阶段性的目标。如在“改革开放和社会主义现代化建设新时期，党面临的主要任务是，继续探索中国建设社会主义的正确道路，解放和发展社会生产力，使人民摆脱贫困、尽快富裕起来，为实现中华民族伟大复兴提供充满新的活力的体制保证和快速发展的物质条件”，“推进了中华民族从站起来到富起来的伟大飞跃。”①在这一阶段，我们党和国家全部工作的重心都是围绕着实现全面建成小康社会这一目标来展开的，这也决定了在社会主义意识形态话语权的宣传中，小康成为这一时期的重要主题。

四、用何话语：社会主义意识形态话语权的传播要素

从话语所涉及的传播要素来把握社会主义意识形态话语权，它涉及如何传

① 《中共中央关于党的百年奋斗重大成就和历史经验的决议》，人民出版社 2012 年版，第 14—15、22 页。

播以及传播的渠道等问题。社会主义意识形态话语权的生成，既需要科学高效的传播平台和传播方式，也需要在遵循传播规律的过程中通过宣传、教育和学习积极探索，稳步推进。作为话语体系和价值观念的社会主义意识形态话语的生成和传播，离不开人们对其的认同和接受。这也意味着，对于人民群众而言，社会主义意识形态话语权，要想使人们接受和认可，就需要通过宣传教育的方式用社会主义意识形态武装人民群众头脑。

列宁也特别强调向人民群众“灌输”社会主义意识形态话语的重要性。列宁认为，让工人阶级接受无产阶级关于社会主义的政治意识的唯一有效的手段是“从外面灌输给工人，即只能从经济斗争外面，从工人同厂主的关系范围外面灌输给工人。只有从一切阶级和阶层同国家和政府的关系方面，只有从一切阶级的相互关系方面，才能汲取到这种知识”①。列宁还指出，除了坚持社会主义意识形态工作的灌输原则，还必须通过建立无产阶级政党，将解决工人运动中的自发性作为首要任务，将工人阶级吸引到无产阶级政党周围，汇聚在社会主义的旗帜下，并展开各种行之有效的斗争。首先，从对理论的党性原则出发，强调无产阶级与资产阶级、社会主义和资本主义进行斗争的重要性。其次，从对资产阶级意识形态的批判出发，在不断揭露其政治上的阶级本质的基础上，对工人开展思想政治教育，提高他们对政治的领悟力，“培养群众的政治意识和革命积极性”②。列宁还要求每一名社会民主党人，都应该全身投入到对社会主义意识形态理论的传播与灌输之中。再次，对各种任意曲解和诋毁马克思主义的言论进行及时而有力的反击，实现对马克思主义及其意识形态的捍卫以及在工人运动中的广泛传播。

应该看到，列宁强调“灌输”，在其深蕴上是指将人民群众原来根本不理解的社会主义意识形态话语体系，通过灌输帮助他们了解、把握和掌握其内在要义和价值内核，在此基础上，认清自己在社会中所处的地位以及所担负的历

① 《列宁选集》第 1 卷，人民出版社 2012 年版，第 363 页。

② 《列宁选集》第 1 卷，人民出版社 2012 年版，第 354 页。

史使命。与灌输对宣传和教育的强调相适应，还既要随时随地地根据人民群众的理解能力、掌握知识的水平、接受的程度等的变化适时作出战略上的调整，也要随着传播媒介的变化而变化传播形式。在今天，随着网络信息技术的日益更新和不断发展，在传播手段方面，除了传统的传播手段外，一些新媒体也大量涌现，这些都无疑大大丰富了社会主义意识形态话语权的传播载体和信息传播渠道。这就需要我们要善于在传统媒体和新兴媒体的融合中以开放的胸襟和多维视野，充分利用一切传播媒介手段，加大开展社会主义意识形态话语权的宣传和教育，让社会主义意识形态话语权不仅牢牢占领社会主义意识形态话语阵地，而且也不断巩固和壮大人民群众对其的认同基础。

五、成何话语：社会主义意识形态话语权的评价要素

从话语所涉及的评价要素来把握社会主义意识形态话语权，“评价”简单地说，指的是对事物或人在价值大小方面的一种评价，它通常是以是否满足价值主体的利益需求、满足的程度作出评价的。话语评价的主体指的是话语接受对象，因此，社会主义意识形态话语权生成的评价因素，是指意识形态话语接收对象对来自话语传播者的构成话语信息的价值性、目的性、传播性、主体性等诸多要素，能否满足其利益需要以及满足的程度给出的评价，它侧重于解决作为生成话语权的结果如何以及效果大小。就社会主义意识形态话语权生成效果的评价因素而言，它大致包括以下三个方面内容：

首先，从意识形态话语权的建构效果进行评价的主体来看，它包括三个部分：一是普通党员。普通党员不同于一般群众，普通党员做不到的事情，无法要求一般群众去做。同样，每一个党员对社会主义意识形态都能够认可，而且形成了一种坚定的信念，就会不断增强党组织的凝聚力和战斗力，也才能通过自己的榜样示范，在不断践行全心全意为人民服务的根本宗旨中，充分利用多种话语传播手段，将社会主义意识形态话语原原本本地传到千家万户，不断提高自身的政治觉悟和政治本领。这也意味着，社会主义意识形态话语在党内不

仅形成一种广泛的共识，而且也在党内形成了一种主流话语，并保持这种主流话语的稳定性，这是党充满生机和活力的体现。二是全体人民群众。在社会主义国家里，共产党作为唯一合法的执政党，它是通过自己的先进性进行执政，并保持长期执政的。这样，党的意识形态话语就必然在社会上成为主流意识形态话语。但是，党的意识形态话语权是作为社会成员的人民群众依据自己已有的知识结构和丰富经验，进行价值评价的结果。三是其他主体。在这方面，既可能来自西方资本主义国家，也可能会来自社会主义的其他国家。就西方资本主义国家而言，由于其对于社会主义国家始终没有放弃冷战思维，他们对社会主义国家在意识形态方面采取对抗的态度和手段，甚至对社会主义国家的意识形态进行肆意攻击。因此，面对他们的一些评价，社会主义国家既要做到头脑清醒，也要做到态度谨慎，以高度的政治敏感性，增强自身对各种是非的政治辨别力，积极防范化解意识形态话语权风险。

其次，从社会主义意识形态话语权建构的评价要素涉及的内容来看，涉及评价什么、围绕哪些方面或问题进行评价等问题。社会主义意识形态话语权的评价要素涉及的内容很多，既有价值性的评价要素，也有目的性的评价要素，还有传播性的评价要素以及主体性的评价要素等。从上述评价要素出发把握话语权，既需要关注作为社会主义意识形态话语权的思想理论话语体系有无科学性、时代性，以及能否始终坚持人民立场、人民本位、人民主体、人民价值的正确价值取向；也要关注社会主义意识形态对价值目标和任务的完成进度以及通过话语主题的不断变换如何发挥其对实践指导作用的情况，还要关注社会主义意识形态话语权在生成的路径、方式等方面的策略性问题。但在看到它们各自的评价要求的同时，也需要着眼于它们之间的关系，从它们的相互作用中对这些内容进行综合评价。

最后，从社会主义意识形态话语权生成的结果是否取得预期效果的评价来看，它涉及依据什么进行评价，即评价尺度问题。这个评价的尺度既包括客观的尺度，也包括主观的尺度，但从根本上说是客观的，它是通过评价主体在思想和行为上是否受到来自话语主体传播的社会主义意识形态话语的影响这一结果进行评价的。对作为话语权的生成效果，通常又可以分为有效和无效两种评价。无效的结果是说，社会主义意识形态话语没有转化为对人民群众的思想引领和行为规范。有效的结果是说，人民群众在接收了话语言说者的话语之后，能够用接收到的话语对照自己的言行，并及时将不符合社会主义意识形态话语权要求的行为加以修正，使之回归到社会秩序所要求的正确轨道上来。当然，这种意识形态话语权的生成机制也并不是一经生成，就是一劳永逸的，它是一个动态的评价机制。它要不断面向时代、社会和人的思想等的要求、发展和变化进行调适，而使这种评价机制在动态的张力中始终保持一种平衡的常态。

第三节　社会主义意识形态话语权的生成逻辑

社会主义意识形态话语权不仅有着其生成的实践基础，而且也有着自身内在的生成逻辑。社会主义意识形态话语权的生成是构成话语权要素综合作用的结果，它具体表现为话语主体的权威性、话语内容的真理性、话语表达的人民性、话语传播的有效性、话语受众的认同性、话语行为的持续性等方面，它们分别从逻辑内核、逻辑前提、逻辑基调、逻辑条件、逻辑支撑、逻辑指归等方面展开对社会主义意识形态话语权生成的逻辑进程。

一、逻辑起点：话语本体的权力性

对于社会主义意识形态话语权生成的理解，首先涉及的是从何开始的问题，这一问题实际上是对话语权逻辑起点的提问。从逻辑起点看上，话语权问题的生成关键在于如何回答话语与权力之间的关系、话语何以生成权力关系以及这种权力关系的实质是什么等问题。没有对话语本身的权力理解，也就无法进入对社会主义意识形态话语权的阐释。

“话语”一词源于语言学，它尽管是一个与符号相关联并由其所构成的概念，但对其的理解远不是符号所指称的具体事物那么简单。福柯最早提出并对该问题进行了研究，并从实践功能的意义上把握话语，发现了其中所蕴含着的权力关系，话语被赋予了意义生成的权力，这是一种诉诸某种秩序的权力。这种秩序又表现为通过对被执行者产生无法抗拒的力量而实现的。在话语与权力之间，一方面话语产生权力，另一方面权力也由话语去执行。话语权力所表达的是话语言说者面对那些不愿意去做某件事情的行为主体，采取话语说服的方式使其改变态度，并由此构建一套与权力拥有者的利益相契合的秩序。就此而言，话语不仅由权力而生，而且其本身也是权力的一部分。无论是知识构成还是话语过程，都不过是在话语展开的权力关系中生成的。

当我们说一种话语权的时候，构成话语两端的权力关系，实际上是通过话语中介的转换而来并表现为不同领域的相对优势。人们之所以需要话语，除了话语作为符号可以用来进行交流外，还是一种通过话语对现实的建构，用于表达这种社会权力形式。在话语展开的权力形式中，言说者的话语权生成，不仅取决于其说什么，怎么说，还取决于倾听者对言说者的言说内容及其言说方式在多大程度上感兴趣，是否出于自愿，能否从他们的积极反馈中得到支持。由此可见，话语权所形成的影响力，不能简单地靠摆出一副强者的姿态向倾听者动辄就发威。实际上，在话语中表现出对倾听者的任何不尊重，都不利于话语权的生成。正因为如此，福柯揭示了话语在实践中展开权力的过程中所表现出的隐蔽性。在他看来，话语的这种隐蔽性，不仅使话语言说者能够从对语言和符号深蕴的掌控出发，按照话语拥有者的利益需要实现在社会秩序上的构建，而且在每一个不同的话语背后也内含了言说者那些不能为接受者所感知的来自于权力的意图，正是在这种不经意中，言说者所言说的信息就为其所接受，并促成言说者言说话语的权力生成。可以看出，话语在通过表达所展开的权力关系中，实际上蕴意了权力的诉求。它是通过知识和理性两种形式，以隐性的方式生成的一种与传统惯习的“硬权力”所不同的、对他人或社会的影响力，表现在权力的生成源头上，它所呈现出来的是话语因“权”而生的影响力、权威以及接受程度，都具有隐蔽性和自愿性特征，让话语权的实现以一种软性的力量获得实现。这意味着，对于社会主义意识形态的思想观念和价值理念等话语而言，其权力的生成更应该体现话语权的这一要求，使其既为广大人民群众所认同和接受，也尽可能通过软权力的方式、使人民群众在实践中外化于自己的自觉行为，发挥其对人民群众的凝聚作用。正如有学者所指出，话语权力由于"是以传播、扩散的方式发生效力的"①。因此，这种传播与扩散的意识形态话语信息所采取的形式既是合法的，也是合情、合理的，而且也充分体现了人民群众意愿和利益实现的普遍效力，它对于话语对象来说，也能够使其对言说者传播和扩散的社会主义意识形态产生一种发自内心的认同和接受，并生成对其进行身体力行的高度自觉性。

由此可见，社会主义意识形态话语对人民群众思想和行为所产生的影响力，不仅不会使他们感到一种源于外在于自己的强制力和让自己被迫承受的巨大压力，而且还能使人民群众在生活中感受到富足、充实以及由此而生的归属感，使其从中获取缓解自身压力、增强自己信心的一种精神支撑和动力。它所表现出对人们的思维方式、思想观念、价值理念、行为方式所产生的强大的渗透力，使这种影响持久而深远。正是因为话语源于自身的这种软权力，不仅内生于基于话语的权力关系及其影响力，而且也成为我们理解和把握社会主义意识形态话语权生成的逻辑起点。

二、逻辑前提：话语内容的真理性

社会主义意识形态是一种源于现实社会和现实生活、积极回应时代提出的问题、代表和体现人民群众利益要求、以人民群众的生活幸福为价值追求的科学话语体系。社会主义将马克思主义作为自己的指导思想，并将其作为主流意识形态话语，在本质上体现了党的利益和人民群众利益、国家利益和人民利

① 陈曙光：《话语权是一种什么权力》，《光明日报》2015 年 1 月 15 日。

益、个人价值和社会价值的高度统一，其话语权是在党的领导和组织下，将代表和体现人民利益要求的社会主义意识形态话语通过面向社会不同领域以及不同层面的传播和扩散而渗透于其中，立足于对国家、社会和人民群众每一个体，着眼于从其所具有的教育、规范和塑造作用，为促进国家富强、政治稳定、经济繁荣、人民生活幸福而发挥的积极推动作用。其中，作为社会主义意识形态的真理性是其话语权生成的逻辑前提。

社会主义意识形态之所以具有真理性，是因为首先，它与各种形形色色的庸俗的社会主义、空想社会主义以及各种对科学社会主义进行肆意诽谤的非马克思主义不同，它是建立在对社会主义革命和运动的产生、形成、发展、目标等规律的科学认识的基础上形成的科学理论。在这一理论体系中，无论是从作为理论基础的唯物史观和剩余价值理论，还是其对社会主义理论阐释中表述的根本立场、基本观点以及所运用的方法论原则，都体现出了社会主义的真理性诉求。其次，它通过其“科学性”表现出来。社会主义意识形态话语的真理性通常又集中通过认知—解释、价值—信仰、目标—策略三个层面展开。① 一是从认知—解释层面来说，它在为社会主义意识形态话语的生成提供认识论上帮助的同时，也为社会主义意识形态之话语的“科学性”提供集批判、解释和供给于一身的生成来源。二是从价值—信仰层面来看，与各种在意识形态话语在价值观念和信仰方面的“虚假性”不同，科学社会主义理论将这一理论作为无产阶级获取自身解放的思想武器，站在全人类的高度阐明了无产阶级解放自身的必由之路，使这一理论既站在了道义的制高点，也将资产阶级那种空洞的、虚假的、偏狭的意识形态话语的阶级本性揭露无遗。三是从目标—策略层面来说，社会主义意识形态话语将正义理论贯穿于其中，表现出对人民大众强大的向心力和号召力，除了占据道义制高点外，还在于它是一种具有彻底的实践性的理论话语，是一种以马克思主义为指导思想而生成的一种实践活动，它以人

① 廖鹏辉：《新时代中国共产党意识形态自信的生成逻辑与提升路径》，《社会主义研究》2022年第1期。

民群众的实践为基础，揭示了社会主义、共产主义在本质上是一致的，社会主义和共产主义一样，都反映和体现了人类社会运动的总方向，其最高目标是共产主义美好愿景的实现。最后，它还是一种源于实践并在实践发展的过程中不断发展的一种理论。马克思主义作为一种科学的世界观，它与方法论是统一的。作为一种科学的方法，马克思主义不同于各种教条主义的地方在于，它为人们提供的是"进一步研究的出发点和供这种研究使用的方法"[①]。以社会主义的科学理论所阐发的立场、观点、方法，不断地去指导实践，立足于实践，在同具体实践相结合的过程中，发现并找到与社会主义理论的基本原则相符合而又能够解决现实中面临的实际问题的认识，这不仅是科学社会主义真理观的内在要求，也是实现社会主义理论在实践中不断创新发展、展现强大生命力的重要体现。

社会主义意识形态话语的真理性，也在于它是从真理与价值统一于实践基础中把握的话语理论。在社会主义意识形态的话语中，始终坚持人民立场和以人民为中心的观点，将实现“每一个人的自由全面发展”作为其最高的理想目标，强调人的自由个性的全面发展与自然发展和社会之间的统一性，主张在人的发展目标得到满足的同时，也要努力实现其与客观对象的存在和发展的相协调，并以此作为人的实践活动的价值指归，要求坚持将全体人民作为人的实践活动的价值主体，将人对美好生活追求作为其价值的目标追求，将“以人民为中心”的价值理念贯穿于全部工作的核心和始终，将“全过程人民民主”“人民至上”“共同富裕”作为社会主义话语价值实现的主要路径，不断在新的实践基础上推进社会主义意识形态话语权的真理性与价值性具体的历史的统一。

三、逻辑基调：话语主体的权威性

在社会主义意识形态话语权的生成中，话语内容的真理性所起到的作用尽

---

① 《马克思恩格斯选集》第4卷，人民出版社2012年版，第664页。

管很大，但这并不意味着只要在话语内容上具有真理性的话语就一定能够生成话语权，事实上，在很多情况下，除了要求话语的正确性外，话语的权威性也对形成话语权起到重要的影响作用。这种来自话语传播者的话语的权威性固然也离不开话语本身所具有的信任度，但也与其能否具有思想上的先进性有关，所有这些，为话语权的生成提供了逻辑基调。

首先，话语主体的权威性来自其具有的合法性。从话语主体的角度看，社会主义意识形态话语权能否生成，或者在什么是意义上生成以及生成的质量，取决于人们对话语言说者权威的认可程度。一般而言，人们认同社会主义意识形态话语，实际上是对话语主体的权威的认可。话语言说和传播者有没有权威，从根本上说，又是与其有没有话语言说的合法性直接相关。从话语的角度把握合法性，只有依法进行话语传播的主体才能谈得上权威性，也才会在同其他不同话语思潮的共存中，能够脱颖而出并发挥其对其他话语的引领作用。哈贝马斯指出："任何一种政治系统，如果它不抓住合法性，那么，它就不可能永久地保持住群众对它所持有的忠诚心。也就是说，就无法永久地保持住它的成员们紧紧地跟随它前进。"①所以，一种政治系统在没有遭到人们对其的不信任和反对的情况下，其合法性就能够得到认同，同样，一个国家的意识形态要想发挥其对各种社会思潮的引领作用，就必须解决意识形态的合法性这一基础性问题。对于社会主义意识形态话语也同样是如此。话语主体的这种权威性实际上是要解决的是"谁在说""对谁说"的问题。只有当这两个方面的问题解决了，话语主体才能为人们所接受，接受了话语主体，也就意味着接受其所言的话语。恩格斯指出："问题是靠权威来解决的。"②对于人们而言，当他们认为自己所接受的话语是来自权威主体的时候，自然就会产生一种对权威主体的发自内心的愿意服从。

其次，社会主义意识形态话语主体的权威也隐含着一种话语主体的责任担

---

① ［德］哈贝马斯：《重建历史唯物主义》，郭官义译，中国社会科学出版社2000年版，第264页。
② 《马克思恩格斯选集》第3卷，人民出版社2012年版，第275页。

当。马克思曾提出，在一个阶级内部，“一部分人是作为该阶级的思想家出现的，他们是这一阶级的积极的、有概括能力的意识形态家”。[①] 马克思在这段话中，实际上对从事意识形态宣传的“意识形态家”在责任担当和能力素养上提出了要求。一方面，意识形态家，指的就是在宣传阐释意识形态话语中有责任感、有担当的人。在社会主义条件下，无论是意识形态的生产者，还是阐释者、宣传者和传播者，都应该在社会主义主流意识形态话语的生产、阐释、宣传和传播中，表现出自己的积极作为和责任担当。一个有责任担当的人，他总能够从自己在人与人之间和人与社会之间的关系中去把握和定位自己的角色认同，从这种角色认同中懂得生成自己对世界观、人生观和价值观的正确认识，并能够自觉运用这种世界观、人生观和价值观规范自己的言行，表达自己的情怀。一个人不具备社会主义意识形态话语权要求的这种责任感，就会影响意识形态话语权的生成和实现。另一方面，“有概括能力”就是能够对社会主义意识形态话语准确领会，深刻把握，能够将深奥的原理转化为生动活泼的人生道理。不仅如此，还要求社会主义意识形态话语主体，要修炼自己人格魅力并身体力行。通过对社会主义执政党的建设，建设一支政治素质高、业务能力精的党员干部队伍，用自己的率先垂范，为人民群众树立一块责任担当的时代丰碑。另外，社会主义意识形态的话语主体的责任担当，除了党员干部以上率下、以身示范外，还必须积极到群众中去，发挥社会主义意识形态话语对人民生活的引领作用。

四、逻辑条件：话语表达的有效性

在社会主义意识形态话语权的生成中，即便意识形态的话语内容具有真理性，话语主体也具有权威性，如果这些传播话语在表达上不具有有效性和针对性，也同样会影响社会主义意识形态话语权生成的效果。因此，有效地解决好

① 《马克思恩格斯选集》第 1 卷，人民出版社 2012 年版，第 179 页。

"如何表达"的问题，也是构成社会主义意识形态话语权生成的关键条件。

有效性是一个与人类的实践活动密切相关的概念，人类无论从事什么活动，都是在试图通过该活动实现自己的活动意图。在这一过程中，人们不仅去思考那些影响自己意图实现的有效性因素，并对无益于实现自己意图的因素进行规避，实现其活动结果的有效性。对于社会主义意识形态话语权而言，其生成也指话语主体通过生产、扩散和传播的主流意识形态话语而为话语对象所接受的活动及其结果，而这种结果的生成有赖于话语表达的有效性。

话语表达形式的有效性，当然离不开国家权力的强制干预以及在立法层面其上升为一种占主流地位的意识形态话语，但如果仅仅满足于这样一些硬权力约束的方式来达到其为人们所接受的结果，即便是能够取得一定的成效，也会伴随着强制性的松懈或转移而失去有效性。因此，话语对人们所产生的有效性，从根本上说是一种能够从人们内心深处生成的基于信服的基础而选择的接受。能够形成话语有效性的社会主义意识形态，就不能仅仅停留于官方语言的话语表达的高高在上，而应该立足于对大众话语方式、学术话语方式所需要的视角把握话语权。问题的解决不仅取决于创新的程度，而且也取决于话语的生动性。因此，社会主义意识形态话语权的有效性，需要通过将那些作为"系统化、理论化的社会意识"转化为大众化的语言的表达方式，以求获得为广大人民群众所接受的效果。

首先，在话语表达中，无论是来自官方还是学术的话语，都应该着眼于说出人民群众所思、所想、所愿的话，而且即便是他们所思、所想、所愿的话，也要能够做到入耳、入脑、入心。而能够取得这种效果的话语，就是用人民群众在对这些问题的思考中心里想的、心里用的、喜欢用的这样一些话语符号，说出人民群众想听、愿听、听得进去、听得懂的话。在话语的表达中，要善于从人们生活中看似平常的一些小事中表达在意识形态话语中的大道理，列宁指出："应当善于用简单、明了、群众易懂的语言讲话，坚决抛弃难懂的术语，外来语，背得烂熟的、现成的但是群众还不懂、还不熟悉的口号，决定和结论等一系列重炮。”①当然，强调社会主义意识形态话语的这种生活化和由此产生的“亲和力”，并不意味着就可以用其来完全替代意识形态话语善于从对政治倾向的价值引导上进行偏理性表达的这一规定性。只有生活化大众化的话语，才能够契合人民群众关心的与他们的利益需求密切相关的问题，从话语权上收到正向引导的效果，将社会主义意识形态话语的宣传、传播所体现出的党的主张、国家意志、社会愿景与人民群众的心声及社情民意等实现在话语上的通达。

其次，善于将社会主义意识形态的政治话语通过学术话语的阐释，为其获得学理上的支撑，增强社会主义意识形态话语权。如在对社会主义核心价值观的研究、宣传和传播过程中，既要对人类历史上存在的各种形态的价值观进行辨析，也要讲清楚社会主义核心价值观所具有的深刻的精神要义；既要讲清楚西方价值观产生、形成和发展的社会基础、历史命运、当代境遇与未来走向，也要揭示其理论上的渊源关系及其局限性；既要讲透社会主义核心价值观在推进当代社会主义的发展中所体现出来的对国家、民族、个体和人民群众生活幸福的深远意义，也要讲清楚社会主义核心价值观所体现出的时代性、民族性、社会主义的本质性和先进性等特质。

最后，善于将感性话语融于理性话语的表达中生成社会主义意识形态话语权的有效性。社会主义意识形态话语的表述固然是对人的认知活动过程中获得的信息通过选择不同语言表达的结果，但在每一种表达形式中都深蕴了对话语生产、阐释和传播者对其饱满情怀的渲染，以及基于自己社会角色的自我定位而发出的一种与其相适应的话语，这其中也隐含着一种社会角色的认同感和能够胜任这一角色的情感诉求。这种渗透着话语生产者、阐释者和传播者的意识形态话语，着眼于情感的激发，通过将积极情感注入，使话语表达既不失思想和品质上的理性，也表现出在表达方式上的温度和温情。让社会主义意识形态话语的表达很好地体现这种理性话语与感情话语的有机融合，在思想性和情感性的张力中既不失灵魂的引领作用，也赋予话语以生命永恒的有效性。

---

①《列宁全集》第14卷，人民出版社2017年版，第89页。

五、逻辑支撑：话语载体的创新性

社会主义意识形态话语权在经过话语表达的有效性强调后，还必须借助于话语载体崭新的多种传播方式，通过实现对社会主义意识形态话语的有效传播，发挥其对话语权生成的重要支撑作用。

近年来，新媒体发展速度惊人，尤其是一些新的传播载体如微博、微信、微视频等的出现，不仅颠覆了以往关于社会主义意识形态话语表达的方式和手段，而且大量新兴的传播媒介的应用，为社会主义意识形态话语的创新既提供了便利，也赋予了社会主义意识形态话语权以鲜活的生命力。但是，新媒体的大量涌现，不仅让社会主义意识形态话语权常常面临新的问题和挑战，而且也因为新媒体内容的极大丰富，带来对社会主义主流意识形态话语关心不够的问题。这一方面提出了对于不同意识形态话语的包容性问题，另一方面也提出了主流社会主义意识形态在面对多种思想观念和价值理念影响和冲突的情况下，需要通过建设性的积极对话，始终掌握意识形态领域话语权的主导地位，引领社会舆论发展的正确方向。

习近平总书记在谈到新媒体的出现引发的意识形态话语权变革这一问题的时候要求，“现在，媒体格局、舆论生态、受众对象、传播技术都在发生深刻变化，特别是互联网正在媒体领域催发一场前所未有的变革。读者在哪里，受众在哪里，宣传报道的触角就要伸向哪里，宣传思想工作的着力点和落脚点就要放在哪里。要顺应互联网发展大势，勇于创新、勇于变革，利用互联网特点和优势，推进理念、内容、手段、体制机制等全方位创新”①，“对建设性意见要及时吸纳，对困难要及时帮助，对不了解情况的要及时宣介，对模糊认识要及时廓清，对怨气怨言要及时化解，对错误看法要及时引导和纠正，让互联网成为我们同群众交流沟通的新平台，成为了解群众、贴近群众、为群众排忧解

① 《坚持军报姓党坚持强军为本坚持创为要　为实现中国梦强军梦提供思想舆论支持》，《人民日报》2015 年 12 月 27 日。

难的新途径，成为发扬人民民主、接受人民监督的新渠道。”①此外，他还要求人们，在对现代传媒的传播规律进行把握的基础上，更多地通过感性化、个性化、平民化等方式实现对意识形态传播和引导的感性表达。这种感性表达由于将人的感受、体验、理解和运用融于宣传教育的整个过程之中，因此，不仅做到了生动活泼，而且也拉近了与人们之间的距离，让人感到自然亲近。通过传播手段的创新，让“创新理论‘飞入寻常百姓家’”②。

在话语传播手段日益变革的今天，适应新媒体的变革，在推进新媒体建设的同时，也通过媒体的全新融合，一方面继续发挥好传统权威媒体在传播社会主义意识形态话语中的显著优势，另一方面积极利用好各种新兴媒体进行社会主义意识形态话语的传播，以其提供的便捷性、自由性、大众性、即时性、广泛性等实现社会主义意识形态话语权在新媒体传播手段中的广泛应用和传播，不断扩大社会主义意识形态话语的覆盖面，更好地发挥社会主义意识形态话语在新媒体平台中的便捷的引领和服务作用，不断强化其影响力。

巩固传统媒体在社会主义意识形态话语传播中的主渠道地位和作用，这是创新话语载体首先要解决的一个问题。主流媒体处在意识形态斗争的最前沿，是宣传和传播马克思主义意识形态理论的主渠道。在社会主义意识形态话语权的实现过程中，主流媒体必须体现党、国家和人民的意志的意识形态话语所凝聚的共识，并将其贯彻到社会主义意识形态话语传播的全过程中去，也担负着通过主流渠道的主流声音的权威性发挥引领各种思潮、建构社会共识的主导作用。从作为社会主义意识形态话语的传播者，到为把关人对话语内容和传播方式的设计，再到大众媒介的执行和传播，最后到达作为信息接受者的人民群众，通过环环相扣压实意识形态工作的责任制，形成牢不可破的以马克思主义为指导思想的社会主义的信息传播链。

新媒体技术从传播手段的创新上为意识形态话语权的传播提供技术上的有

① 《习近平谈治国理政》第二卷，外文出版社 2017 年版，第 336 页。

② 《习近平谈治国理政》第三卷，外文出版社 2020 年版，第 313 页。

效支撑，这是创新社会主义意识形态话语载体需要解决的另一个问题。新媒体之“新”在于其出现与数字化技术的发展密切相关，作为媒体的崭新形式，新媒体仍然发挥着意识形态的功能，只不过在新媒体中，其意识形态功能相比传统媒体不仅隐蔽性强，可控性也低，而且其对意识形态话语建构与之前所提供的技术路径相比也完全不同。这一方面表现为新媒体利用数字化技术这一崭新的技术手段，在对传统大众媒介传播方式进行解构的同时，也通过技术所提供的全新的信息传播方式，为意识形态在新的信息技术场域中跨时空的话语传播提供了全新的信息传播生态，从而使不同国家和民族之间的意识形态话语权的较量成为继经济发展“硬实力”较量之后一种崭新的较量形式，对社会主义意识形态话语权的生成起到了极大的消解作用。另一方面也表现为新媒体技术的信息传播，也一改传统媒体话语主体和话语对象之间的主客单向度关系。新媒体下的话语主体与对象客体的关系呈现出一种多角色关系，不仅在同一种关系中话语主体与话语对象之间相互转化，而且在不同关系中，这种话语主体与话语对象的关系也呈现出一与多、多与一、多与多等多重关系，究竟谁是话语主体和话语对象，完全取决于其是话语的生产者、传播者还是消费者、接受者。尤其是在新媒体中，凭借着对新媒体技术的掌握原来作为信息接受者的话语对象，也参与了话语主体的传播，民众越来越多地参与到公共话语的表达、公共决策和政府治理的过程中，这在某种程度上对社会主义意识形态话语主导权造成了分化和削弱作用，也大大增加了对多元思想文化进行有效整合的难度。不仅如此，在新媒体下，信息传播实现了在内容、范围等方面的新变化，这种变化集内容多、范围广、共享性、互动性为一体，为不同思想和价值观念之间的沟通和交流提供了更加便捷的技术条件，也使新媒体所提供的话语场域中，既汇聚了各种不同的思想观念和价值理念，也成为各种社会舆论的策源地，使得新媒体作为信息传播的手段，经常会被很多人拿来用于各种谣言和错误思想的传播，甚至有些人会通过新媒体恶语中伤，制造事端，这不仅不利于人们在思想上汇聚共识，而且也会造成人们思想上的不团结甚至出现混乱现象，引发一些关于社会主义意识形态的安全问题。新媒体引发的社会主义意识形态话语安全问题，同时也为解决这些问题提供了思路和方法，要求我们面向新媒体技术，发挥新媒体在重塑社会主义意识形态话语权中的重要作用。这既需要通过对社会主义意识形态的宣传，将社会主义意识形态这块主流阵地占领好、守护好、经营好；也需要不断创新社会主义意识形态的话语体系，不断提高社会主义意识形态的吸引力、传播力和影响力。尤其是通过致力于用国内外都能接受的一些概念、范畴进行新的表述，把中国的故事下大力气讲好，将中国的好声音传到五湖四海。

六、逻辑指归：话语受众的认同性

社会主义意识形态话语的表达和传播，尽管是由社会主义意识形态话语的生产者、阐释者和宣传者所发起的，但却要通过作为话语受众的人民群众的认同才能实现其话语权之要求和目的。因此，社会主义意识形态话语权的生成，取决于话语生产、话语表达和话语传播的预期目的以及话语传播过程中所承载的社会价值理念是否实现以及实现的程度，并由话语受众的认同所决定的。其中，价值认同构成社会主义意识形态话语认同的实质。它是人民群众话语主体对作为社会主义意识形态话语体系中最为核心部分、最为成熟稳定内容的社会主义核心价值观的接受，而这种接受又是以对人民群众每一个个体价值诉求的关注为前提的，这也意味着社会主义意识形态话语不仅仅是对理论知识的一种宣传和传播，而重心在于让广大人民群众生成对社会主义核心价值观的认同，坚定对社会主义核心价值观之真理性与合理性的认知，实现在价值选择上的高度自觉，并自主地内生为人民群众进行实践活动的价值准则并外化为人的积极践行的认同。

可以看出，社会主义意识形态话语认同的本质特征是通过人民群众对社会主义核心价值的认同性表现出来的。一是对社会主义意识形态的认同，本身是对其所蕴含的社会性价值取向的认同，只有社会主义意识形态的这一核心价值取向被认同了，才能为全体人民群众提供个人发展的社会坐标，给人的言行提供正确方向。唯有如此，才能使每一名人民群众不仅将自己的生存和发展全面融于社会之中，并从社会中发现和找到自己的归属感和安全感，而且也能从其他社会成员处获得对自己的尊重以及支持和帮助，获得实现自身发展的精神追求，为自己的全面发展奠定良好的社会基础。二是人民群众对社会主义意识形态话语的认同也是对其自主性的认同，这种自主性认同是对自己主体性的肯定。这意味着对社会主义意识形态话语的认同是由内而生的自我决定和选择的认同，是通过人民群众的价值选择，在将自己认同的价值与社会主义主流意识形态话语进行契合度的比较中而选择的一种按契合程度高的原则进行价值认同的结果。三是对社会主义意识形态话语的认同，也是对其实践性的认同，其根本目的是通过对社会中存在的各种各样的思想资源在进行充分整合的基础上，形成一种既对人的话语行为起示范引导作用，同时又有助于汇聚社会共识的认同价值，为社会的有序发展提供精神上的强大动力的支撑。

人民群众对社会主义意识形态话语所具有的这种认同性，也贯穿于对核心价值理念的趋同、接受和行为构成的一个生成过程之中。具体而言，其认同性通过认知、情感和行为三个阶段的认同表现出来。一是在认知认同阶段，作为社会成员的人民群众通过接收来自话语主体以信息输入的方式传播的社会主义意识形态，并通过自己的信息加工，生成人民群众对所接收来理论的理解和认识。它通常又表现为内外两个方面的认知环节。前者表现为人民群众对社会主义意识形态话语信息的认同是基于契合自己利益认同需求的理论的接触、了解以及熟知的过程。后者表现为对社会主义意识形态话语的接纳和接受完全是在一种无意识的认知中发生的。认知认同在价值认同生成过程中，构成对社会主义意识形态话语认同的逻辑先导，它影响和决定情感认同和行为认同。没有认知认同的生成，就不会有后面的情感认同和行为认同。二是在对来自社会主义意识形态话语传播者传播的话语形成认知认同之后，还需要对生成的认知认同信息作出肯定性的或者赞同性的态度。这也意味着，人民群众对社会主义主流意识形态话语的认同本质上不过是话语交流主体之间的一种思想交流，而这种思想交流的有效性固然离不开理性，但是情感因素的基础性地位和作用也不能忽视。一旦对社会主义意识形态话语给出肯定或赞成的态度，也就会为其注入情感因素，并基于这种情感因素推动着人民群众对社会主义意识形态话语展开正面而积极的情感体验，并在情感体验的过程中进一步生成为源于情感的一种以热爱为价值取向的情感动力，也就自然会产生基于情感之上的对社会主义意识形态话语的一种亲近感，并使自己不由自主地亲近它，由此而形成一种发自内心的情感信任。以此为动力，使自己对社会主义意识形态的话语认同得到进一步的提升，使之前获得的认知认同得到强化。三是当情感认同生成之后，就会使人民群众对社会主义意识形态话语的认识进一步内化并生成其理想以及对实现这种理想的一种强烈信念，也就会推动认同的社会主义意识形态话语进一步转化为基于情感认同的行为认同。只有使人民群众对社会主义意识形态话语生成内化为自己对其的信仰和信念，并推动人民群众从内向外由认同性向实践性的转化之后，才真正表明社会主义意识形态话语权取得了成效，而这种成效是通过人民群众话语主体在实践中对自己行为的价值规范而表现出来的。如果说在价值认同生成的前两个阶段主要侧重于从思想层面生成人民群众对社会主义意识形态话语的接受性的话，在这里主要侧重于从行为表达方面来展现人民群众对社会主义意识形态话语的接受性。

由此可见，社会主义意识形态话语权，通过认知认同、情感认同和行为认同，才真正完成了其最终生成。尽管如此，要想实现社会主义意识形态话语权在更快、更广、更大、更久的意义上为人民群众所持续认同，并作为一种优势话语为人民群众的实践提供自觉遵循，还离不开对社会主义意识形态领导权的掌握。只有领导权和话语权的二者真正实现了结合，才能使社会主义意识形态展现和发挥为社会主义事业的健康发展提供具有强大凝聚力和引领力的思想武器和精神动力的重要作用。

第四章　社会主义意识形态话语权的历史建构

在第三章中，我们分别从社会主义意识形态话语权的实践基础、构成要素和生成逻辑三个方面，对社会主义意识形态话语权何以生成的问题进行了研究。这种研究对正确理解和把握社会主义意识形态话语权的生成具有一定的解释意义，但我们不能仅仅局限于对其生成基础、生成要素和生成逻辑等层面的分析，还要进一步深入到对社会主义意识形态话语权从提出、发展到确立的历史逻辑中进行把握，揭示其是如何伴随着理论与实践的双重推进得以出场和建构起来的。

纵观社会主义意识形态话语权的提出、确立和建构的过程，我们不难看到，在社会主义意识形态话语权中，马克思主义是其灵魂，马克思、恩格斯从对资本主义意识形态话语的批判中，为无产阶级和新型政党确立了马克思主义意识形态话语权的原则要求。第二国际时期的马克思主义阵营内部不少思想家围绕马克思、恩格斯确立的马克思主义意识形态原则，从多种角度展开了解释和阐发，但在如何看待马克思主义意识形态问题上也存在明显分歧，使其在不同理解话语中面临被解构的境遇。列宁在坚持用马克思主义意识形态的原则指导俄国具体实践的过程中，沿着马克思主义意识形态原则这一正确方向，不仅首次提出了社会主义的意识形态概念，而且也对社会主义意识形态话语的立场原则以及如何建构进行了系统阐释，社会主义意识形态话语也因此升华为社会主义建设中的主流话语，社会主义意识形态话语权的主导地位也因此得以确立。列宁尽管提出了社会主义意识形态话语权的概念，并对社会主义意识形态话语权的基本原则以及建设等问题进行了探索，但这种探索也只能说是初步的。

当我国在中国共产党的坚强领导下取得了新民主主义革命的伟大胜利、建立了新中国、实现了中华民族站起来的伟大飞跃之后，经过“三大改造”的完成、确立了社会主义基本制度，又进入到了社会主义建设和改革的历史发展阶段。在这一过程中，我们不仅在实践中始终坚持将牢牢掌握社会主义意识形态话语权作为党和国家的一项重要任务，立足于中国社会主义伟大实践进行全面探索，取得了社会主义建设事业的巨大成就，又实现了中华民族从站起来到富起来的伟大飞跃，在新的历史发展阶段开启了建设社会主义现代化国家的新征程。在社会主义意识形态话语权建构的实践探索中，从社会主义意识形态话语权、中国特色社会主义意识形态话语权到新时代中国特色社会主义意识形态话语权，开辟了社会主义意识形态话语权在当代中国发展的新境界。

第一节　马克思主义意识形态话语权的原则确立和理解境遇

从马克思主义发展史的视野来看，马克思、恩格斯是社会主义意识形态话语权的最早奠基者。他们关于意识形态话语权基本原则的思考，不仅构成马克思主义的重要内容，而且也对之后的马克思主义发展具有奠基作用。历史地看，马克思、恩格斯在意识形态方面为人类贡献的思想智慧，既为后来的马克思主义者在其确立的基本原则基础上，立足于实践的发展制定符合自己国情的意识形态话语的具体策略提供了理论前提，也为后来的马克思主义者对其进行教条主义的理解和修正主义的对待留下了空间。之所以发生这种情况，并非马克思主义自身存在着错误，而是与其对马克思主义的错误理解密切相关。正是在对这些错误理解的批判反思以及立足于具体实践的探索中，为社会主义意识形态话语权的出场、确立以及建构指明了发展方向。

一、马克思主义关于意识形态话语权的原则确立

社会主义意识形态话语权是从对其基本原则的确立开始的，这一基本原则又是马克思、恩格斯在对资产阶级意识形态的虚假性进行批判的基础上不断生成的。“意识形态”概念最早见诸马克思博士论文的第二部分第五章，马克思在对伊壁鸠鲁的天体理论进行分析和思考时提到了这一概念，他指出：“我们的生活需要的不是玄想和空洞的假设，而是我们能够过没有迷乱的生活。”①在这里，马克思将意识形态与空洞的假设放在一起，是在贬义上使用这一概念的。在《莱茵报》工作期间，马克思又用“意识形态家”指称那些习惯于不切实际的空谈和唱高调的人。在马克思、恩格斯共同撰写的《神圣家族》著作中，他们对意识形态的理解是通过“思想家”“对工业琐事的轻视”②而表达的。在马克思的《黑格尔法哲学批判》中，对黑格尔法哲学的唯心主义的批判也是将其置于意识形态语境中，从对其在主观与客观的关系颠倒性的批判中展开分析的。在马克思看来，由于主观和客观之间发生了颠倒这种假象，导致“应当成为出发点的东西变成了神秘的结果，而应当成为合乎理性的结果的东西却成了神秘的出发点”③，以至于出现了“把某种经验的存在非批判地当作观念的现实真理性”④的结果。“神秘的”“虚幻的”是马克思把握意识形态时的一种表达。

在马克思和恩格斯共同撰写的《德意志意识形态》著作中，他们对“意识形态”概念进行了集中论述。他们不仅用意识形态指称当时的德国哲学和社会主义，而且也将这些思想观点的代表性人物如费尔巴哈、布·鲍威尔和施蒂纳称为“意识形态家”。从表面上看，在该著作中所论述的意识形态仍然具有之前一直使用的贬义的理解。但是如果考虑到马克思、恩格斯之所以决定共同撰写这篇关于意识形态的著作的话，既与他们要对自己从前的哲学信仰进行清算

① 《马克思恩格斯全集》第1卷，人民出版社1995年版，第57页。

② 《马克思恩格斯全集》第2卷，人民出版社1957年版，第158页。

③ 《马克思恩格斯全集》第3卷，人民出版社2002年版，第52页。

④ 《马克思恩格斯全集》第3卷，人民出版社2002年版，第51页。

有关，也与他们要对共同提出的新唯物主义世界观的系统阐释有关，这就需要我们将马克思、恩格斯对意识形态的研究，放到其在历史唯物主义创立过程中的重要地位和作用中加以把握。

在历史唯物主义的视野中，马克思、恩格斯对意识形态话语权的思考，首先面临的一个思想前提问题是对用“思想决定现实”的神秘主义方法去阐释历史、展开批判的唯心主义哲学的批判问题。正是通过这种批判，马克思、恩格斯回答了意识形态因何而生以及如何生成这一问题，构成了马克思、恩格斯确立意识形态话语权的一条基本原则。在马克思、恩格斯看来，对唯心主义的批判，不能仅仅停留于思想的层面，而要将这种思想的批判建立在对作为意识形态之存在的社会经济基础之上。“如果这种理论、神学、哲学、道德等等同现存的关系发生矛盾，那么，这仅仅是因为现存的社会关系同现存的生产力发生了矛盾”①，而现实中的冲突和矛盾的真正起源在于“分工”和“私有制”。②“由于特殊利益和共同利益之间的这种矛盾，共同利益才采取国家这种与实际的单个利益和全体利益相脱离的独立形式，同时采取虚幻的共同体的形式。”③因此，马克思、恩格斯才用赞同占统治地位的统治阶级的思想来表述意识形态的本质，它拥有着绝对的话语权。

当马克思从社会经济基础出发把握意识形态的时候，实际上意识形态被赋予了社会历史发展的重要方面，并将其视为社会有机体的重要内容之一。伴随着分工的消失、私有制的消灭，未来社会发展必然会将本属于人并从人身上分离出去的人的“精神”回归于人自身。以此为基础，马克思、恩格斯在《共产党宣言》中将他们的共产主义理论奠基于唯物史观基础之上，在与“意识形态”相对立的意义上提出了科学共产主义的基本原则。马克思、恩格斯指出，共产党人“不提出任何特殊的原则，用以塑造无产阶级的运动”，“共产党人的理论原理，决不是以这个或那个世界改革家所发明或发现的思想、原则为根据

① 《马克思恩格斯选集》第 1 卷，人民出版社 2012 年版，第 162 页。

② 《马克思恩格斯选集》第 1 卷，人民出版社 2012 年版，第 163 页。

③ 《马克思恩格斯选集》第 1 卷，人民出版社 2012 年版，第 164 页。

的”，“这些原理不过是现存的阶级斗争、我们眼前的历史运动的真实关系的一般表述”。① 至此，马克思、恩格斯不仅图绘了意识形态的大致轮廓，而且其也从属于共产党人和无产阶级人民大众。从某种意义上，这一科学理论也是为其所代表的阶级立言的。因此，对于其所属的阶级而言，它不仅构成每一个人必须遵循的共同话语，而且也表现出对无产阶级群体言行所具有的规范和塑造作用，这本身就体现了奠基于新唯物主义世界观基础之上的共产主义理想的话语权威。

在接下来20多年的时间里，马克思、恩格斯用于解释当时社会现实时处理意识形态话语所持的基本立场和原则，继续为他们所坚持，并用来对资本主义意识形态展开进一步的批判，推进了对这一基本立场和原则在理解中的不断深化，尤其是通过对“拜物教”的批判，进一步使“意识形态”概念得到了明晰。马克思认为，作为为资本主义辩护的意识形态话语，都不过是建立在资本主义存在和发展的生产和交换的基础上，并对其进行抽象的结果，其目的是为了稳定和巩固资本主义社会的经济基础。与之不同，马克思则提出了作为超越资本主义社会形态的社会主义社会这一崭新的理论形态。在马克思看来，这种关于社会主义社会的理论形态，是一种超越资本主义意识形态的虚假性和虚伪性的意识形态话语，它与资产阶级思想家所认为的仅仅局限于一种原则上的抽象不同，是一种以唯物史观为指导，在对资本主义进行批判的基础上生成的一种正确的认识。马克思认为，这种对资本主义意识形态话语的克服与超越，既离不开社会物质生活的长期创造而生成的物质基础，也离不开人类生存所需要的充分条件这一基础。“只有当社会生活过程即物质生产过程的形态，作为自由联合的人的产物，处于人的有意识有计划的控制之下的时候，它才会把自己的神秘的纱幕揭掉。但是，这需要有一定的社会物质基础或一系列物质生存条件，而这些条件本身又是长期的、痛苦的发展史的自然产物。”②

---

① 《马克思恩格斯选集》第1卷，人民出版社2012年版，第413、414页。

② 《马克思恩格斯选集》第2卷，人民出版社2012年版，第127页。

马克思、恩格斯对于意识形态话语权的阐释，还在将科学共产主义的基本原则与工人运动和无产阶级的斗争实践不断结合中得到阐发。尤其是在晚期资本主义发展阶段，基于资本主义社会垄断性程度的不断提高，恩格斯在对无产阶级革命特别是巴黎公社运动出现的失败的反思中，不断地对无产阶级革命运动所坚持的战略策略进行有意识的调整。他们在实践中不断地认识到，之前所提出的欧洲大陆经济发展对资本主义生产方式可能会带来的致命打击的判断不仅不切合实际，而且这一过程所持续的时间要会比预期的更长。于是他们就在话语的设置方面，设想了在资本主义与共产主义两个社会之间还有一个很长的过渡期，这个过渡期被马克思、恩格斯称为社会主义。自此以后，社会主义的革命就作为意识形态话语权运动过程中必须经由的重要环节被提了出来，它就被赋予了批判武器的使命，要求通过理论建设和思想理论的武装来完成。马克思、恩格斯对意识形态话语的理解，已经不再是之前否定的、消极的理解了，而是赋予了其肯定的、积极的意义。

马克思、恩格斯在这一时期对意识形态话语权的理解，在两个方面得到了进一步的全面阐释。首先，意识形态话语权在历史唯物主义框架中所处的地位，以及其被赋予的相对独立的本质属性得到了明确。这一方面表现为对经济基础与意识形态的决定和反作用的辩证关系得到了全面理解，另一方面也表现为意识形态本身被赋予的基本属性也得到了诠释。马克思、恩格斯通过对意识形态相对独立性的阐发，揭示了其自身的发展，是通过多种形式之间的相互作用、共同作用于经济和社会的发展这一规律实现的。意识形态话语因为实现了在历史唯物主义框架中的阐发，使其具有了科学性和相对独立性，这也为意识形态话语权的生成提供了重要前提。其次，以历史主动精神推动对意识形态战略的不断调适。为了适应无产阶级革命对于理论全面武装的新要求，恩格斯在对马克思主义的系统化方面进行了积极主动的一系列阐述，并将历史唯物主义贯穿于这种阐述的全过程之中。这些系统化的论述，实际上是在为将无产阶级的革命行动有效地组织成为一种整体性的活动，实现自己解放的目标和条件而树立起的一面旗帜，这是一面标识为马克思主义的旗帜，它为无产阶级政党及其领导下的实际行动提供了自己的新纲领。在用其指导无产阶级革命的过程中，必须立足实践，根据实践的变化而不断地提出新问题、获得新认识，增添新内容，不断将这一理论推向发展的新阶段。马克思主义是马克思、恩格斯根据不断变化着的新形势、着眼于意识形态在战略策略上的一种积极调整和主动有为，它既没有否定意识形态作为一种历史性现象走向消亡的命运，也没有否定其在特定的社会历史条件下，通过加强意识形态建设和满足武装群众的要求，发挥其对一个国家的经济社会发展以及凝聚人心、汇聚力量的积极作用。从无产阶级的革命实践来看，马克思、恩格斯在意识形态方面所做的主动调整，是立足于意识形态话语表达的变化而让马克思主义科学理论起到对革命的指导作用而为的，它推动了社会主义革命的风起云涌。

由此可见，在意识形态和马克思主义(包括社会主义）两种话语理论方面，它们二者之间并不是不相容的，在对社会历史的认识上它们表现出根本的一致性；不同之处在于，它们之间立场不同、所代表的利益不同、性质也不同。马克思主义作为一种科学理论，它一经产生对无产阶级运动所起到的指导作用与意识形态在“类”的意义上所表现出的巨大作用是一致的。尽管马克思、恩格斯对意识形态在很多情况下表现出对其的否定性理解，但对意识形态的否定性并没有因此将其与马克思主义的科学性话语完全对立起来。在马克思主义的话语理论中，它涵盖了对社会主义的理解，而对于马克思主义、社会主义理论而言，它们又都与意识形态话语之间有着密切联系。这也意味着，无论是马克思主义还是社会主义，它们与意识形态之间本质上并没有什么不同，而是具有本质上的相通性。从这一理解出发，马克思、恩格斯既开拓了一条从社会主义走向共产主义的话语发展之路，同时也确立了以社会主义意识形态话语为主流话语、指导社会主义运动并为其提供思想武装的话语权实现的基本原则。

二、马克思主义关于意识形态话语权的理解境遇

马克思、恩格斯之后，马克思主义在工人运动中进一步得到了广泛传播，

他们所确立的意识形态话语权的原则也日益深入人心。这一时期，资本主义在经过对生产关系的调整之后，重新展现出一片生机，这也让马克思、恩格斯之前所预言的资本主义世界的大崩溃没有到来。在他们之后的第二国际的一些思想家，也如马克思、恩格斯晚年适应世界形势的变化主动求变一样，在不断主动适应形势变化的要求中，围绕意识形态话语权进行了重新思考。

这一时期的思想家，不仅在使用意识形态的频率上异乎寻常地多，而且也从对马克思主义的认识和把握中思考意识形态话语。伯恩施坦在这一时期之初，无论是对意识形态概念的理解，还是对社会主义的理解，都延续了马克思、恩格斯的传统，在对马克思主义的科学性话语充分肯定的同时，也明确指出了社会主义与意识形态之间话语上的根本不同。但是，当他在对科学与意识形态以及马克思主义与意识形态之间的关系进行论述的时候，既赋予对“科学”的理解以意识形态话语的意蕴，也将马克思主义从科学理论中排除出去，用意识形态指称马克思主义，并从马克思主义对观念决定存在的唯心主义的批判中，推论出马克思主义是带有空想色彩的观点。伯恩施坦尽管对马克思主义意识形态的理解，与他对马克思主义的修正立场不无关系，但在他的论述中，不仅涉及历史唯物主义是否具有意识形态的功能问题，而且也涉及能否将马克思主义直接等同于意识形态的问题，即马克思主义能否在同意识形态的结合中获得话语权的问题。

与伯恩施坦相比，俄国早期马克思主义者普列汉诺夫在面对恩格斯晚年已经作出的马克思主义系统化阐释时，从一开始就反对那种对意识形态仅仅作笼统化和简单化、将其视为虚假性理解的做法。在他看来，这无疑涉及对马克思主义的理解中能否坚持其科学性的问题，也是事关话语权的重要问题。他致力于在马克思主义与作为马克思主义所否定的概念张力的化解，试图从社会结构出发把握和认识意识形态，将生产力状况、经济关系、社会政治制度、社会中的人的心理、各种思想体系作为组成社会结构的五项因素，[①] 在对其表述中不

① 《普列汉诺夫哲学著作选集》第 3 卷，生活 · 读书 · 新知三联书店 1962 年版，第 195 页。

仅按照从下至上形成一个对社会结构的“一元论的公式”的理解，而且也将意识形态列入社会结构的第五项，认为作为社会结构重要组成部分的意识形态既由生产力的基础所决定，也是对社会心理的一种反映。由此可见，普列汉诺夫在社会结构中对意识形态的把握，已经没有了之前人们对其的否定性的理解。普列汉诺夫在具体展开对意识形态的阐述中，他还根据其对对象反映的关联是否密切，按照由低到高的顺序，将意识形态区分为高和低两种意识形态形式。尽管他将高级的意识形态划分为科学之中有不尽合理之处，但是，这一划分却由此使意识形态与科学之间的对立得到有效化解，对列宁后来提出社会主义意识形态话语权具有重要的启发意义。

第二国际时期的思想家还从理论与实践二者的张力中对意识形态问题展开不同阐释。从理论上看，这涉及对马克思主义作何理解的问题。一些思想家如拉法格、拉布里奥拉、梅林等立足于唯物史观经济基础的决定作用来解释社会历史以及意识形态的变化和发展，这实际上是着眼于在意识形态话语不断地适应经济基础的变化中始终保持其真理性，并通过这种真理性保持其对人的思想的影响力问题。梅林在阐释经济基础对意识形态话语决定作用的同时，还看到了在意识形态话语背后所隐藏的利益问题，试图揭示二者之间的关系，这突出表现在他对浪漫历史学派的分析中。他指出：“它在自己的狭隘的经济利己心的影响下，总是竭力想把一切天上地下的东西，一切法律、政治、宗教等等的关系，都用这一个经济形式贯穿起来，于是就偶然地得出一些论点，远远听来有些像是历史唯物主义，而实际上这些论点之远离历史唯物主义，就如阶级利己心之远离科学认识一样。”①梅林在这里用“毫不隐饰的阶级意识形态”②来说明其对“狭隘的经济心”的理解。

对于如何发挥马克思主义在现实社会发展中的作用，拉法格也提出了自己的理解，马克思不仅从社会生产出发，对资本主义社会的产生、发展以及未来命运

① ［德］弗·梅林：《保卫马克思主义》，吉洪译，人民出版社 1982 年版，第 13 页。
② ［德］弗·梅林：《保卫马克思主义》，吉洪译，人民出版社 1982 年版，第 13 页。

进行了全方位的透析，而且也在对资本主义社会发展变化规律进行科学把握的基础上，为人类提出了理想社会的未来设计，阐述其共产主义学说。马克思的共产主义理想，既指明了人类社会发展的未来方向，也将实现这一理想所需要的斗争方式清楚地告诉了人们，为此，拉法格将马克思的这一理论称为指导实践的、有待于进行实践检验的一种方法，这个方法实际上也是将马克思主义的理论话语视为管用的理论方法。拉布里奥拉从马克思主义与唯物史观的结合中阐述了他对马克思主义观的理解。他将对科学共产主义理解全部奠基于唯物史观的基础之上。在他看来，由于有了唯物史观，“共产主义不再是一种希望，一种思念，一种回忆，一种猜想，一种出路，它第一次恰当地表现为意识到它的必然性，也就是意识到它是结束或解决当前阶级斗争的办法”[①]。如何发挥马克思主义这一科学理论的重要作用？这一时期的思想家普遍认识到，必须主动开展意识形态领域的斗争，斗争就有话语权之争，拉法格就向革命的社会主义者提出，要通过对资产阶级意识形态话语展开全面的斗争，不仅彻底揭露资产阶级意识形态的虚假性本质，而且也在行将创造崭新的共产主义的理想社会中，使每个人的激情都获得充分的自由。在他看来，马克思主义就是想通过这种话语表达，从话语上打动人心，获得认同和接受。普列汉诺夫还就如何开展意识形态的斗争以及所赖以存在的理论基础进行了阐述，他指出：“没有革命的理论就没有名副其实的革命运动。任何一个力图解放自己的阶级，任何一个力求达到统治的政党，只有在它代表最进步的社会思潮，因而，是自己时代的最先进思想的担当者的时候才是革命的。”[②] 这也表明，作为科学的马克思主义这一思想武器，尽管它是通过话语表达亮明自己的立场、观点和主张的理论，但它却有巨大的能量。它表现为无产阶级一方面通过开展向旧的意识形态的斗争，为马克思主义理论在无产阶级思想中的传播和接受扫清障碍，另一方面，也通过对无产阶级进行马克思主义武装头脑的教育和宣传，“无产阶级的进步也是突飞猛进和超乎寻常的。政治教育使它每天

---

① ［意］安·拉布里奥拉：《关于历史唯物主义》，杨启磷等译，人民出版社 1984 年版，第 5 页。

② 《普列汉诺夫哲学著作选集》第 1 卷，生活·读书·新知三联书店 1959 年版，第 98 页。

都向夺取政权迈出新的一步”[①]，这就是马克思主义话语权所释放出来的威力。

伯恩施坦在理解经济基础与意识形态的关系的时候，并没有如其他思想家那样，把对经济因素在社会发展中的决定性作用作为首要因素进行强调，但是，他也不同意将经济因素对意识形态的影响作用完全否定的观点，而是认为前者与后者相比后者更重要。他还从自己所处时代与马克思、恩格斯所处时代相比发生的生产力发展、生产关系的主动调整、基本生活的改善、促使矛盾相对缓和的变化中，进一步强调了即便是在这种情况下，仍然不能说意识形态对经济因素的依赖性会增强，而是更加彰显了意识形态在发挥其革命性作用的独立性。在他看来，这对马克思主义的发展而言是非常有利的，也让无产阶级通过自己的斗争使其迈向社会主义的道路越来越近。他要求无产阶级政党要在意识形态话语方面进行主动调整以适应这种变化，在充分发挥意识形态话语的积极作用的同时，也要求无产阶级政党将无产阶级在革命运动中已经取得的既得利益作为制定自己纲领的重要依据，充分发挥作为政党意识形态话语权力之表现的无产阶级政党的纲领在形成无产阶级的凝聚力、战斗力和约束力的重要作用，将人民权利以及物质文化生活水平的提高等相关内容在其纲领中不断得以体现和充实，为社会主义在实践中取得最后胜利积蓄力量和创造前提。

在对共产主义的实现问题上，伯恩施坦提出了渐进式的主张，不仅使意识形态话语释放出巨大能量，而且也在意识形态话语对社会成员自觉地履行自己义务的过程中，确保社会的有序发展。由此出发，伯恩施坦特别强调了伦理因素和政治因素对社会主义运动所产生的影响，他提出，“我不把实现社会主义的期望放在工人阶级的日益贫困化上，而放在工人阶级的日益增长的文化要求上，放在工人阶级对社会关系的理解的增长以及许多其他因素上”[②]。在伯恩施坦看来，工人阶级的贫困化尽管在推动社会发展过程中有着重要作用，但与工人阶级的思想文化的水平提高、文化需要的满足程度、阶级意识的自主自觉等相比，

① ［意］安·拉面里奥拉：《关于历史唯物主义》，杨启磷等译，人民出版社1984年版，第32页。

② ［德］爱德华·伯恩施坦：《社会主义的历史和理论》，马元德、严隽旭、彭金安、蔡升译，东方出版社1989年版，第370—371页。

后者在对社会主义实现的意义上所提供的前提条件显然更为充足，这样的话语对人们的影响不仅是深入人心的，而且也能够持续发挥作用。它不仅不会改变无产阶级和工人阶级之间阶级斗争的性质，而且还有助于促进生产发展的社会化程度，使生活质量在得到不断提高的同时，也在意识形态话语方面为共产主义的实现做好充足准备，这本身就构成共产主义话语权实现的一部分。当然，伯恩施坦在对共产主义的实现话语上，由于将主要精力集中在对社会主义的渐进实现上，而将工人的解放这一伟大事业的理解转化为在遵守资本主义制度这一框架下通过对具体事物的解决来慢慢实现，其结果必然会带来对共产主义理想信念的削弱和消解。在如何提高意识形态话语供给问题上，伯恩施坦要求无产阶级先进政党在领导工人开展运动中，要从各自的具体国情出发提高自己的意识形态话语质量和水平，不能对其采取一种教条主义的态度，用一种完全通用的话语模式强迫每个国家在意识形态的话语内容方面千篇一律，而是强调要学会变通，根据国情的不同和变化对内容进行调整，提高意识形态话语创新的能力。

第二国际时期的理论家们，就他们在对意识形态话语权的分析中，都从马克思、恩格斯所确立的意识形态话语的基本原则出发进行阐述而言，是有其积极意义的。他们在对马克思、恩格斯的意识形态话语理论阐释的过程中，也表现出了一些思想观点上的分歧，尤其是在将对意识形态话语的理解用于对社会主义运动的分析过程中所表现出的明显差异和不同，与他们所持的理论研究在侧重点和对形势判断的不同有关。其中一些观点和见解尽管我们不能够完全赞同，但它对我们今天正确理解和把握马克思主义，用科学的态度对待马克思主义的意识形态话语权思想仍然会有重要的启发和借鉴价值。

第二节　社会主义意识形态话语权的出场及其实践探索

社会主义意识形态话语权是由列宁正式提出的。它的出场既体现了俄国当时自身的特殊条件和要求，也体现了以列宁为代表的俄国布尔什维克用马克思主义指导俄国具体实际过程中的理论贡献。在俄国“十月革命”取得胜利之后，列宁及时提出将国家工作的重心从战时共产主义政策转向新经济政策，开启了社会主义建设的新篇章，并在探索社会主义建设规律的过程中，提出了社会主义意识形态话语权概念，并围绕着这一概念进行了理论上的探索，将马克思主义关于意识形态的话语理论推向了一个新的发展阶段。

一、社会主义意识形态话语权的提出背景

19世纪末20世纪初，世界资本主义的发展在走过了自由竞争发展阶段后，迈入了以垄断为显著特征的帝国主义阶段。资本主义的垄断本性，造成资本主义社会的各种矛盾达到了空前尖锐和激化的程度。这些矛盾既涉及帝国主义国家内部的主要矛盾，也涉及帝国主义国家之间、帝国主义国家与殖民地半殖民地国家的矛盾。在各种力量的较量中，一些新兴的资本主义国家异军突起。为了改变已有资本主义的世界秩序，他们提出了重新瓜分殖民地的要求，以求扩大自己的势力范围，并为此展开了激烈的竞争和角逐，最终形成了以德、意、奥组成的三国同盟和以英、法、俄组成的三国协约两大军事集团呈对立的局面，世界大战一触即发。

这时的俄国仍然处于经济十分落后的农奴制的统治下。在19世纪60年代，俄国在完成了农奴制改革以后，资本主义在俄国不仅得到了迅猛发展，各种垄断资本及其组织也发展了起来，并成为俄国经济命脉的垄断力量，俄国成为一个帝国主义国家。与其他帝国主义国家相比，俄国仍然保留了封建农奴制的残余，因此，俄国的帝国主义是当时俄国的资产阶级和封建统治者两大阶级妥协而建立的，它是一种“军事封建帝国主义”。正是这样一种特殊的国情，使当时的俄国社会的矛盾复杂多样，既有农民与封建农奴主之间的矛盾，也有无产阶级与资产阶级的矛盾，还有俄国与其他帝国主义国家的矛盾。这些矛盾在俄国交汇，使俄国成为了帝国主义时代各种矛盾斗争的一个缩影。

伴随着资本主义在俄国的发展，作为革命阶级的无产阶级队伍也在不断壮大，工人运动遍及俄国各地，无产阶级在革命中也作为一支独立的力量，走上政治舞台。在俄国资本主义发展集中程度较高的工业生产行业中，聚集着相对集中的无产阶级大军，为无产阶级在俄国爆发反对资产阶级的革命提供了主体条件。在俄国以“劳动解放社”为代表的马克思主义革命组织诞生之后，俄国的工人运动开始在先进组织的领导下展开轰轰烈烈的群众斗争。列宁领导的工人运动，坚持将马克思主义理论同俄国的具体实际相结合，不仅诞生了作为这种结合产物的列宁主义，而且使俄国工人运动进入到发展的高度自觉阶段。1905 年俄国资产阶级民主革命遭到失败，此后，各种反动势力日趋猖獗，俄国的民主革命陷于低潮。第一次世界大战的爆发，国内危机尽管日趋深重，但由于其处于帝国主义整个体系的薄弱环节，革命的任务再次被提出。1917 年，先是在俄国布尔什维克的领导下，发动广大工人阶级，在俄国爆发了推翻沙皇反动政权的“二月革命”，后又通过“十月革命”的胜利，废除了资产阶级的统治，在人类社会历史上建立了第一个由无产阶级实行专政的新型国家政权，社会主义第一次真正实现了由理论形态向现实形态的转变。在十月革命取得胜利后，面对国内外反动势力的武装干涉，在列宁的领导下，果断采取一系列巩固新生政权的政策和措施，粉碎了外来武装干涉以及国内反动势力的猖狂进攻。在新生苏维埃政权巩固以后，列宁领导下的苏维埃政权又及时作出了国内政策的重大调整，用新经济政策取代政权建立之初的战时共产主义政策，由此启动了俄国社会主义建设的探索历程。列宁在这一时期，围绕着政权、革命以及社会主义意识形态话语权建构等展开了系统阐释。

列宁关于社会主义意识形态话语权的论述，也是俄国当时以列宁为代表的马克思主义者在面对马克思主义的科学世界观遭遇世界科技发展提出的挑战中出场的。面对来自于世界科技革命的挑战，各种唯心主义也纷纷向马克思的唯物主义展开围攻和污蔑，列宁坚定地站在马克思主义的唯物主义立场上，在对自然科学提出的新问题进行科学解答的基础上，对唯心主义进行了有力批判，论证了马克思主义的科学性。不仅如此，无论是从国际马克思主义的发展中存在的对马克思主义整体性理解中的肢解，还是俄国工人运动发展对马克思主义理论指导作用的呼唤来看，都需要列宁给予正确的回答，以避免这些错误思潮对日益蓬勃发展的工人运动造成严重的消极影响。一方面，始于19世纪末资本主义福利政策的调整以及政治待遇的提高出现的劳资之间的矛盾缓和、资产阶级通过在工人阶级中以利益诱惑收买部分人为其代言试图削弱工人阶级革命运动的热情等，造成了马克思主义队伍内部的修正主义错误思潮呈现出有增无减的势头。尤其是伯恩施坦在公开提出“修正”马克思主义的口号之后，对马克思主义哲学、政治经济学和科学社会主义进行了全面否定，引发了第二国际马克思主义内部的分裂。即使是在第二国际内部对伯恩施坦修正主义持批判态度、志在保卫马克思主义的一些人中，也存在着对马克思主义的教条化和庸俗化的理解。他们尽管批判了伯恩施坦的修正主义，但对资本主义发展到帝国主义时期以后世界共产主义运动面临的新形势、新课题和新任务缺乏正确的理解和把握，因此他们不能从根本上完成对伯恩施坦的批判。另一方面，俄国在工人运动的不断发展中，也迫切需要科学的理论为指导。当时的俄国，对马克思主义传播影响最大的一种社会思潮就是俄国的民粹主义。受这一思潮影响，一些自称“合法马克思主义者”的人也与其勾结在一起，在对马克思主义的基本原理随意进行剪裁的过程中，散布资产阶级言论。这些错误思想在工人运动中都产生了很坏的影响。针对这些情况，列宁通过撰写一系列的文章对其进行批判，并从防范资产阶级意识形态可能造成的对工人思想的消极影响，提出了把“灌输”作为社会主义意识武装工人的基本原则的思想，这实际上是对社会主义意识形态话语权的另一种表达。

二、社会主义意识形态话语权概念及原则阐发

列宁对意识形态的理解，始于社会主义意识形态概念的提出。在对社会主义概念进行理解时，他始终坚持马克思、恩格斯对意识形态阶级性的论述，并由此区分了现代资本主义社会存在的资产阶级和无产阶级两大阶级的意识形态

形式以及它们之间存在的斗争。他着眼于无产阶级同资产阶级进行不断斗争的需要，提出并确立了无产阶级要有自己的意识形态的思想，并用“社会主义的意识形态”①来表述之。在列宁看来，社会主义意识形态与马克思主义在本质上是一致的，社会主义意识形态就是马克思主义。这是列宁将马克思主义从“用来与意识形态相对照的抽象”②的理解，转向与资产阶级的意识形态斗争的“社会主义的意识形态”这一思想武器中确立的。

列宁不仅提出了社会主义意识形态的概念问题，而且也站在社会主义意识形态立场上，从社会主义意识形态所应该坚持的基本原则理解出发进行理论探索。在列宁看来，马克思主义尽管之前在俄国进行了传播，但由于其没有实现与工人运动的结合，其影响还受到很大的局限。当时的俄国民粹主义仍有很大市场，特别是到了19世纪90年代以后，民粹主义利用一些刊物向马克思主义发起了猛烈攻击，极大影响了马克思主义在俄国的传播和与工人运动的相结合。列宁坚定地站出来，以马克思主义的唯物史观为指导，从俄国具体实践出发，思考马克思主义与俄国工人运动的结合问题，让工人阶级将马克思主义的科学社会主义为广大工人所掌握，实现自己阶级觉悟的提高，并认清自己所担负的历史使命，彻底改变那种分散的、无组织的经济斗争，使广大工人阶级组织在先进政党的周围，推动与资产阶级的斗争从自发向自觉转变。为此，列宁要求社会民主党致力于理论工作与实际斗争的结合，尤其是向广大工人进行广泛的宣传鼓动工作，将马克思主义传到工人中去，使广大工人不仅接受它，而且也在实践中用好它。列宁在随后同经济主义进行斗争的过程中，还通过对意识形态阶级性的强调，阐述了马克思作为人民大众利益的代表者，要想发挥其思想武器的作用，必须实现其与工人运动相结合，结合的前提就是通过向工人阶级宣传社会主义意识，使工人阶级获得对其的认同。这不仅意味着通过提出社会主义意识形态使其获得了肯定的含义，也通过“灌输”一词的使用，为工

① 《列宁全集》第6卷，人民出版社2013年版，第38页。

② 《马克思恩格斯选集》第1卷，人民出版社2012年版，第153页。

人运动能动的健康发展立下了一条用社会主义意识形态进行引领的重要原则，确保将社会主义意识形态的话语权牢牢掌握在自己手里。关于列宁提出社会主义意识形态的“灌输”理论，在本书的其他章节多有涉及，其内容涉及为何灌输、灌输什么以及如何灌输等，这里不再重述。

列宁在提出坚持社会主义意识形态工作灌输原则的同时，还特别强调了通过建立无产阶级政党解决工人运动中的自发性并将其作为首要任务，把工人阶级吸引到无产阶级政党周围，汇聚在社会主义的旗帜下，展开各种行之有效的斗争。为此他提出，一要从对理论的党性原则出发，强调无产阶级与资产阶级、社会主义和资本主义进行斗争的重要性。二要从对资产阶级意识形态的批判出发，在不断揭露其政治上的阶级本质的基础上，对工人开展思想政治教育，提高他们对政治的领悟力。否则，“就不能培养群众的政治意识和革命积极性”①。三要对各种任意曲解和诋毁马克思主义的言论进行及时而有力的反击，实现对马克思主义及其意识形态的捍卫以及在工人运动中的广泛传播。

从列宁对社会主义意识形态话语的阐释中，我们不难看到，列宁在使用“社会主义的意识形态”“科学的意识形态”、马克思主义等概念的时候，区别仅仅在于表达上的不同，而没有本质上的不同。列宁之所以强调对理论灌输的重要性，是基于对马克思主义的内在本质规定以及其对无产阶级革命所具有的价值进行科学把握的认识的，这实际上又涉及对列宁马克思主义观的理解。在列宁的视野中，马克思主义既是一种科学的理论，也是一种具有革命性的理论，还是一种为无产阶级的解放提供思想武器的理论。首先，从马克思主义的科学性来看，作为一种科学的马克思主义，它是在传承和弘扬人类已创造并积累的优秀文化资源的过程中形成和发展起来的。“马克思的全部天才正是在于他回答了人类先进思想已经提出的种种问题。他的学说的产生正是哲学、政治经济学和社会主义极伟大的代表人物的学说的直接继续。”②列宁正是从对马克

① 《列宁全集》第6卷，人民出版社2013年版，第66页。

② 《列宁全集》第23卷，人民出版社2017年版，第41页。

思主义整体性的理解出发，论证了马克思主义为无产阶级革命运动所提供的强大的思想威力。其次，从马克思主义的革命性来看，列宁认为，“马克思认为他的理论的全部价值在于这个理论‘按其本质来说，它是批判的和革命的’”①。马克思主义以唯物史观为指导，以对人类社会的历史考察为基础，不仅得出了“两个必然”的重要结论，而且也对工人阶级的伟大历史使命进行了系统阐发，并将代表无产阶级利益，实现无产阶级革命和人类的彻底解放写在自己的旗帜上，鲜明地表达了自己的阶级性。最后，从作为无产阶级的思想武器的理论来看，马克思主义正是实现了科学性与革命性的辩证统一。一方面，它在促进社会主义政党建立方面起到了凝心定魂的作用，“没有革命理论，就不会有坚强的社会党，因为革命理论能使一切社会党人团结起来，他们从革命理论中能取得一切信念，他们能运用革命理论来确定斗争方法和活动方式”②。另一方面，它也为社会主义运动不断走向深入和取得成功把脉定向。在他看来，马克思主义作为一种革命的科学理论，把它作为旗帜当之无愧。列宁在强调马克思主义对社会主义革命和运动发展所起的作用的过程中，也同时提醒人们，不应该将马克思主义作为一种教条来对待，它是一种方法，仅仅为我们提供一种行动指南。在对待马克思主义这一问题上，他要求人们要反对各种对马克思主义的教条主义的理解和态度，在不断实践创新中实现马克思主义的创新发展，为无产阶级的解放和人类的解放发挥“思想库”作用。

三、社会主义意识形态话语权建构的初步探索

在十月革命胜利之后，摆在新生苏维埃政权面前的主要任务就是变夺取政权为巩固新生政权。与此同时，俄国由于是在经济文化比较落后的国家中率先取得无产阶级革命胜利的，因此，革命成功以后，国内也面临着将工作重心转

① 《列宁全集》第1卷，人民出版社2013年版，第297页。

② 《列宁全集》第4卷，人民出版社2013年版，第161页。

移到经济社会建设上来的问题。与经济社会发展相适应，既需要在战略策略和各项工作上适应经济社会发展的新要求，也需要在意识形态的建设方面作出调整和改变，正是在对这一问题的思考中，列宁确立了社会主义意识形态话语权建构的“建设为主”原则。

鉴于伴随着革命的胜利，资产阶级意识形态不会再像过去那样对民众产生大的影响，马克思主义对无产阶级的思想武装作用也深入人心的实际，列宁对意识形态的思考，主要是围绕无产阶级专政这一条件的意识形态及其斗争进行，这一思考实际上是通过社会主义的文化如何建设体现出来的。当时在俄国文化建设上面临的突出问题是国内居民的文化素质不高，甚至还有很多人连字都不识，列宁在意识形态工作方面果断作出“从为政治和军事服务转到经济建设的轨道上来”① 的重大战略决策。这实际上是对意识形态在战略地位和战略格局上所作的调整，是着眼于建设一个新世界的立场而提出的。与工作重心的变化相适应，也伴随着意识形态宣传方式的转变。列宁指出：“老式的宣传方法是讲解或举例说明什么是共产主义。但这种老式的宣传已毫无用处，因为我们需要在实践中说明应该如何建设社会主义。整个宣传工作应该建立在经济建设的政治经验之上。”② 在宣传工作上，也应该从以前的“讲大道理”变为“通过工作来宣传了。”③ 列宁在晚年还将对文化建设的重视提高到“文化革命”的高度来强调。他认为，“我们没有从理论（一切书呆子的理论）所规定的那一端开始，我们的政治和社会变革成了我们目前正面临的文化变革，文化革命的先导。现在，只要实现了这个文化革命，我们的国家就能成为完全社会主义的国家了。但是这个文化革命，无论在纯粹文化方面（因为我们是文盲）或物质方面（因为要成为有文化的人，就要有相当发达的物质生产资料的生产，要有相当的物质基础），对于我们说来，都是异常困难的”④。

① 《列宁选集》第 4 卷，人民出版社 2012 年版，第 350 页。

② 《列宁选集》第 4 卷，人民出版社 2012 年版，第 308 页。

③ 《列宁全集》第 36 卷，人民出版社 2017 年版，第 188 页。

④ 《列宁全集》第 43 卷，人民出版社 2017 年版，第 372 页。

在确立了文化建设的战略任务以后，接下来的问题是如何开展意识形态话语权的教育问题。列宁认为，话语权的教育首先表现在思想教育上。从思想教育的对象来看，既包括对资产阶级知识分子的教育，也包括对广大群众的教育。尤其是在对群众进行教育问题上，列宁强调了这种教育是以对社会主义所需要的信任的培养作为目的，但是，无论是对什么人的教育，有一点是相同的，那就是思想教育不能与政治完全相分离，这是一条非常重要的原则。列宁指出："在各方面的教育工作中，我们都不能抱着教育不问政治的旧观点，不能让教育工作不联系政治。"①既然教育离不开政治，应该如何理解政治呢？列宁的回答是，"从事国家的经济建设，收获更多的粮食，开采更多的煤炭，解决更恰当地利用这些粮食和煤炭的问题，消除饥荒，这就是我们的政治"②。相应地，"整个共产主义宣传归根到底要落实到实际指导国家建设。应该使工人群众把共产主义理解为自己的事业"③。列宁对社会主义意识形态教育的思考，还特别强调了巩固马克思主义在意识形态领域主导地位的重要性，要求通过不断开展对马克思主义的理解、阐释和宣传等工作，在实现社会主义意识形态教育的有效性上下功夫。所有上述论述，都是围绕如何发挥社会主义意识形态在无产阶级革命和建设中对人的思想的武装和对实践的规范作用展开的。

第三节　中国社会主义意识形态话语权建构的历史进程

在我国，意识形态话语权建构是伴随着中国共产党的诞生而开启的。中国共产党作为用马克思主义科学理论武装起来的先进政党，从成立之日起就将对马克思主义意识形态理论的学习和融会贯通置于意识形态建设的重要地位，并

① 《列宁全集》第 39 卷，人民出版社 2017 年版，第 441—442 页。

② 《列宁全集》第 39 卷，人民出版社 2017 年版，第 449 页。

③ 《列宁全集》第 39 卷，人民出版社 2017 年版，第 449 页。

通过马克思主义意识形态的话语权建构表现出来。在新民主主义革命时期，中国共产党人坚持以马克思主义意识形态的科学真理性为指导，不断通过将其与中国革命的实际相结合、以思想政治教育作为意识形态建设的主要形式，逐渐形成了系统完整、逻辑严谨、具有鲜明实践指向的意识形态话语权建设的思想体系，为党在社会主义革命和建设时期构建社会主义意识形态话语权提供了理论指导和经验支撑。新中国成立后伴随着“三大改造”的完成，我国奠定了社会主义的基本经济基础和政治制度，提出了中国社会主义意识形态话语权建构的目标和任务。就此而言，我们在这里将 1956 年作为社会主义意识形态话语权提出和建构的起始时间，它历经确立、巩固和全面深化推进三个不同历史阶段。与之相适应，其话语权建构也具体展开为在社会主义基本制度的建立和建设中明确建构要求、在改革开放和社会主义现代化建设新时期中不断巩固、在开创中国特色社会主义新时代新征程中全面推进的三个前后相继的完整历史进程。

一、在社会主义基本制度的建立和建设中明确建构要求

这一阶段始于 1956 年社会主义制度的确立，至 1978 年党的十一届三中全会前。伴随着社会主义基本制度的确立，如何巩固和发展社会主义的基本制度，克服人们思想中存在的各种封建思想和资产阶级等错误思想，将人们的思想提高到巩固和发展社会主义基本制度，统一到为社会主义发展汇聚精神力量和获得广泛群众基础上来，成为重要的课题。围绕着这些问题，我们党展开了社会主义意识形态话语权的建构。

首先，在开展同各种错误思想的斗争中掌握话语权主动。新中国成立之后，在中国共产党的领导下，全国范围内通过完成对农业、手工业和资本主义工商业的社会主义改造，建立了以公有制为主体的社会主义的基本制度。但是，旧的思想和传统即便是在其赖以存在的经济基础消失之后，也因为其具有相对独立性不能马上消除，相反，它还会在很长时间内存在。更何况我国是一个小农经济长期占统治地位的国家，封建主义的思想根深蒂固，再加上买办资

产阶级思想也不会一下子就完全消失。这些思想与作为指导思想的马克思主义意识形态话语存在着冲突和对立，对马克思主义在意识形态领域的主导地位带来不同程度的消极影响，也使社会主义意识形态话语权受到不同程度的削弱。面对这种情况，毛泽东十分重视和强调马克思主义与各种错误思想进行斗争的重要性。毛泽东指出："正确的东西总是在同错误的东西作斗争的过程中发展起来的。"①在谈到如何对待资产阶级以及小资产阶级的思想意识时，毛泽东指出："不应当用压制的办法不让他们表现，而应当让他们表现，同时在他们表现的时候，和他们辩论，进行适当的批评。毫无疑问，我们应当批评各种各样的错误思想。不加批评，看着错误思想到处泛滥，任凭它们去占领市场，当然不行。有错误就得批判，有毒草就得进行斗争。但是这种批评不应当是教条主义的，不应当用形而上学方法，应当力求用辩证方法。要有科学的分析，要有充分的说服力。"②对于学术上存在的思想观点上的不同，毛泽东倡导"百花齐放，百家争鸣"的"双百"方针。在对待这些封建的、资产阶级的错误思想问题上，既要态度坚决，也要敢于斗争、善于斗争，只有这样做了，才能有效地制止这些错误思想造成的消极影响，用马克思主义占牢这块阵地，引领话语权。

其次，在整顿和转变党内作风中提供话语权保障。针对党内存在的主观主义、官僚主义、脱离群众以及各种思想不纯的问题，党在继承了新民主主义革命时期思想建党、转变工作作风优良传统，尤其是传承延安整风运动经验的基础上，1956 年我国基本完成"三大改造"以后，又于次年在党内进行了深入的整风运动。在开展整风运动中，毛泽东多次召开党外人士座谈会，诚恳地邀请他们就工作、作风和制度等方面存在的问题，特别是缺点错误提出批评和建议，确保了这次整风运动的顺利进行。毛泽东对在 1960 年党内出现的共产风、浮夸风、命令风、干部特殊风和对生产瞎指挥风等"五风"问题，尤其是"共

① 《毛泽东文集》第七卷，人民出版社 1999 年版，第 230 页。

② 《毛泽东文集》第七卷，人民出版社 1999 年版，第 232—233 页。

产风”和“瞎指挥风”造成的严重危害进行了严厉的批评，要求全党高度重视，彻底纠正。这次整风运动，不仅为党在社会主义意识形态话语权建构中争取了主动，而且也使全党进行了一次活生生的思想作风教育，对于全党思想水平的提高、党的作风的根本好转、推进社会主义建设的发展以及马克思主义话语权在全党的指导思想地位都具有重要意义。

再次，在强化社会的思想教育中筑牢话语权共识。社会主义制度的本质决定了我国是由中国共产党领导的，以工人、农民和知识分子为主体的，实行人民民主的国家。工人、农民和知识分子尽管构成社会主义建设的主体力量和依靠力量，但是，为了使他们充分发挥在社会主义建设中的主力军作用，将他们的思想统一到对党的正确认识以及适应社会主义新社会对人们提出的新要求上来，必须对他们进行思想上的改造。如工人阶级既是劳动者，也是中国最先进的阶级。作为劳动者，他是通过改造世界的实践活动发挥其社会主义建设中的主体作用的，不过劳动者不仅仅通过自己的实践为社会创造财富，而且也在改造世界的同时改造自己，树立正确的世界观、人生观和价值观。同样，工人阶级作为不同于剥削者的先进阶级，其先进性不是一劳永逸的，要想在新社会继续保持这种先进性，就离不开对先进理论的学习，不断提高自我改造的能力。新中国的知识分子还担负着教育人的职责，要想使他们胜任这一职责，适应社会主义社会对其的新要求，使其与工人、农民团结在一起，共同为社会主义建设事业作出贡献，就需要继续对他们进行思想改造。毛泽东指出：“知识分子如果不把自己头脑里的不恰当的东西去掉，就不能担负起教育别人的任务。”①他还提出：“知识分子如果同工农群众结合，和他们做了朋友，就可以把他们从书本上学来的马克思主义变成自己的东西。学习马克思主义，不但要从书本上学，主要地还要通过阶级斗争、工作实践和接近工农群众，才能真正学到。如果我们的知识分子读了一些马克思主义的书，又在同工农群众的接近中，在自己的工作实践中有所了解，那末，我们大家就有了共同的语言，不仅有爱国

① 《毛泽东文集》第七卷，人民出版社 1999 年版，第 271 页。

主义方面的共同语言、社会主义制度方面的共同语言，而且还可以有共产主义世界观方面的共同语言。如果这样，大家的工作就一定会做得好得多。”①这些要求实现了，知识分子才能去影响更多的人接受马克思主义的思想，为社会主义意识形态话语权的确立提供思想准备，进而获得在意识形态领域的领导权，提升社会主义主流话语在思想教育中的主导地位。

最后，在推进马克思主义的宣传中赢得话语权认同。对全党和全体人民进行马克思主义科学理论的宣传和教育，是我们党自建党之日起带领全国人民不断取得革命胜利的重要法宝。在社会主义基本制度确立以后，要想继续发挥马克思主义在社会主义建设中的重要作用，就要继续开展广泛的宣传工作，使马克思主义的基本观点为广大人民群众所认同和接受。问题是如何才能做好马克思主义的宣传呢？对此，毛泽东指出：“这个宣传是逐步的宣传，要宣传得好，使人愿意接受。不能强迫人接受马克思主义，只能说服人接受。”②刘少奇也强调，对马克思主义的宣传工作，既要用好“如宣传员网、报纸、刊物、出版、戏剧、电影、美术、音乐、广播、学校等”宣传工具，也要“发动与指导全党一切干部、党员、党外积极分子去进行他们所能够做、又需要做的宣传教育工作”，“真正做到在全国范围内和全体规模上来宣传马列主义，用马列主义教育人民，提高全国人民的阶级觉悟和思想水平，为在我国建设社会主义和实现共产主义打下思想基础”③。为了推动马克思主义的宣传，毛泽东还提出建设一支强有力的马克思主义理论宣传的专业队伍的要求，使宣传者在不断提高自己的理论素养的基础上更好地担负起宣传马克思主义的神圣而光荣的任务，确保实现对人民群众进行教育的目的。通过马克思主义的宣传工作，不仅使马克思主义深入人心，而且也在更大层面、更高程度上获得人民群众对马克思主义真理性的高度认同和更多支持，将人民群众的无穷智慧贡献于社会主义伟大事业的建设之中。

---

① 《毛泽东文集》第七卷，人民出版社 1999 年版，第 273 页。

② 《毛泽东文集》第七卷，人民出版社 1999 年版，第 270 页。

③ 《刘少奇选集》下卷，人民出版社 1985 年版，第 85、91 页。

二、在改革开放和社会主义现代化建设新时期的不断巩固

这一阶段始于1978年党的十一届三中全会，至2012年党的十八大召开前。在这一阶段，我国坚持以经济建设为中心，拉开了改革开放的大幕，在中国这片古老的大地上吹响了改革开放的号角，整个国家伴随着改革开放的不断推进，经济社会发展取得了巨大成就。尽管在实践中一度出现了“一手硬，一手软”的问题，但是，对意识形态话语权的建构始终放在突出位置。特别是在面对世界社会主义运动出现低潮、国内形势呈现出复杂多变的情况下，我们党带领全国各族人民，在社会主义意识形态话语权这一事关党和国家前途命运的重大理论问题上，始终坚持四项基本原则不动摇，坚持走自己的路，开拓了中国特色社会主义道路，推动并实现了社会主义意识形态话语权理论在改革开放和社会主义现代化建设新时期的巩固、创新和发展。

（一）社会主义意识形态话语权的原则重塑

我国社会主义意识形态话语权的原则重塑，从党的十一届三中全会开始，至党的十三届四中全会召开之前。在这一阶段，中央对党内存在的“左”和右的错误思想进行了坚决回应和纠正，不仅重新确立了党的思想路线，而且也由此出发思考党在思想领域的各项工作，开启了社会主义意识形态话语权原则的重塑。

首先，对毛泽东的客观评价和毛泽东思想历史地位的正确判断。邓小平在“文化大革命”结束后，面对当时党内存在的“两个凡是”的错误，以果敢的勇气、坚定的政治定力，发起了实践是检验真理的唯一标准的大讨论，成功地完成了在指导思想上的拨乱反正。在党的十一届三中全会上，不仅重新确立了党的思想路线，而且也及时作出了将党和国家的工作重心从以阶级斗争为纲向以经济建设为中心的战略转移，中国社会主义建设重新回到了发展的正确轨道，对社会主义意识形态话语权也起到了重塑作用。1981年6月，党的十一届六中全会通过的《关于建国以来党的若干历史问题的决议》，坚持从实际出发的马克思主义的思想路线，在将毛泽东的晚年错误与毛泽东思想做出了实事求是

的严格区分基础上，对毛泽东作出了客观评价。同时，面对当时党内长期存在的“左”的错误思想造成的思想僵化、教条主义和企图否定毛泽东思想历史地位等严重问题，邓小平坚定地站在马克思主义的真理一方，以大无畏的革命气概进行坚决斗争，向全党发出了“用准确的完整的毛泽东思想来指导我们全党、全军和全国人民”① 的庄严号令，捍卫了毛泽东思想在全党的指导思想地位，重新使我国的社会主义意识形态建设回到了正确方向上来，这标志着我国新时期社会主义意识形态话语权重塑任务的提出。

其次，立足于四项基本原则进行话语权阐释。邓小平对于我国社会主义意识形态话语权问题，始终站在马克思主义关于意识形态的基本原则的高度去把握，并结合中国社会主义建设的具体实际，以坚持四项基本原则为统领，体现出杰出的政治智慧。一是在邓小平看来，一个国家选择一个什么样的发展之路，这是事关一个政党、国家和民族前途和命运的大问题。在这方面，我们始终面临着西方一些国家试图从意识形态话语方面进行“和平演变”的企图，让我们主动放弃社会主义道路。中国一旦放弃了社会主义道路，就必将陷入四分五裂的军阀割据的混乱局面，也就会重新落入西方资本主义国家进行经济上掠夺、政治上欺压、文化上愚弄人民的亡国奴的命运之中。中国选择社会主义是历史的选择、人民的选择，它是一种正义之道和人民大众的幸福之路。坚持这样一条正确的道路，就需要对西方各种意识形态的渗透有着清醒的认识，防范它们对我国进行的各种意识形态的渗透和文化入侵。坚持社会主义道路不动摇，这既是应对西方对我国进行文化渗透和侵略的一条政治原则，也是社会主义意识形态建设的必然遵循。二是中国要强调无产阶级专政的重要性，苏联解体给了我们重大教训。苏联亡党亡国的教训告诉人们，在无产阶级专政这一根本问题上，哪怕是微小的妥协都可能会使自己失去领导权，最终导致亡党亡国悲剧的发生。社会主义国家的意识形态建设，强调的共产党领导的核心地位和作用，自然也包括意识形态话语权的领导地位。没有领导权，就没有话语权；

---

① 《邓小平文选》第二卷，人民出版社 1994 年版，第 39 页。

同样，没有话语权，正是失去领导权的表现。正因为如此，共产党要想取得在社会主义国家发展中的领导地位，就必须通过话语权的掌控而实施领导权，并通过话语权的主导地位来实现。随着中国社会主义市场经济改革的提出和深入，也催生出了意识形态领域的资产阶级自由化思想，其不断蔓延不仅表现在政治领域和思想文化领域，而且也直接指向党的领导。于是，取消共产党的领导的话语也不断出现。正是基于这种现状，邓小平提出，既要提高党领导意识形态工作的能力，也要搞好思想文化领域的话语权建设，始终保持主流意识形态在意识形态领域的领导权地位。三是坚持马列主义和毛泽东思想，这是由社会主义国家的性质所决定的。坚持这一基本原则，既要不断地推进马克思主义意识形态话语与中国革命和建设的具体实际相结合，也要自觉地在思想上同各种资产阶级思想进行斗争，抵制资产阶级思想对人们的侵蚀。在这方面，任何放弃马克思主义作为指导思想的做法都是错误的，会使中国革命和建设陷入困境和失败之中。

最后，党报党刊要发挥在马克思主义理论宣传中的思想引领作用。在我国作出工作重心转移前后，社会上出现了一些意在反对中国共产党领导和反对社会主义的错误言论，不仅对人的思想起到了消解作用，而且也直接冲击着主流意识形态话语权。面对这一情况，从事思想宣传工作的部门和同志要坚持办报办刊的正确方向，及时地发挥主流媒体的思想引领作用，在这个大是大非的问题面前坚持正确的政治立场，时刻传播党的声音，服务于党的宣传工作要求。面对思想领域出现的混乱局面，邓小平也特别强调做好人民群众的思想政治工作的重要性，尤其强调了党对思想领域领导的重要性，提出了加强党对思想领域领导的迫切任务，要求“在工作重心转到经济建设以后，全党要研究如何适应新的条件，加强党的思想工作，防止埋头经济工作、忽视思想工作的倾向。各级党委，首先是党委主要负责同志，要密切注视和深入研究思想战线的形势和问题，采取切实有效的办法改进这条战线的工作”①。

① 《邓小平文选》第三卷，人民出版社 1993 年版，第 48 页。

（二）社会主义意识形态话语权构建在总结经验中不断强化

这一阶段从 1989 年开始，至 2002 年党的十六大召开前夕。自 20 世纪 80 年代末开始，世界社会主义运动遭受重大挫折，尤其是在进入 90 年代以后，伴随着苏东剧变，中国成为以美国为代表的西方国家进行和平演变和文化渗透的主要目标。面对国际社会主义风云变幻，我们党从我国具体实际出发，积极应对国际国内各种矛盾和挑战，立足于巩固党在社会主义意识形态领域的主导地位和领导权，围绕思想文化阵地的巩固，展开了社会主义意识形态话语权的建构工作。

首先，强调了党掌握意识形态领导权的重要性。20 世纪 90 年代初，随着苏共执政地位的丧失，国家走向解体。苏联亡党亡国的教训时刻都在警醒人们，意识形态领导权事关党执政地位的巩固，事关国家兴亡。江泽民反复要求全党从苏联的教训中以史为鉴，警钟长鸣，任何时候、任何情况下都不能让领导权旁落。只有掌握了对意识形态的领导权，才能使自己不仅能够享有发声权，而且也能在话语权的争夺中占据主动，巩固社会主义意识形态话语的主流地位。

其次，党的基本路线要一以贯之，长期坚持。在社会主义遭遇严重挫折的情况下，西方一些人纷纷抛出了"社会主义失败论"的论调，将矛头对准中国，借以扰乱人心，企图从根本上动摇人们对马克思主义的信仰。与此同时，伴随着社会主义市场经济的提出和制度的确立，也使很多人相继产生了制度之争、道路之争、改革和新老路之争等问题。各种观点激烈交锋，直接影响了对党中央决策战略部署的理解和贯彻落实。在这种情况下，江泽民在进行回应时鲜明提出要"坚持党的基本路线不动摇"①。这其中就包含了对马克思主义意识形态话语权在我国重要地位的高度认可。

最后，在对思想文化阵地的占领中掌握话语权。意识形态作为一种上层建筑，它总是表现出与思想文化之间的密切联系，不仅构成思想文化的重要部

---

① 《江泽民文选》第二卷，人民出版社 2006 年版，第 524 页。

分，而且也渗透于思想文化的具体形式之中。因此，要想掌握意识形态话语权，既要有对思想文化的内容与形式的理解和把握，也要使这种理解和把握诉诸于意识形态。正因为如此，我们党无论是在历史的哪一个时期，都十分重视并强调思想文化领域的阵地建设，强调党在这些领域的领导权和话语的主导权，要求将这块阵地牢牢地守住并经营好，既不能丢失，也不能旁落。江泽民指出："思想宣传阵地，社会主义思想不去占领，资本主义思想就必然会去占领。"①只有占领了思想文化这块阵地，才能享有话语权，也才能充分发挥主流意识形态话语权的主导作用。因此，围绕着意识形态而展开的话语权的争夺，从本质上说不过是对思想文化这块阵地领导权的争夺。只有思想文化阵地牢牢掌握在自己手里，才会有意识形态话语权问题，也才能够有助于话语地位的提高。除此之外，江泽民还从网络信息技术的发展所生成的网络空间对社会主义意识形态话语权所带来的影响出发，强调做好网络意识形态话语权工作的重要性，要求人们立足于对网络意识形态的把握，强调主动权，提高话语影响力的质量。

（三）社会主义意识形态话语权在推进实现科学发展中持续巩固

这一阶段始于 2002 年党的十六大召开，至 2012 年党的十八大召开前。当人类迈入 21 世纪以后，全球化进程不断提速，文化软实力的竞争加剧，网络信息技术的发展对人的生活方式产生越来越大的影响，为意识形态在网络空间的话语权较量提供了崭新平台，我国社会主义现代化建设过程中也出现了信仰缺失、人与人之间的陌生感增强、贫富差距拉大等问题。所有这些发展中的问题，对我国主流意识形态的话语认同造成冲击。以胡锦涛同志为总书记的党中央，立足于国际国内形势的变化对当代中国人思想带来的影响以及产生的矛盾，在对我国思想文化领域存在的"左"和右的错误观点以及西方国家向我国意识形态领域发起的各种挑战进行积极应对的过程中，不断巩固我国社会主义

① 《江泽民文选》第一卷，人民出版社 2006 年版，第 160 页。

意识形态话语权。

首先，在提升国家文化软实力中推动社会主义文化走向大发展和大繁荣。处在世纪之交的中国，世情、国情和党情都在发生深刻变化，在这样一个多变的世界中，文化的作用不断被凸显，也使人们越来越多地认识到，当今世界不同国家之间的竞争已经悄然转向文化的较量。正所谓文化的实力决定国家的竞争力，进而决定是否拥有或者在多大程度上拥有话语权。为此，胡锦涛提出"提高国家文化软实力"①的要求。提高国家文化软实力，既离不开体制改革，也离不开坚持正确而先进的文化前进方向。一方面，就体制改革而言，它有助于增强文化的活力。胡锦涛指出："深化改革，加快发展，是兴起社会主义文化建设新高潮、提高国家文化软实力的必由之路。"②深化改革从哪里入手？对这一问题，胡锦涛立足于马克思主义关于人是社会发展的主体这一思想，不仅提出体制改革不能离开人来进行，要以满足人民群众的需要为目的，而且，要求通过加强对公共服务体系的建设，实现对文化产品生产的全程引导。另一方面，就确保社会主义文化发展的正确方向而言，它不仅能够为中国特色社会主义文化发展明确前进方向，而且也要求通过对庸俗、低俗、媚俗等在三观上存在的问题采取有效的抵制，焕发人们团结奋斗的精神动力。

其次，在构建社会主义核心价值体系中占领意识形态话语权高地。针对西方思潮向我国发起的意识形态话语的挑战和渗透以及在改革开放中文化领域出现的多样化现象，胡锦涛高度重视主流意识形态话语的引领作用。在党的十六大报告中提出"牢牢把握先进文化的前进方向"③，在党的十六届六中全会上又创造性地提出了"建设社会主义核心价值体系"④的命题，将社会主义核心价值体系的基本内容明确表述为："马克思主义指导思想，中国特色社会主义共同理想，以爱国主义为核心的民族精神和以改革创新为核心的时代精神，社会

① 《胡锦涛文选》第二卷，人民出版社 2016 年版，第 639 页。

② 《胡锦涛文选》第三卷，人民出版社 2016 年版，第 67 页。

③ 中共中央文献研究室：《十六大以来重要文献选编》上，中央文献出版社 2005 年版，第 29 页。

④ 中共中央文献研究室：《十六大以来重要文献选编》下，中央文献出版社 2008 年版，第 661 页。

主义荣辱观"[①]。在这之后，胡锦涛又提出了"大力建设社会主义核心价值体系，巩固全党全国各族人民团结奋斗的共同思想基础"[②]的要求，并作出了"社会主义核心价值体系是社会主义意识形态的本质体现"[③]的崭新判断，要求将"吸引力"和"凝聚力"作为增强社会主义意识形态的功能要求，大力建设和谐文化。可见，在和谐文化理念中，蕴含了对社会主义文化多样性和差异性的理解。面对文化的多样性和差异性，构建和谐文化，又需要"坚持以社会主义核心价值体系引领社会思潮，尊重差异，包容多样，最大限度地形成社会思想共识"[④]。在党的十七大报告中，胡锦涛进一步提出"积极探索用社会主义核心价值体系引领社会思潮的有效途径"[⑤]的重要思想。一方面，要紧紧抓住主流意识形态话语的主导地位和引领作用不动摇，通过开展马克思主义的学习和教育，将社会主义核心价值体系构建好。另一方面，用领导干部的榜样示范激励人、引导人。领导干部的榜样示范作用，实际上强调的是"身教"的作用发挥。通过领导干部的"身教"，将意识形态的教育"转化为广大干部群众的自觉行动"[⑥]，要求每一名领导干部要着眼于马克思主义世界观方法论的学习，不断增强自己的理论思维，并转化为实践中的自觉运用。

最后，在强化党管新闻媒体的原则中保持正确的舆论导向。胡锦涛对于如何做好党的新闻媒体工作十分重视，并将其视为做好宣传思想工作的关键。在他看来，宣传思想工作必须充分发挥媒体的作用，要利用好各种媒体，不仅用其服务于党和人民群众，也要通过媒体将党的声音、党的主张、人民的期盼传播好。胡锦涛对网络信息技术在我国的发展给予了极大关注，并从互联网在信息传播中所起到的作用日益凸显中，强调了充分利用互联网媒体，发挥其对社

① 中共中央文献研究室：《十六大以来重要文献选编》下，中央文献出版社 2008 年版，第 661 页。
② 中共中央文献研究室：《十七大以来重要文献选编》上，中央文献出版社 2009 年版，第 183 页。
③ 中共中央文献研究室：《十七大以来重要文献选编》中，中央文献出版社 2011 年版，第 264 页。
④ 中共中央文献研究室：《十六大以来重要文献选编》下，中央文献出版社 2008 年版，第 661 页。
⑤ 《胡锦涛文选》第三卷，人民出版社 2016 年版，第 63 页。
⑥ 《胡锦涛文选》第二卷，人民出版社 2016 年版，第 528 页。

会舆论的引导作用。胡锦涛指出："现代媒体传播信息快，社会覆盖面大，社会影响力强，把握和引导得好，可以对我们开展工作起重大促进作用，把握和引导得不好，就可能给我们的工作带来不利影响。舆论导向正确，社会稳定，人民团结，事业兴旺，是党和人民之福。"① 他要求全党"要牢牢掌握宣传思想工作的领导权和主动权，按照高举旗帜、围绕大局、服务人民、改革创新的总要求，贴近实际、贴近生活、贴近群众，以更深刻的认识、更开阔的思路、更有效的政策、更得力的措施，着力建设社会主义核心价值体系，着力巩固壮大主流思想舆论，大力推动社会主义文化大发展大繁荣，提高国家文化软实力，为全面建设小康社会提供强大思想文化保证"②。他还从党管媒体的原则出发，对如何做好舆论引导工作提出要求。一方面，要求坚持舆论引导的正确导向。要"唱响主旋律、打好主动仗，牢牢把握正确舆论导向"③。另一方面，也要求提高对网络新媒体运用的能力和水平。既要掌握互联网媒体的传播规律，也要强化对新媒体平台的使用和治理，使其成为"意识形态工作新平台"④。

三、在开创中国特色社会主义新时代新征程中的全面推进

这一阶段始于党的十八大召开，持续至今。在这一阶段，以习近平同志为核心的党中央，从我国所处的国际时代变局和国内发展的具体实际，尤其从我国社会主要矛盾发生的新变化出发，作出了中国特色社会主义进入新时代的科学判断，并围绕着新时代中国特色社会主义，创新新时代中国特色社会主义理论，牢牢掌握意识形态领导权和话语权，在不断推进新时代中国特色社会主义理论和实践的创新中对意识形态话语权进行了全面深化和全新构建。

---

① 《胡锦涛文选》第二卷，人民出版社 2016 年版，第 71—72 页。

② 中共中央文献研究室：《十七大以来重要文献选编》上，中央文献出版社 2009 年版，第 655—656 页。

③ 《胡锦涛文选》第一卷，人民出版社 2016 年版，第 537 页。

④ 《胡锦涛文选》第二卷，人民出版社 2016 年版，第 530 页。

（一）意识形态话语权的根本任务是“两个巩固”

我国社会主义建设既担负着坚持和发展马克思主义的历史责任，也肩负着中国共产党人的初心使命；离开了对马克思主义真理性的坚持，社会主义就会失去前进的正确方向；离开了对马克思主义的发展和创新，也就无法开创中国特色社会主义伟大事业的新局面。中国共产党作为用马克思主义武装起来的先进执政党，不断在实践中彰显出马克思主义真理性的光辉，践行“为中国人民谋幸福，为中华民族谋复兴”的初心使命。这一点也是中国共产党能够拥有广泛的群众认同基础、取得合法性的内在根据。中国共产党带领全国人民所取得的一切成功，都可以归结为马克思主义在中国的成功，归结为中国共产党拥有对其认同的最广泛的群众基础。这是社会主义意识形态话语权建构首先要考虑的一个根本问题，也是党的意识形态建构工作的一项根本任务。习近平总书记也正是在这种意义上，将“巩固马克思主义在意识形态领域的指导地位，巩固全党全国人民团结奋斗的共同思想基础”① 作为新时代意识形态建构工作的根本任务。

巩固马克思主义在意识形态领域的指导地位，关键是要把坚持和发展马克思主义统一起来。坚持是为了发展，发展的前提是坚持。这是对待马克思主义问题上的辩证法。在对马克思主义的理解中，只有处理好坚持与发展的辩证法，才能不断为发展 21 世纪的马克思主义谱写新的篇章。但也应该看到，马克思主义真理性在当前也面临着很多质疑、歪曲、诽谤、否定等不同声音，对其的妖魔化和低俗化也屡屡发生，这些错误思想之所以将矛头直接指向马克思主义，其目的就是要从根本上否定马克思主义在中国的指导思想地位。习近平总书记对此进行了有力回击，他明确指出：“马克思主义是我们立党立国的根本指导思想。背离或放弃马克思主义，我们党就会失去灵魂、迷失方向。在坚持马克思主义指导地位这一根本问题上，我们必须坚定不移，任何时候任何情况下都不能有丝毫动摇。”② 习近平总书记的这一论述，对于我们在意识形态领域坚定马克思主义话语权的主

① 《习近平谈治国理政》第一卷，外文出版社 2018 年版，第 153 页。

② 《习近平谈治国理政》第二卷，外文出版社 2017 年版，第 33 页。

导地位具有重要指导意义。要真正做到这一点，就需要在面对意识形态领域存在的思想的抽象化和多样化的情况下，突出对主流阵地、主流声音的掌控权，要求主流思想要体现对其他思想的引领权，要通过正面引导，提高广大人民群众对中国和世界的全面而正确的认识，始终保持中国特色社会主义发展的正确方向，将对马克思主义的坚持和发展巩固好。习近平总书记在很多场合都谈到这一点，既提出要“丰富和发展当代中国马克思主义”，也要求讲好“中国故事”、传播“中国好声音”，还提出在不断推进马克思主义和中国特色社会主义实践、中华优秀传统文化的结合中贡献“中国智慧”，提供“中国方案”。

巩固全党全国人民团结奋斗的共同思想基础，事关一个政党、一个国家和一个民族的兴衰。有了共同的思想基础，党就会有力量，国家就会稳定，民族就会有向心力和凝聚力。但是，任何一个政党、国家和民族的共同的思想基础，又都根源于其利益、事业和目标的共同性。在中国这样一个共产党执政的国家，作为领导阶级不仅代表的是广大人民群众的最根本利益，而且也是用马克思主义武装起来的先进政党，这就决定了马克思主义是我们党的指导思想。坚持马克思主义为指导，与坚持用马克思主义中国化的理论成果特别是当代中国马克思主义最新成果武装教育全党和人民在本质上是一致的，它们共同构成全体人民团结奋斗的思想基础。其巩固程度又取决于人们对马克思主义以及中国化马克思主义在何种意义上接受以及在多大程度上的接受，并影响着执政党执政地位的巩固。中国共产党的百年辉煌，是我们党在历史发展的不同时期，紧紧围绕着不同时期的不同任务和奋斗目标，在形成将全体人民汇聚在一起的共同思想基础的过程中取得的。正是有了这些共同的思想基础，我们才在百年奋斗取得的从站起来、富起来的巨大成就的基础上，又迎来了强起来的伟大飞跃。习近平总书记指出，“实现中华民族伟大复兴进入了不可逆转的历史进程”①，但“中华民族伟大复兴绝不是轻轻松松、敲锣打鼓就能实现的。”② 我们在全面

① 习近平：《在庆祝中国共产党成立100周年大会上的讲话》，人民出版社2021年版，第7页。

② 《习近平谈治国理政》第三卷，外文出版社2020年版，第101页。

建设社会主义现代化强国的新征程中，仍然会面临着各种巨大挑战、矛盾叠加和发生不确定的风险等问题，社会主义的中国与以美国为代表的西方资产阶级国家在意识形态领域的各种较量会在更大范围、更深层次、更多领域尖锐地表现出来。他们抹黑中国、唱衰中国，不惜损害中国人民的利益，大肆进行意识形态的话语渗透，其目的就是不愿意看到一个强大的中国，因此千方百计地想把人们的思想搞乱，瓦解我们在长期奋斗中形成的共同的思想基础。习近平总书记强调指出："如果一个社会没有共同理想，没有共同目标，没有共同价值观，整天乱哄哄的，那就什么事也办不成。我国有13亿多人，如果弄成那样一个局面，就不符合人民利益，也不符合国家利益。"①因此，习近平总书记强调要把共同思想基础的巩固提到意识形态话语权建设的根本任务的高度来抓，要求人们对"普世价值"、"宪政民主"、历史虚无主义思潮、新自由主义、质疑改革开放和中国特色社会主义的社会主义性质等错误思潮进行长期不懈的斗争，揭露其妄图搞乱人们思想、瓦解共同思想基础的本质所在，提高人们辨别是非的能力，坚定对"中国共产党为什么能，中国特色社会主义为什么好，归根到底是因为马克思主义行"②这一真理性认识的深刻理解和把握，将全体人民共同的思想基础这道生命线筑得牢不可破。大量的事实表明，共同思想基础的塑造，决定了人民的认同，也事关话语权的巩固。在对意识形态话语权的构建中，既要使其体现时代发展的要求，又要与人民群众对自己美好生活的需要相契合。习近平总书记在谈到面对网络舆论场的全体网民的"共同思想基础"巩固时也指出，要充分"发挥网络传播互动、体验、分享的优势，听民意、惠民生、解民忧，凝聚社会共识"③，将网络打造成凝聚社会思想共识的积极平台。

（二）打造传承中华传统文化基因的"中国话语"

在中国，对马克思主义的选择以及将其确立为党和国家的指导思想，既源

① 《习近平谈治国理政》第二卷，外文出版社2017年版，第335页。

② 习近平：《在庆祝中国共产党成立100周年大会上的讲话》，人民出版社2021年版，第13页。

③ 习近平：《习近平关于总体国家安全观论述摘编》，中央文献出版社2018年版，第178页。

于其人民性和实践性，也源于中华优秀传统文化为其在中国落地提供的文化沃土。一是从马克思主义的人民性来看，它是一种以对无产阶级和人民大众的利益关切为价值取向、致力于人民大众的生活幸福与每个人的自由而全面发展的彻底的科学理论。正是马克思主义的这种彻底性，决定了它是一种能够“说服人”的理论，也是一种能够深入到全体人民心中并容易获得认同的理论，它代表了最广大人民大众的根本利益，契合了灾难深重的中国人民改变自己受剥削、受奴役地位和命运的价值诉求。二是从马克思主义的实践性来看，其所富有的改变世界的批判性和革命性思维，表现出强烈的历史的主动精神。在这一点上，它又与中国自近代以来在面对帝国主义列强对中国发动的一次次侵略战争时，一些有识之士在不断追求和探寻改变中国命运的过程中提出的“自强救国”“变法推新”“革命强国”等所承载的文化使命和精神气质的革命性，以及在不同文化的比较、甄别中的自主选择密切相关。三是从中华优秀传统文化方面来看，马克思主义作为一种外来文化，从中国先进知识分子接受开始，就涉及马克思主义需要通过中国化才能实现改变中国之需要。正是这样一种意识，才不断内化为人的一种心理结构和思维方式，并通过人的日常生活的话语得到表达，对人的思想起到凝聚作用。无论从上述哪个方面看，都意味着意识形态话语权的生成，离不开文化为其所提供的滋养；否则，它就成为无源之水和无本之木。

习近平总书记十分重视中华优秀传统文化，强调其对意识形态话语权建构的重要性。习近平总书记不仅立足于中华优秀传统文化提出要积极培育和践行社会主义核心价值观，实现对优秀传统文化的创造性转化，而且也十分强调中华优秀传统文化在当代的创新性发展，并提出“文化自信”，阐释其对塑造当代中国社会主义意识形态话语权的重要意义。一是既要注重对那些与党的意识形态话语和社会主义核心价值观话语在价值内蕴上具有契合性或相通性的优秀传统文化的挖掘，对其进行当代解读，也要以一种开放的心态对待外来其他文化，通过去其糟粕、吸取精华，实现话语内容和主题的中国化。二是既要注重革命文化对构建“文化自信”的重要支撑作用，也要使人民群众在接受这些革命文化的熏陶和洗礼中升华为一种勇于奉献、担当有为、积极向上的精神追求。三是既要强调社会主义先进文化所承载的与时俱进的时代品格在当代的鲜活生命力，也要将其在与时代的积极互动中实现其向人民群众生活的回归，生成一种贴近中国人民真实生活的话语表达方式。

习近平总书记还提出了中华优秀文化要“走出去”的思想。在他看来，中华优秀传统文化走出去，通过与不同文明之间的交流互鉴，不仅可以将中国文化传到世界，而且也让世界通过中华优秀传统文化了解中国，不断提高中国话语在世界文化发展中的影响力。“一带一路”“人类命运共同体”“网络空间命运共同体”“中国梦”“中国风格”“中国话语”“中国气派”“讲好中国故事”等，无不深蕴了中华文化的精神标识，其所释放出的文化软实力，不仅使我国在国际舞台上的话语地位得到提升，而且也大大改变了我国在国际舞台的形象，受到越来越多的国家和人民的尊重。这都体现了我国意识形态话语权的国际影响力有了很大的提高。

（三）在坚持正确舆论导向中牢牢掌握意识形态话语权

在影响话语权的因素中，舆论导向是一个重要方面。主流意识形态的话语传播离不开媒体。然而，媒体传播什么、如何传播，又取决于舆论的价值导向。从这个意义上说，要想拥有话语权，就必须拥有正确的舆论导向。实际上，无论是在意识形态话语的生产者那里，还是在传播者和接受者那里，对舆论理解都与其所持的价值立场、价值主张和价值方法有着非常直接的联系，并表现为对话语的一种“价值的偏好”。这就是说，任何关于舆论的导向，都关乎舆论的走向。只要舆论在导向上不出偏差，保持一种正确态势发展，这种舆论就会生成一种积极的结果，其效应就是正向的；反之亦然。习近平总书记指出：“舆论导向正确是党和人民之福，舆论导向错误是党和人民之祸。”①

首先，强调舆论引导工作的“党性原则”。习近平总书记在谈到主流媒体

① 《习近平关于社会主义文化建设论述摘编》，中央文献出版社2017年版，第38页。

的舆论引导问题时，特别明确强调了党管媒体的原则，提出思想舆论工作要体现马克思主义在舆论引导中的主导地位，要坚持马克思主义的新闻观。在舆论引导上，党报党刊以及党的媒体要有高度的党性自觉，要懂得哪些话该说，哪些话不该说，对于该说的话怎么说、说的后果怎么样。确保舆论引导要体现党的思想和意志，在重大政治原则问题上同党中央的要求保持高度一致，守住舆论宣传工作的政治底线。在舆论引导上，"坚持什么、反对什么，说什么话，做什么事，都要符合党的要求"，①"核心就是坚持正确政治方向，站稳政治立场，坚定宣传党的理论和路线方针政策，坚定宣传中央重大工作部署，坚定宣传中央关于形势的重大分析判断"②。

其次，新闻舆论引导工作要突出人民性，要体现"以人民为中心"的舆论引导要求。习近平总书记认为，宣传舆论工作既要积极回应和解决人民群众合理的利益需求，反映人民群众的心声和愿望，也要着眼于为人民群众期盼解决的那些急事、难事、大事以及操心事和烦心事进行舆论引导。在舆论引导的主题上，既要体现面向意识形态话语的平民性，也要体现人民群众对美好生活需要的生动性。一方面，新闻舆论引导一定要贴近百姓，使用人民群众听得清、看得懂、记得住、易接受、效果佳的生活化、大众化语言。另一方面，舆论引导也要体现人民群众那种生活本真的生动性、立体性以及思想的引领性。习近平总书记指出："把服务群众同教育引导群众结合起来，把满足需求同提高素养结合起来，多宣传报道人民群众的伟大奋斗和火热生活，多宣传报道人民群众中涌现出来的先进典型和感人事迹，丰富人民精神世界，增强人民精神力量，满足人民精神需求。"③

再次，舆论引导要有"时、度、效"上的自觉。习近平总书记指出，党的新闻舆论工作"要抓住时机、把握节奏、讲究策略，从时度效着力，体现时度

① 《习近平关于社会主义文化建设论述摘编》，中央文献出版社 2017 年版，第 25 页。

② 《习近平谈治国理政》第一卷，外文出版社 2018 年版，第 154 页。

③ 《习近平谈治国理政》第一卷，外文出版社 2018 年版，第 154 页。

效要求”[①]。其中，“时”是一个时间概念，它强调的是舆论引导不能与热点舆论擦肩而过，而要随时跟踪，及时展开回应。“度”指的是舆论引导要掌握好火候或分寸，过犹不及或者在情理之间徘徊，甚至随意夸大内容真相，都会直接影响话语权。“效”指的是对发声所产生的效果所作的评价，而这种评价又总是围绕有效性和针对性来进行的。要想取得有效性和针对性，既要找准问题，也要做到对问题的多点切入、广泛覆盖和分门别类，在点、线、面的统合中达到效果的最佳。但也应该看到，从直观上说，“时、度、效”只是作为构成影响意识形态话语权生成的三个要素，实际上它更是一种对话语权进行掌握的有效方法。从这三个方面入手把握舆论引导，将来自于人民群众所反映和提出的各类矛盾和问题加以及时、准确和有效的解决，就会有助于党的意识形态话语权的不断增强。

最后，网络舆论工作是做好意识形态话语权工作的重中之重。习近平总书记十分重视互联网领域的舆论引领工作。他指出，现在，“很多人特别是年轻人基本不看主流媒体，大部分信息都从网上获取。必须正视这个事实，加大力量投入，尽快掌握这个舆论战场上的主动权，不能被边缘化了”[②]。他要求宣传思想工作“要把网上舆论工作”[③]作为重中之重来抓。一方面，要适应网络传播的特点，发挥其对主流意识形态话语的作用。但也要注意防止信息传播过程中出现对意识形态话语的碎片化、具象化、情绪化等问题。习近平总书记强调指出，党的主张不仅要成为网络空间的最强主旋律，而且也要使其清朗起来。[④]另一方面，也要通过对媒体部门相关舆论从业人员进行思想政治素质、专业技能水平、工作能力提升等方面的教育和培训，建设一支高素质的新闻舆论的骨干队伍，让新闻舆论“弘扬主旋律，传播正能量”[⑤]，“巩固壮大主流思

① 《习近平谈治国理政》第二卷，外文出版社 2017 年版，第 333 页。

② 《习近平关于社会主义文化建设论述摘编》，中央文献出版社 2017 年版，第 29 页。

③ 《习近平关于社会主义文化建设论述摘编》，中央文献出版社 2017 年版，第 29 页。

④ 《习近平谈治国理政》第一卷，外文出版社 2018 年版，第 198 页。

⑤ 《习近平谈治国理政》第一卷，外文出版社 2018 年版，第 155 页。

想舆论”[①]，“切实提高党的新闻舆论传播力、引导力、影响力、公信力”[②]。这不仅能使党和国家在新闻舆论引领方面赢得主动，而且也使意识形态话语权牢牢地掌握在自己手中。

① 《习近平谈治国理政》第一卷，外文出版社 2018 年版，第 155 页。

② 《习近平谈治国理政》第二卷，外文出版社 2017 年版，第 331 页。

第五章　新时代社会主义意识形态话语权的建设

社会主义意识形态话语权在新时代面临的挑战，既为我们思考进一步增强社会主义意识形态话语权提供了话语语境和崭新课题，也为我们积极回应社会主义意识形态话语权面临的挑战，建构具有强大凝聚力和引领力的社会主义意识形态话语权确立了目标要求、方法原则和举措路径。

第一节　新时代意识形态话语权建设面临的新形势

当今世界正处于大变革大调整时期，能否在世界潮流中顺势而上，牢牢把握世界秩序重构中的话语权，成为了当今世界各国争夺的焦点。中国特色社会主义进入新时代，既是在世界局势中处于崛起的关键阶段，也是实现中华民族伟大复兴的关键时期。要想在百年未有之大变局中占有话语空间和话语资源，对世界具有话语影响力，就需要在世界的各种话语体系中建构和把握社会主义意识形态的话语权。既要看到大变局为我们思考社会主义意识形态话语权提供的新背景以及由此而催生的新机遇，也要看到其对我国社会主义意识形态的话语权带来的前所未有的诸多问题和挑战。

一、新时代我国意识形态话语权建设面临的机遇与挑战

“百年未有之大变局”发轫于党的十九大报告中提出的“前所未有的大变局”，2017 年 12 月，习近平总书记在接见驻外使节的讲话中正式提出该表述。

2018年6月，习近平总书记在中央外事工作会议上进一步明确阐述时指出："当前，我国处于近代以来最好的发展时期，世界处于百年未有之大变局，两者同步交织、相互激荡。"①这一论断，审时度势、统揽全局，是对当前国际局势的深刻把握，是对全球发展态势的准确判断。同时，习近平总书记对讲好中国故事也作出了深刻的分析，"我国国际话语权和影响力显著提升，同时也面临着新的形势和任务。"②这为我们深入分析国际话语格局，构建中国话语体系提供了根本遵循和科学指导。

（一）百年未有之大变局的深刻内涵和基本构成

完整准确把握"百年未有之大变局"命题，首先必须正确理解其基本内涵，根本的在于如何把握百年未有之"大"、之"变"和之"局"。首先，从大变局之"大"来看，主要在于以中国为代表的新兴经济体的崛起，不仅加大了广大发展中国家在全球的持续影响力，而且也推进了全球的发展版图走向更大更强。其次，从百年未有之大变局之"变"来看，主要表现为"东升西降"。再次，从百年未有之大变局之"局"来看，人类在发展中既面临"乱"局，也在积极谋求锁定发展全局的过程中开创新局。概言之，所谓大变局是指"当前国际格局和国际体系正在发生深刻调整，全球治理体系正在发生深刻变革，国际力量对比正在发生近代以来最具革命性的变化"③。

对于"百年未有之大变局"不仅要着眼于对大、变、局各自"是什么"问题的思考，而且也要着眼于对怎样变、变化后的影响是什么等主要因素的思考。从唯物史观生产力和生产关系、经济基础和上层建筑的关系来看百年未有之大变局，可以从生产力、经济基础、思想文化等方面来把握。④

---

① 《习近平谈治国理政》第三卷，外文出版社2020年版，第428页。

② 《习近平谈治国理政》第四卷，外文出版社2022年版，第316页。

③ 何成：《全面认识和理解"百年未有之大变局"》，《光明日报》2020年1月3日。

④ 参见唐爱军：《百年未有之大变局中的中国意识形态战略选择》，《思想理论教育导刊》2021年第4期。

首先，从生产力维度来看，人类自完成从大机器工业代替手工生产以来，历经“蒸汽时代”“电气时代”“信息时代”和“智能时代”四次工业革命。今天，人类物质生产体系、人类的生产、生活、交往、思维等方式的根本改变不断催生新兴的产业、业态和新发展模式。这一被人们称为第四次工业革命的智能时代，将人类的发展带入到了一个抢占历史机遇制高点的崭新时代。

其次，从经济基础的维度来看，当前的经济全球化正在使世界经济的发展格局悄然发生变化，全球经济增长的中心从欧美转移到了亚洲，从发达国家转移到了发展中国家。以前是在大西洋沿岸，现在转为了太平洋的沿岸，以西方为中心的发展格局发生了深刻变化。同时，西方资本主义“赢者通吃”的发展模式和理念也引发了严重的贫富差距和社会冲突，如过度强调自由化、私有化、市场化等理念逐渐暴露出了严重弊端，影响了世界经济的发展和人类社会的进步。人类社会需要一个崭新的发展模式。为此，中国提出“人类命运共同体”，为全面认识人类社会的发展提供了一个全新视角。

最后，从思想文化层面维度来看，自由主义思潮经过古典自由主义、现代自由主义和新自由主义的发展，在20世纪90年代逐渐盛行。自由主义作为西方的一种意识形态，经济上推行自由化、绝对市场化、私有化，政治上推行反对社会主义的“民主”制度，在价值观上推行个人主义。随着经济全球化向纵深发展，由其所引发的全球性问题日益增多，人类可持续发展面临的压力与日俱增，自由主义思潮也面临各种挑战。近年来，民粹主义、逆全球化思潮开始盛行，尤其是民粹主义逐渐影响到现实政治秩序，正在改变着世界政治发展的光谱。当代西方社会思潮学派林立，正是对资本主义矛盾的反应，比如经济上出现的严重的两极分化，政治上的政党分化，文化价值观上的分裂和冲突等。由此看出，西方资本主义的意识形态逐渐凸显，我国意识形态面临百年未有之大变局中意识形态的巨大挑战以及意识形态新战略构建的选择。

世界百年未有之大变局，为我们思考社会主义意识形态话语权建设提供了新的话语语境，既对百年大变局下的意识形态话语权建设提出了立足于生产力发展基础上的生产关系的调整和变革、政治权力对社会政治秩序的协调和进行思想文化、价值观念等上层建筑方面的变革的新要求，也同时提出了在不确定性中寻求确定性，变危为机的新形势下我国开展意识形态话语权建设的战略选择。习近平总书记指出："新的征程上，我们必须增强忧患意识、始终居安思危，统筹中华民族伟大复兴战略全局和世界百年未有之大变局，深刻认识我国社会主要矛盾变化带来的新特征新要求，深刻认识错综复杂的国际环境带来的新矛盾新挑战。"①

（二）新时代我国意识形态话语权建设面临的机遇

就百年未有之大变局对我国意识形态话语权带来的机遇而言，中国的崛起在对国内带来长期持续稳定和经济高速发展奇迹的同时，也给世界的和平与发展注入了诸多积极因素，推动完善建立合理、公正的国际经济政治新秩序的形成。

在完成全面建成小康社会的目标任务之后，我国的发展进入新的历史阶段，我们不仅提出了全面建成社会主义现代化强国战略目标和任务，而且也处于新时代中国式现代化发展的新的语境。在这种新的语境中，无论是对于世界还是中国，都会共同面对由于这种变局而带来的发展机遇。重要的是我们能不能抓住这千载难逢的发展良机。对此，习近平总书记指出："如果我们不识变、不应变、不求变，就可能陷入战略被动，错失发展机遇，甚至错过整整一个时代。"②他强调指出："当前，世界百年未有之大变局加速演进，世界之变、时代之变、历史之变的特征更加明显。我国发展面临新的战略机遇、新的战略任务、新的战略阶段、新的战略要求、新的战略环境。"③为此，习近平总书记要求要保持战略定力，发扬艰苦卓绝的斗争精神，守好底线红线，抓住这次千载难逢的历史机遇，奋力实现中华民族伟大复兴的中国梦，尤其是"构建具有鲜

① 《习近平谈治国理政》第四卷，外文出版社 2022 年版，第 12 页。

② 《习近平谈治国理政》第二卷，外文出版社 2017 年版，第 267 页。

③ 《高举中国特色社会主义伟大旗帜　奋力谱写全面建设社会主义现代化国家崭新篇章》，《人民日报》2022 年 7 月 28 日。

明中国特色的战略传播体系，着力提高国际传播影响力、中华文化感召力、中国形象亲和力、中国话语说服力、国际舆论引导力”①。

首先，世界百年未有之大“变局”，从字面意义上看，不过指的是一种“不确定性”。但如果将对“变局”仅仅理解为一种被不确定性困扰的概念，显然不符合百年未有之大变局的内在含义。实际上，当我们面对不确定性的“变局”概念时，并非要求人们将自己的目光仅盯在不确定性上，而是强调要人们穿过“变局”发现和探寻历史的确定性。通过把握变局实现对新局的开辟，新的确定性总是在不确定性的变局中孕育产生。在恩格斯看来，不确定性的直观表现是杂乱的和偶然的，在这种情况下，人的历史创造存在着方向感的缺失。“历史事件似乎总的说来同样是由偶然性支配着的。但是，在表面上是偶然性在起作用的地方，这种偶然性始终是受内部的隐蔽着的规律支配的，而问题只是在于发现这些规律。”②马克思也在是否承认世界历史存在不以人的意志为转移的客观规律的意义上把握历史确定性。这种历史的确定性，在今天是以世界之问、时代之问、中国之问、人民之问的问题提出的，涉及时代主题、经济全球化趋势、人类命运共同体的构建、世界多边主义进程、人类文明新形态进程的创造等问题。习近平总书记在党的二十大报告中指出：“世界又一次站在历史的十字路口，何去何从取决于各国人民的抉择。”③这里的“十字路口”就是“新局”，是一种“在诸多确定性已经被发现基础之上的不确定性”④。

其次，百年未有之大变局是以人类进入到21世纪以来，以中国为代表的发展中国家的群体性崛起为标志的，这种变局冲击着原有以西方为主导的世界秩序，造成了世界格局的“力量转换”，这一问题的“最大影响是导向问题”⑤。

---

① 《习近平谈治国理政》第四卷，外文出版社2022年版，第316页。

② 《马克思恩格斯文集》第4卷，人民出版社2009年版，第302页。

③ 习近平：《高举中国特色社会主义伟大旗帜 为全面建设社会主义现代化国家而团结奋斗——在中国共产党第二十次全国代表大会上的报告》，人民出版社2022年版，第60页。

④ 吴宏政：《世界变局中的“历史确定性”》，《马克思主义理论学科研究》2023年第3期。

⑤ 张蕴岭：《对“百年之大变局”的分析与思考》，《山东大学学报》（哲学社会科学版）2019年第5期。

显然，这种导向是一种与西方导向完全不同的、以中国为代表的导向占主导地位的一种意识形态话语的走势，伴随这一走势而来的是，通过中国特色社会主义意识形态国际话语权的建设，不仅“解决中国的问题，提出解决人类问题的中国方案，要坚持中国人的世界观、方法论”①，而且站在人类文明的高度对中国道路与中国发展进行话语构建，强调中国崛起的文明逻辑与和平道路。在此基础上，越来越多、越来越强地发挥社会主义意识形态话语权建设对国际政治新秩序的影响作用。

最后，随着百年未有之大变局愈演愈烈，加速推进，站在马克思的世界历史理论的高度，我们不难看到，资本主义制度和意识形态话语是一个不断走向式微的过程，而社会主义的意识形态话语，必将在新的发展机遇期，通过以中国特色社会主义为代表的社会主义在实践中取得的巨大成功，推动并实现科学社会主义在 21 世纪的大发展。习近平总书记指出：“当今世界正面临百年未有之大变局，国与国的竞争日益激烈，归根结底是国家制度的竞争。中国发展呈现出‘风景这边独好’的局面，这其中很重要的原因就是我国国家制度和法律制度具有显著优越性和强大生命力。这是我们坚定‘四个自信’的一个基本依据。”②

（三）新时代我国国际意识形态话语权建设面临的挑战

在百年未有之大变局下思考我国社会主义意识形态话语权建设，我们不难看到，中国作为世界上最大的发展中国家，一个致力于通过和平发展的方式，坚持走中国特色社会主义道路而实现民族复兴使命的国家，其身份的多重性和经济实力的持续上升，不仅会遭到一些对中国发展怀有敌意的不友好国家的不满，而且他们也会将这种不满演化为一种对我国社会主义意识形态及其话语权的批评、质疑、遏制和诋毁。对于中国而言，作为百年大变局下崛起的新型大

---

① 《习近平谈治国理政》第二卷，外文出版社 2017 年版，第 341 页。

② 习近平：《坚持、完善和发展中国特色社会主义国家制度与法律制度》，《求是》2019 年第 23 期。

国，守成大国对其发动的遏制和反遏制较量、社会主义和资本主义两种制度的竞争、中国式与西方式的现代化之争等，将构成意识形态风险的主要策源地。这在加大我国社会主义意识形态复杂局面的同时，也会对我国新时代社会主义意识形态带来许多不确定性风险的挑战。围绕着这些问题而展开的较量、竞争和斗争，不仅关乎旗帜、道路，而且关乎国家政治安全。

百年未有之大变局下我国社会主义意识形态话语权建设遇到的挑战主要有：一是出现了以反历史潮流而动的“逆全球化”和单边主义意识形态，与以国际关系民主化、国际格局多极化为国际秩序基石，顺应世界全球发展大势建立更加公平、公正的治理体系和治理格局的多边主义的意识形态的斗争；二是出现了以中国为代表的具有包容性特征的“我们要尊重各种文明，平等对待，互学互鉴，兼收并蓄，推动人类文明实现创造性发展”① 的倡议和以“西方中心主义”为特征的崇尚丛林法则的西方单一文明模式没落的切换，彰显了社会主义和资本主义两种社会制度和两种意识形态之间博弈的历史必然。发生在当代中国和以美国为首的西方国家之间的大变局中的关系，显示出两种不同意识形态话语权之间的斗争。以美国为首的西方国家设置了诸多对中国的话语陷阱，他们通过自己的话语逻辑，企图掌控国际话语权，抹黑、丑化中国。近年来，美国针对中国的崛起，在意识形态领域展开了全方位的话语攻势，制造了一系列的“话语陷阱”，在所谓香港问题、台湾问题、新疆问题等方面，抹黑我国国际形象。

总之，面对百年之未有大变局而在意识形态方面所表现出的攻击与反击、制裁与反制、冲突与交流、多元与互鉴、机遇和挑战、变局与新局等的争夺和较量，不仅不会减弱，还会日益加剧长期存在，表现出错综复杂和矛盾叠加、多变和不确定性的特征。正如习近平总书记所指出的，人类社会正处在“大发展大变革大调整时期”②，“挑战层出不穷、风险日益增多的时代”③。

① 《习近平谈治国理政》第二卷，外文出版社 2017 年版，第 525 页。

② 《习近平谈治国理政》第二卷，外文出版社 2017 年版，第 538 页。

③ 《习近平谈治国理政》第二卷，外文出版社 2017 年版，第 538 页。

二、新时代风险叠加引发的意识形态话语冲突

中国特色社会主义进入新时代，我国社会主要矛盾已经转化为人民日益增长的美好生活需要和不平衡不充分的发展之间的矛盾。社会主要矛盾的改变并非意味着旧的矛盾已经完全解决，而是与新的矛盾共同存在。习近平总书记指出："当前和今后一个时期，我国发展进入各种风险挑战不断累积甚至集中显露的时期，面临的重大斗争不会少，经济、政治、文化、社会、生态文明建设和国防和军队建设、港澳台工作、外交工作、党的建设等方面都有，而且越来越复杂。"①各种风险和矛盾交织，形成一个风险综合体，因此风险和矛盾的叠加也会关联到意识形态领域，通过不同主体、多种社会思潮以及互联网技术应用展现出话语冲突。习近平总书记强调指出："面对改革发展稳定复杂局面和社会思想意识多元多样、媒体格局深刻变化，在集中精力进行经济建设的同时，一刻也不能放松和削弱意识形态工作，必须把意识形态工作的领导权、管理权、话语权牢牢掌握在手中，任何时候都不能旁落，否则就要犯无可挽回的历史性错误。"②

（一）利益主体的多元化给社会主义意识形态话语的凝聚力带来挑战

任何社会在其发展的不同阶段，都有占主导地位的意识形态及其话语，它不仅立足于该社会的经济基础之上，反映和体现该时代的经济基础，而且也伴随着其发展而不断发生变化。伴随着中国的改革开放和社会主义市场经济体制的确立，经济利益的多元化以及与之相适应的利益主体的多元化成为当下中国发展的一种客观存在，对人的社会心理、价值观念和意识形态话语等产生了深刻影响。它在为人们提供丰富的物质资源、广博的文化空间、强大的实践支撑的同时，也由于利益主体和价值观诉求的多样化而带来价值标准的模糊以及对

① 《习近平谈治国理政》第三卷，外文出版社 2020 年版，第 226 页。

② 习近平：《论党的宣传思想工作》，中央文献出版社 2020 年版，第 21 页。

主导意识形态话语认同的挑战，进而影响社会主义意识形态话语的凝聚力。这客观上也要求社会主义意识形态话语权要适应经济利益多元化对意识形态话语权建设提出的新要求，以此来回应这种新要求对意识形态话语权建设带来的挑战。

经济利益的多元化必然要在意识形态领域表现出来，进而通过促使意识形态话语的多样化，要求在社会主义意识形态话语权的建设中，将反映和体现社会主义市场经济快速发展要求和现代社会发展逻辑的价值理念吸纳到社会主义意识形态话语权的建设之中，为社会主义市场经济的发展前景不断注入新的活力。但这也同时会将全球化和市场化发展过程中的一些负面的价值观念裹挟进来，并充斥于人们的交往空间，不仅对社会主义意识形态话语权建设带来极大困难，而且也阻碍了社会主义意识形态话语的功能发挥。

（二）西方文化霸权不断挑战社会主义意识形态话语的生存空间

长期以来，西方文化霸权一直威胁着我国的意识形态安全，而且西方的文化霸权具有隐藏性、多样性的特点，在经济和文化的交往中渗透到意识形态领域，引发对意识形态领域话语权的争夺，对我国意识形态安全带来严峻挑战。

首先，西方国家通过文化的强势扩张，试图挤压我国意识形态话语阵地。经济全球化打破了地域的限制，不同国家的经济、文化交流加强，跨界的文化交流打破了文化交流的壁垒，西方经济发达国家依靠其经济霸权获取了向非西方国家或者不发达国家进行文化输出的新渠道，客观上加剧了意识形态领域的竞争。以美国为首的资本主义国家向全球尤其是以中国为主的发展中国家兜售自己商品的同时，也将其文化标识、价值观念和意识形态渗透于其中。他们经常以常态化和隐蔽化的方式大肆鼓吹非意识形态和意识形态终结论等观念，对非资本主义国家进行意识形态的扩张，挤压其意识形态阵地。美国学者亨廷顿指出：“对一个传统社会的稳定来说，构成主要威胁的，并非来自外国军队的侵略，而是来自外国观念的侵入，印刷品和言论比军队和坦克推进得更快、更深入。"[①]透视资本主义国家的种种文化行为和鼓吹的西方观念，其本质是资本主义对社会主义国家的意识渗透和扩张，抢占意识形态领域的话语阵地和话语权。在当代中国，一些人尤其是部分年轻人受西方历史虚无主义、自由主义的生活方式、价值观念和思维方式的影响，怀疑甚至是否定社会主义在我国的主流意识形态地位，使社会主义意识形态的话语阵地受到挤压。

其次，西方国家利用网络话语霸权侵蚀我国意识形态话语内容。网络信息技术在当代的发展，不仅改变着人的生活方式和思维方式，而且也不断生成了具有开放性、即时性、大众性的网络文化。正如任何网络文化的传播都离不开相应的语言载体的话语表达一样，任何一种语言又在某种意义上表达着人的价值取向或偏好。正因为如此，近年来网络成为各种意识形态话语争夺的重要阵地和主战场，西方国家也借助于发达的网络信息技术，在网络上强势出场，大肆传播西方价值观。对于网络文化的接受者而言，当其接受一种网络文化的时候，也就意味着在不知不觉中接收了某种价值观，结果是"信息的优势就是文化的优势。发达国家凭借信息技术和网络建设的优势将其意识形态、价值理念强加于人，不可抗拒地使受众产生亲近感、信任感，最后认同、依赖这种文化理念，同时对自己的民族自尊心、自豪感产生动摇"[②]。网络信息技术发展到今天，西方国家在意识形态领域向我国发起的挑战愈来愈大、也愈来愈多，对我们防范西方意识形态的渗透和霸权带来的难度越来越大，它直接冲击着社会主义意识形态话语的主导力。

最后，西方文化渗透影响文化认同的效度。随着中国的崛起，以美国为首的西方国家不仅运用多种方式和途径对我国进行文化渗透，而且也直接从意识形态领域向我国不断发起挑战。他们不仅大肆鼓吹新自由主义、西方宪政，"中国威胁论"，而且面对近年来我国经济的快速增长和国际影响力的大幅度提

---

① ［美］塞缪尔·P. 亨廷顿：《变化社会中的政治秩序》，王冠华等译，生活·读书·新知三联书店 1989 年版，第 141 页。

② 谢晓娟、郭京龙：《意识形态在文化全球化背景下面临的新挑战》，《中国特色社会主义研究》2002 年第 4 期。

升，不遗余力地唱衰中国。在中国成长为世界第二大经济体的情况下，很多西方学者提出“金德伯格陷阱”，预示中国的崛起承担不起大国的责任，而且肆意抹黑中国共产党的历史，尤其是在反华势力中大肆宣传。习近平总书记指出：“现在，国际上关于中国的说法很多，正面肯定的舆论有所上升，但负面舆论依然不少，‘中国威胁论’、‘中国强硬论’、‘中国傲慢论’、‘中国掠夺论’、‘中国不负责论’、‘中国搭便车论’、‘中国失败论’、‘中国崩溃论’、‘中国全输论’等奇谈怪论不绝于耳。还有不少关于我国政局的政治谣言。发出这些论调的人，要么是对中国不了解，要么是戴着有色眼镜，要么是有着叵测居心，特别是各种敌对势力在那里不断造谣生事、制造混乱。”① 近些年来，他们还将对中国的文化渗透的重点转移到网络空间，充分利用网络信息传播速度快、覆盖范围广、信息量大等特点强势出击，不断散布网络谣言，混淆视听，他们还通过网络攻击、窃取网络信息等手段，挑战我国意识形态安全的认同底线，影响到社会主义意识形态的认同。

（三）多元社会思潮对社会主义意识形态话语的影响

社会思潮是在一定历史时期内、一定社会条件下，对社会存在的某种思想的反映，它是社会各种文化思想相互争鸣的一种产物。在重大的社会改革和重要的转折期产生的经济利益主体，为了自身存在的合理性，会在思想文化领域增强自身的影响力和说服力，争取在社会中的话语权。社会主义主流意识形态与各种社会思潮处于同一个环境中，后者也影响着社会主义意识形态话语的权威影响力。

首先，多元社会思潮冲击着社会主义意识形态话语的主旋律。社会思潮反映人们的思想状况，表达人们的思想层面的诉求，是人们参与政治生活的晴雨表，也是意识形态领域的风向标。习近平总书记指出：“当今时代，社会思想观念和价值取向日趋活跃，主流的和非主流的同时并存，先进的和落后的相互

① 习近平：《论党的宣传思想工作》，中央文献出版社 2020 年版，第 119—120 页。

交织，社会思潮纷纭激荡。”[①]在这种复杂多变的社会条件下，有些社会思潮会对社会的积极思想以及主导价值观造成负面影响，进而冲击社会主义意识形态话语的主旋律。在当前流行的社会思潮中，除了传统的拜金主义、物质主义、自利主义等思潮外，还涌现了一些如形形色色的相对主义和虚无主义等新的社会思潮，它们采取非常隐蔽的手段将其思想渗透到马克思主义意识形态的话语之中，不仅借口相对主义否定党的理论的真理性和连续性，而且也对中国历史、党的历史进行任意的虚构和剪裁，混淆历史事实、宣传错误的历史研究的思维方式和方法，歪曲历史事件、混淆历史认知。

其次，多元社会思潮也抢占着社会主义意识形态话语的主阵地。社会思潮的多元化，必然引发不同思潮之间的话语权的争夺。任何话语之争，实际上也就是对话语阵地的争夺。话语总是存在于一定的空间，要借助于一定的阵地来表达，才能起到对公众的影响作用。从某种意义上说，话语权也就是拥有自己说话阵地的权利，而这种说话的权利，实际上就是对社会公众的影响力。伴随着多元社会思潮的出现，必然会通过阵地的抢夺表现出来。对于非主流思潮而言，对阵地的占领，就表现为对主流意识形态的话语阵地的排挤。比如，伴随着社会资源的全球配置，西方各种社会思潮传入了中国，影响到社会的话语主体。当一些社会主体通过接受西方价值观的影响后，往往会转而用其接受的西方价值观审视和质疑当前我国的经济制度、政治制度、文化制度，以至于对社会中存在的不合理的现象吹毛求疵，将其最终归结为社会主义制度的问题等。

（四）全媒体语境使社会主义意识形态的话语认同面临新问题

随着科学技术的发展，互联网与新媒体技术不断融合，人人都成为了“麦克风”，可以在微博、微信、快手等网络平台发声，当代人的社会交往也进入到全媒体时代。习近平总书记指出：“伴随着信息社会不断发展，新兴媒体影响越来越大……新闻客户端和各类社交媒体成为很多干部群众特别是年轻人的

① 《习近平谈治国理政》第二卷，外文出版社 2017 年版，第 328 页。

第一信息源，而且每个人都可能成为信息源……推动媒体融合发展、建设全媒体就成为我们面临的一项紧迫课题。”①他还指出：“全媒体不断发展，出现了全程媒体、全息媒体、全员媒体、全效媒体，信息无处不在、无所不及、无人不用，导致舆论生态、媒体格局、传播方式发生深刻变化，新闻舆论工作面临新的挑战。”②各种思想观念和社会思潮在网络平台不断的交锋，也成为社会主义意识形态面临的新情况、新问题和新挑战。

首先，从话语主体上看，在每一种新媒体的平台中，不仅会涌现出许多具有相当影响力的网络大“V”，而且在其周围还聚集有大量的粉丝，因而呈现出圈层化现象。在每一个圈层内部，人们借助于新媒体提供的平台，不仅能够实现圈层内平等地分享广告信息平台的各种信息，并就共同感兴趣的话题与其他网民主体展开广泛而深入的信息交流和深度传播，进而实现人们在情感上的共鸣以及对价值共识的认同。但在很多圈层中间，其话语主体无论在政治素质上还是能力水平上，都表现出难如人意的许多问题，尤其是为了博人眼球，甚至不惜颠倒黑白、造谣惑众，使一些具有负能量的话语充斥于话语平台，这既不利于对新媒体的监管和引导，也会对社会主义意识形态话语权建设带来一系列难题和挑战。

其次，从话语内容上看，全媒体将多样化的信息以一种普遍性和广泛化的形式组合起来，再以导向化的方式传递给大众。由于其控制的难度加大，其传播的非理性信息相对比较多，一旦传播的话语呈现出异化的状态，相应的内容也会呈现癫疯性，影响人们对社会主义意识形态话语的认同力。

最后，从话语载体上看，全媒体区别于传统媒体的特点在于，不仅实现了将传统媒体的“受众”变为了“用户”，而且在不断拓展话语载体的传播途径过程中，通过分解主流意识形态话语载体的核心作用而使其呈现出分散化的态势。在全媒体平台上，每一位网民都可以在网络平台上发表自己的观念，不管

---

① 习近平：《论党的宣传思想工作》，中央文献出版社 2020 年版，第 353 页。

② 习近平：《论党的宣传思想工作》，中央文献出版社 2020 年版，第 354 页。

是草根，还是知识分子，不管是为政者还是从商者，他们选择不同话语载体发表言论、撰写文章的同时，也不断丰富和拓展了获得话语权的多重渠道，为社会主义意识形态话语权建设带来难以整合的困难，使主流意识形态话语权的阵地受到挤压。

三、新时代社会主义意识形态话语权自身存在的问题

社会主义意识形态话语权在当代面临的挑战，既与世界百年未有之大变局的世界结构和世界秩序的深刻变革密切相关，也与我国在进入新时代后出现的矛盾叠加的复杂形势直接相关。除了这两个方面的挑战外，社会主义意识形态话语权自身也存在一些需要解决的问题。

（一）适应新时代要求的意识形态话语的创新研究有待进一步提升

社会主义意识形态要想赢得话语权，就需要有其所倡导的价值理念、行为规范、制度保障等话语理论体系，也只有这样的意识形态话语体系，才能够起到为社会立言、为人立身的价值诉求，形成强大的影响力和感召力，才能有效发挥对各种社会思潮的统摄、整合和引领作用。一种意识形态话语权，与意识形态话语在适应时代发展过程中反映和体现时代发展要求以及回答现实提出的创新问题的创新能力密切相关。习近平总书记指出，“意识形态领域存在不少挑战”，我们仍然面临着“经受风高浪急甚至惊涛骇浪的重大考验”。[1] 这既需要我们回答新时代提出的新问题和新挑战，着眼于理论创新，不断推进马克思主义中国化时代化进程，开辟马克思主义时代化中国化的新境界，同时也结合对国际形势变局的研判，主动回应西方对我国的西化、分化战略，建构中国特色哲学社会科学的自主理论体系等。在这些方面，我们还存在着进一步提升的

① 习近平：《高举中国特色社会主义伟大旗帜　为全面建设社会主义现代化国家而团结奋斗——在中国共产党第二十次全国代表大会上的报告》，人民出版社 2022 年版，第 26、14 页。

空间。

马克思主义哲学社会科学的自主创新体系建构的创新性研究还存在不足。社会主义意识形态话语权的创新，不仅是哲学社会科学的一项重要使命，而且也是体现了社会主义意识形态对建构马克思主义哲学社会科学自主创新体系内在的必然要求。习近平总书记指出：“坚持和发展中国特色社会主义，需要不断在实践和理论上进行探索、用发展着的理论指导发展着的实践。在这个过程中，哲学社会科学具有不可替代的重要地位。”①但是，正如习近平总书记所指出的：“面对新形势新要求，我国哲学社会科学领域还存在一些亟待解决的问题……总的看，我国哲学社会科学还处于有数量缺质量、有专家缺大师的状况，作用没有充分发挥出来。”②在对马克思主义为指导问题的理解上，尽管绝大多数人在认识上是清楚和坚定的，但也存在着“一些同志对马克思主义理解不深、理解不透，在运用马克思主义立场、观点、方法上功力不足、高水平成果不多，在建设以马克思主义为指导的学科体系、学术体系、话语体系上功力不足、高水平成果不多。”③中国特色哲学社会科学的创新发展面临着任务重、与党和国家对哲学社会科学创新理论的发展要求还有一定的差距，哲学社会科学自主创新体系的建构还任重道远。

（二）马克思主义意识形态话语的宣传供给有待进一步提高

马克思主义作为社会主义的主流意识形态，其话语权表现在，它既要能为人们所接受，也要能够对人的思想观念和价值理念引导和塑造作用。但是，要想实现这一效果，就需要将宣传和传播的主流意识形态话语契合话语受众对于话语供给提出的新要求。也只有这样，主流意识形态话语内容才能被顺利接受，并通过“内化于心，外化于行”，发挥对人们行为的指导作用。

在对马克思主义意识形态话语的宣传中，存在着缺乏对意识形态理论在思

---

① 习近平：《论党的宣传思想工作》，中央文献出版社 2020 年版，第 213 页。

② 习近平：《论党的宣传思想工作》，中央文献出版社 2020 年版，第 218 页。

③ 习近平：《论党的宣传思想工作》，中央文献出版社 2020 年版，第 221 页。

想的高度、深度与大众话语的有机贯通，不能够很好地区分开思想认识问题、学术问题和政治问题等问题。正如习近平总书记指出的，“实际工作中，在有的领域中马克思主义被边缘化、空泛化、标签化，在一些学科中‘失语’、教材中‘失踪’、论坛上‘失声’。”①也存在着“把一般的学术问题当成政治问题”、“把政治问题当作一般的学术问题”，“打着学术研究旗号从事违背学术道德、违反宪法法律的假学术行为”②。思想宣传工作是一项政治性很强的重要工作，在对马克思主义意识形态的宣传传播中，强化其政治话语的本质要求十分必要，但不能因为强调马克思主义意识形态的政治取向和政治规范而将其不恰当地加以泛化；否则，就会造成马克思主义意识形态话语丰富内容的简单化、窄化和单向度等问题。既无法使马克思主义意识形态的思想性、价值性、伦理性的引导作用得到很好的体现和发挥，也在思想政治宣传为大众的多样化需求所提供的价值供给中，过于看重思想宣传的政治向度。

（三）个别党员干部的信仰缺失是需要引起高度重视的问题

中国共产党自成立以来，就确立了马克思主义在全党的指导思想地位和各项工作中的主流意识形态话语权地位。对马克思主义的信仰和忠诚，也因此而成为每一名党员领导干部终生的必修课，也是我们在长期的革命、建设、改革进程中取得一个又一个胜利的重要法宝。在新时代和新征程中，我们面临着矛盾叠加、挑战日益增多，内外部环境充满诸多不确定性，党员领导干部面临的问题和诱惑也不断增多，使党员领导干部的理想信念经受严峻考验。习近平总书记在谈到这一问题时强调指出：“在我们党员、干部队伍中，信仰缺失是一个需要引起高度重视的问题。在一些人那里，有的以批评和嘲讽马克思主义为‘时尚’、为噱头；有的精神空虚，认为共产主义是虚无缥缈的幻想，‘不问苍生问鬼神’，热衷于算命看相、求神拜佛，迷信‘气功大师’；有的信念动摇，

① 习近平：《论党的宣传思想工作》，中央文献出版社 2020 年版，第 221 页。

② 习近平：《论党的宣传思想工作》，中央文献出版社 2020 年版，第 239 页。

把配偶子女移民到国外、钱存在国外，给自己‘留后路’，随时准备‘跳船’；有的心为物役，信奉金钱至上、名利至上、享乐至上，心里没有任何敬畏，行为没有任何底线。”① 当前一些领导干部的信仰危机主要表现在信仰的具体化、错误的党史观等方面。

信仰来源于现实，又高于现实和指导现实，信仰强调的是人的精神世界，是人从事实践最主要的精神力量。信仰本身具有崇高性、纯洁性、稳定性，它一旦形成，其内核实质就不会改变，坚定信仰本身就成为人们矢志不渝的价值追求和精神之源。但是，在我们党执政的今天，一些领导干部在“中国共产党是什么、要干什么这个根本问题”的信仰问题上出现了问题，信仰的内核丢却了，而只留下信仰的表现形式，在将信仰具体化的过程中导致出现信仰危机。

树立正确的历史观特别是党史观，对于领导干部而言非常重要，它既关涉能否正确认识中国共产党执政的合法性，也事关能否坚定“四个自信”，还关系到领导干部对马克思主义、共产主义以及共产党全面领导的高度清醒和信仰自觉。当前，一些领导干部身上存在的对党史的错误认识主要表现三个方面：对社会历史发展中普遍性和特殊性之间关系的错误认识，对社会发展规律和人的主动性选择关系的认识错误，对人民群众和领袖人物作用关系的认识错误。

第二节　新时代社会主义意识形态话语权建设的目标要求

目标既指要完成的一项任务，也指以思想观念的形式存在的理想。对于一个人来讲，有了目标就明确了从何处发力、向何处努力，在这一过程中，又总是用这一目标来引领自己的行为，朝着目标要求的方向努力。从这个意义上

---

① 中共中央文献研究室：《习近平关于全面从严治党论述摘编》，中央文献出版社 2016 年版，第 61 页。

说，目标既是方向也是引领。对于社会主义意识形态话语权的建构而言，明确目标可以使话语权建构有了方向和定力。因此，社会主义意识形态话语权的建构，首先要明确的就是建构的目标要求问题。

一、持续推进马克思主义意识形态话语的中国化时代化大众化

在我国，马克思主义作为主流意识形态，其话语权既取决于与中国具体实际和中华优秀传统文化相结合的程度，也取决于它对时代课题回答的程度以及对人民大众利益需求相契合的程度。实际上，马克思主义中国化、时代化和大众化的过程，就是社会主义意识形态话语权建构、主流话语地位的巩固以及引领社会主义建设发展的过程。持续推进马克思主义的中国化、时代化、大众化，是在新时代的新征程上建构具有凝聚力和引领力的意识形态话语的新目标新要求。

推进马克思主义意识形态中国化，就是坚持“两个结合”，推动“两个转化”，立足于对建设社会主义现代化国家新征程新规律的科学揭示和把握，推进当代中国马克思主义意识形态、21世纪马克思主义意识形态的新发展，不断彰显中国社会主义意识形态话语现代化的民族特性以及中国特色实践的特征。一方面，通过将马克思主义意识形态话语置于中华优秀传统文化的话语语境、与中国特色社会主义文化的结合，不仅大力培植马克思主义意识形态话语生成的良性土壤，而且也夯实马克思主义意识形态话语在当代中国获得最广泛认同的受众基础和思想基础。另一方面，通过构建中国特色、中国风格、中国气派的话语体系，解决马克思主义意识形态与中国具体实际相结合过程中的实践难题，在创新实践的基础上不断将马克思主义中国化的话语生成为中国化马克思主义意识形态的崭新话语。

推进马克思主义意识形态话语的时代化，就是坚持开放、求是、务实的理论品格，运用马克思主义基本原理，科学地分析时代需要、把握时代脉搏、解决时代问题。在中国特色社会主义新时代，就是要运用马克思主义的世界观和

方法论，科学分析世界百年未有之大变局下中国的党情、国情、社情、民情的发展态势，揭示新时代发展面临的新特点、新矛盾、新问题，在实践的基础上实现马克思主义意识形态话语的创新发展。一方面，从纵向的角度以深邃的历史视野推进马克思主义意识形态话语的时代化。要随着时代的发展需要，正确处理守正与创新的关系，既坚持马克思主义的世界观和方法论，也结合新问题、新情况，总结经验，加以理论创新，形成新的反映时代需求的马克思主义意识形态话语体系。另一方面，从横向的角度以广阔的国际视野推进马克思主义意识形态话语的时代化。聚焦新时代的新阶段、新方位、新矛盾、新难题、新挑战，站在历史和时空的交汇点上，以世界的眼光，运用作为当代中国马克思主义、21 世纪马克思主义最新成果的习近平新时代中国特色社会主义思想指导社会实践和解决现实问题，探索世界百年未有之大变局下“世界怎么了，我们怎么办”的时代问题，总结时代规律、回答时代课题，体现大国担当，贡献中国智慧，扩大马克思主义意识形态的话语引导力和影响力。由此可见，马克思主义意识形态话语时代化的着眼点和落脚点在于提出和解决时代变化提出的新课题，在真理和道义的制高点上不断彰显马克思主义在 21 世纪的真理性和强大生命力，以及中国特色社会主义意识形态话语权的国际影响力。

马克思主义意识形态话语的大众化就是将深奥、抽象、专业的马克思主义理论通过多样的方式和手段加以宣传、普及和推广，变成通俗、具体、大众的，人民群众可以理解、掌握、认同和信仰的思想。马克思主义理论作为一种思想，要想成为武装群众的“思想武器”，就必须首先要为群众所掌握，也就必须推进马克思主义意识形态话语的大众化。一方面，马克思主义要走进人民群众生活，及时吸收、总结、提炼人民群众在中国特色社会主义实践中创造的新话语，使意识形态话语成为一种充满大众情怀的、体现大众风格的、大众能听得懂的生活的话语。在具体表述中，既要深入浅出、简明扼要又要通俗易懂、喜闻乐见，既能展现马克思主义理论的正确性和科学性，又能反映广大人民群众的现实需要、情感需求和价值诉求，做到既有理论高度，又有群众温度，不能故弄玄虚，用一些晦涩含糊的语言故作高深、故弄玄虚，让人民群众摸不着头脑。唯有如此，马克思主义意识形态话语才有吸引力、感召力和影响力。另一方面，不仅要大力推进马克思主义意识形态走向网络空间，而且也要实现网络马克思主义意识形态的大众化。要聚焦网络意识形态话语变化的新特点、新形式、新问题、新矛盾、新挑战，通过优化网络的话语场域，守住红色阵地、压缩黑色阵地、争取灰色阵地，增强网络主流意识形态话语的主动引领。同时，不断推进网络马克思主义意识形态话语的大众化。在注重话语学理化的同时，不断增加适合大众口味的、具有浓浓生活情调和乡土气息、为大众所熟悉和接受的、具有趣味性和生动性的、积极健康向上的话语表达形式。要通过改变传统意识形态宣传的枯燥、乏味的知识性的单一宣传、传播的方式和路径，充分利用网络图文、声像、音频、数字化、具象化等实现网络传播多元主体的互动化，话语信息、话语传播载体以及话语表达的多样化、立体化、丰富化、生动化、感性化，使大众化的话语传播寓理于情、情理交融，让网民的“草根话语”与“官方意志”之间能够实现无缝衔接，突出主流意识形态话语的人民性和应用性，使意识形态话语在互联网环境下更形象生动、更具活力、更有信服力。

二、不断拓展新时代中国特色社会主义意识形态话语的影响力

新时代社会主义意识形态话语面临被弱化、边缘化和虚化的问题，如何提高中国特色社会主义意识形态话语的影响力，成为话语权建构要思考的首要问题，要使社会主义主流意识形态话语实现其影响力的目标要求，既要在话语立场方面突出中国特色社会主义意识形态话语的人民性，也要在话语风格方面突出社会主义意识形态话语的民族性。

首先，新时代中国特色社会主义意识形态话语立场的人民性。新时代中国特色社会主义意识形态话语权的建构，从马克思主义的人民性这一价值立场和本质属性出发，也必然在话语立场上将人民性写在自己的旗帜上。马克思、恩格斯在《共产党宣言》中强调指出：“过去的一切运动都是少数人的，或者为

少数人谋利益的运动。无产阶级的运动是绝大多数人的，为绝大多数人谋利益的独立的运动。”①新时代中国特色社会主义意识形态话语是在马克思主义的指导下，在中国特色社会主义伟大实践的基础上形成的，必然坚持人民的价值立场。当前，我们在实现了全面建成小康社会的第一个百年奋斗目标的基础上，又踏上了实现中华民族伟大复兴的新征程。在新征程上，我们不仅要实现社会经济的持续健康发展，而且要在政治上实现全过程人民民主、文化软实力显著增强、资源集约型、环境友好型社会的高质量发展，同时在人民美好生活的实现方面还要取得更明显的、更具实质性的提高。我们要清晰的谨记，社会主义初级阶段的基本国情没有变，我们仍然是最大的发展中国家，在民族复兴前进的道路上，还面临国内外众多的挑战与风险。站在新的历史起点上，只有让人民体会到实实在在的实惠，才能凝聚共识、形成合力，共筑实现中华民族伟大复兴的梦想，才能不断增强中国特色社会主义意识形态话语权。

其次，新时代中国特色社会主义意识形态话语风格的民族性。中国特色社会主义意识形态是在中华文化这个大的文化环境中生成的，同时也需要为在此文化环境和文化价值的引导下的一代又一代人所接受，因此话语风格必然要具有民族性。一方面，从中国特色社会主义文化的价值导向上看，中国特色社会主义意识形态话语权建构要充分发挥中华优秀传统文化、革命文化和社会主义先进文化的作用。一是中华优秀传统文化既是中华民族强大的文化基因，也是我们不断推进新民主主义革命，社会主义革命、建设、改革以及新时代中国特色社会主义取得伟大成就的成功密码。在新时代社会主义意识形态话语权的建构中，必须传承弘扬中华民族的优秀基因，并在推进社会主义现代化强国的新征程中，充分利用中华优秀传统文化的价值导向，增强社会主义意识形态的凝聚力和影响力。二是在长期革命中形成的革命文化作为红色基因，既为我们在新的征程中提供精神滋养，也从不同的视角为今天全面深化改革提供多方面的价值指导，并为中国特色社会主义意识形态的话语内容的不断传承弘扬提供精

① 《马克思恩格斯选集》第1卷，人民出版社2012年版，第411页。

神源泉。三是社会主义先进文化是面向现代化、面向未来，科学的、大众的文化新形态，反映了当代中国人民的精神面貌和文化理念，既立足于新的实践，同时又以科学性和先进性的价值观念指导社会实践，社会主义先进文化为中国特色社会主义意识形态提供了新时代的话语资源。另一方面，从中华民族伟大复兴中国梦的实践指向上看，中国梦是新时代中国特色社会主义意识形态的话语的新成果，集中表达了新时代意识形态最核心的实践指向。它既是近代以来亿万中华儿女的期盼，也是他们为之奋斗的理想目标，更是激发中国人民奋发图强的行动纲领。中国梦凝聚了民心，将国家梦和人民的梦统一起来，将理想与现实统一起来，将民族性和世界性统一起来，将理论性和实践性统一起来，既调动了人民建设中国特色社会主义的积极性，也体现了中国特色社会主义意识形态的话语与中华优秀传统文化、革命文化以及以社会主义先进文化为主要特征的中华民族精神价值诉求的大众话语之间的有机结合，并通过这种结合，续写新时代中国特色社会主义意识形态民族性话语的崭新篇章。

三、讲好中国故事、传播好中国声音

话语既是话语交流和话语传播的一种符号，也体现了在特定的话语环境中交往主体的不同思维方式。世界对社会主义意识形态的认同度代表了中国文化软实力和塑造力，中国走进世界舞台的中央，在话语交流中需要用世界认同的话语逻辑讲好中国故事，传播中国声音。

首先，积极推进中华优秀传统文化创造性转化和创新性发展。中国特色社会主义进入新时代，人们的美好生活向往是多方面的，其中对文化的需求愈加强烈，中华优秀传统文化经过几千年的洗礼传承至今，对现实的实践具有指导意义。然而实践不同，其要求和价值方式的需求也不相同，传统文化要在新时代发挥其作用和意义，需要用新的话语方式才能更加准确、清晰的表达新思想和新见解，以新时代的语言、话语方式及话语风格表述、阐释优秀传统文化，推动优秀传统文化话语表达与时俱进。放眼世界，社会主义意识形态话语也需要不断提高其在国际话语中的影响力，而要实现这种国际影响力，离不开现代媒体技术。现代媒体技术不仅扩展了话语传播的载体和手段，并通过技术为人们之间开展跨文化交流提供了一个虚拟空间，而且也赋能传统文化，在全新的文化环境中通过网络语言打造一种全球共享、彼此相互理解和接受的新的概念、新的阐释和新的话语范畴，使每个话语主体都能够在同一的文化环境中轻松地感知和认识其他文化。中华优秀传统文化结合利用科技前沿的方式进行国际之间的交流、传播和研究，不断催生出优秀传统文化的新产品，形成传统文化发展的新业态，构筑了新的文化传播的新路径，形成了被世界各国人民接受的新的优秀传统文化的话语体系。除了积极打造新时代优秀传统文化的话语体系外，还必须推进马克思主义基本原理与中华优秀传统文化相结合。这种结合是在中华优秀传统文化为马克思主义意识形态话语所提供的文化滋养的基础上，通过创造性转化和创新性发展，向世界展示出 21 世纪马克思主义的话语风格和话语逻辑，进而丰富社会主义意识形态的话语体系。

其次，积极构建人类命运共同体的共同价值认同。人类命运共同体是习近平总书记深刻把握中华民族伟大复兴的战略全局和全面分析世界百年未有之大变局的新形势下提出的重要理念。它坚持“弘扬和平、发展、公平、正义、民主、自由的全人类共同价值”①，契合了中国特色社会主义新时代，顺应了世界历史发展的潮流，体现了世界人民普遍认同的价值理念，为世界人民提供了共同价值的实践场域。中国走向世界，承担大国的责任担当，构建中国特色的话语体系，需要更多的国家的人民认同人类命运共同体的价值理念。其一，基于全人类共同价值的身份认同。身份认同是人们对自我身份的确认、对自我归属的认可和接纳。世界面临百年未有之大变局，每一个人都处在从追问“世界怎么了，我们怎么办”的时代之问中，确认并建构自己的身份认同。当世界上很多人在真理与道义、霸权与和平、正义与邪恶的纠缠中不知所措的时候，我们提出并选择了“站在历史正确的一边，站在人类进步的一

① 习近平：《在庆祝中国共产党成立 100 周年大会上的讲话》，人民出版社 2021 年版，第 16 页。

边”[①]，这就是，面对纷繁复杂的国际格局的变化，世界不同的国家需要互相合作、互相交流、共建共享、合作共赢，以世界公民的身份，秉持相同的价值理念，共同携手应对国际问题，应对世界发展的风险和挑战，促进世界的和谐稳定发展。因此，在求同存异中确立全人类共同价值的身份认同，构建人类命运共同体，从实践主体上为跨文化认同奠定了基础。其二，构建跨文化命运共同体的认同。全球社会秩序的变革，带来了不同文化之间的交流、碰撞、借鉴和融合。如何超越国界和文化，构建跨文化认同，进而开展有意义的跨文化交往成为当今一个迫切的现实问题。一直以来，亨廷顿的“文明冲突论”中异质文化的冲突性，在世界文化交流和世界秩序的重建中影响较为广泛，所以在西方视角的理论体系下，跨文化认同的问题不断被建构、被解构再回到原点，从未能跳出“文化分离主义”的局限。积极构建文化认同成为世界共同发展的必然选择。文化认同是文化交流主体对于自我文化的确认和对他者文化的接纳，文化认同不仅是对本民族文化有充分的自信，而且也是对他者文化具有包容性，并在此基础上促进文化的共同繁荣。在实现身份认同的共识后，如何处理本民族与其他文化之间的关系？如何实现求同存异？这需要坚持互鉴、共生的原则。文化互鉴的过程就是不同文化之间相互理解、相互尊重、共生共荣的过程，在此过程中不断取长补短、兼收并蓄，促进自身文化的发展。在现实的跨文化交往中，不同文化通过学习他者文化，吸收其精华并内化于自身的文化体系，建立新的文化，并在新的文化环境中不断走向文化认同。文化的共生共荣是文化认同的最高境界，也是构建共同文化价值观所需的文化状态。文化的共生不是容纳多种文化的环境，也不是糅合多种文化于一身的多元文化的实践主体，而是实现求同存异、丰富多彩的多元文化繁荣发展的文化世界。跨文化认同打破了中西文化二元对立的状态，突破了西方跨文化交流的理论局限，为积极构建人类命运共同体提供了理论支撑。

---

① 习近平：《在中华人民共和国恢复联合国合法席位 50 周年纪念会议上的讲话》，人民出版社 2021 年版，第 9 页。

最后，加快构建中国话语和中国叙事体系。讲好中国故事，传播中国声音，既需要丰富的话语内容，也需要合适的话语体系。习近平总书记指出："要加快构建中国话语和中国叙事体系，用中国理论阐释中国实践，用中国实践升华中国理论，打造融通中外的新概念、新范畴、新表述，更加充分、更加鲜明地展现中国故事及其背后的思想力量和精神力量。要加强对中国共产党的宣传阐释，帮助国外民众认识到中国共产党真正为中国人民谋幸福而奋斗，了解中国共产党为什么能、马克思主义为什么行、中国特色社会主义为什么好。要围绕中国精神、中国价值、中国力量，从政治、经济、文化、社会、生态文明等多个视角进行深入研究，为开展国际传播工作提供学理支撑。要更好推动中华文化走出去，以文载道、以文传声、以文化人，向世界阐释推介更多具有中国特色、体现中国精神、蕴藏中国智慧的优秀文化。要注重把握好基调，既开放自信也谦逊谦和，努力塑造可信、可爱、可敬的中国形象。"①在这段话中，习近平从话语指向、话语内容、话语方式以及坚持的原则等方面阐释了如何构建中国话语和叙事体系。其中，尤其需要注意的是话语内容中对中国共产党的宣传和需要坚持的话语原则。一方面，强化对中国共产党的宣传阐释。从中国共产党的发展历史的视角解释中国共产党为什么能，从马克思主义中国化的维度阐释马克思主义为什么行，从国际和国内的发展现状展示中国特色社会主义为什么好。话语内容坚持了历史的维度和现实的维度，更具有历史依据和现实依据，也具有说服力。另一方面，坚持平等、和合的话语原则。中国在向世界民众展示自己的文化时，将他者文化与中华民族的文化放置于平等的地位，承认多种文化的差异，在差异中寻找共性，追求文化的和合发展。中国始终坚持"万物并育而不相害，道并行而不相悖"的理念，尊重、包容世界多样性的民族、多样性的文化。在处理不同国家之间的关系时，尊重他国的差异性，不干涉别国的内政；在推动世界发展的实践过程中，注重共同发展、共同

① 习近平：《加强和改进国际传播工作，展示真实立体全面的中国》，《人民日报》2021年6月2日。

繁荣。从“一带一路”倡议的提出到人类命运共同体的呼吁，都展示出可信、可爱、可敬的中国形象。

第三节 新时代社会主义意识形态话语权建设的方法论原则

中国特色社会主义进入新时代，社会主义意识形态话语权建设面临前所未有的变化，时代的变化不能动摇社会主义意识形态的根本方向，不能改变社会主义意识形态和核心价值观。原则是旗帜是方向，增强社会主义意识形态的话语说服力、影响力和凝聚力，需要坚持党性和人民性的统一、理论性与实践性的统一、主导性和多样性的统一、理想性和现实性的统一、民族性和世界性的统一、继承性和创新性相统一、包容性和批判性统一等方法论原则。

一、党性和人民性的统一

“党性”一词最早出自恩格斯于1845年对德国“真正的社会主义”的批判中。恩格斯在撰写的《“傅立叶论商业的片断”的前言和结束语》一文中指出：“这种社会主义，由于自己在理论领域中没有党性，由于自己的‘思想绝对平静’而丧失了最后一滴血、最后一点精神和力量。可是人们却想用这些空话使德国革命，去推动无产阶级并促使群众去思考和行动！”①显然，恩格斯在这里将党性等同于党派性，用以指称无产阶级的政治立场。马克思在1863年1月写给恩格斯的信中也使用了“党性”一词，马克思指出：“在社会党内，党性和团结精神仍然占着统治地位。”②在这里，马克思用党性指代马克思主义政

① 《马克思恩格斯全集》第2卷，人民出版社1957年版，第659页。

② 《马克思恩格斯全集》第30卷，人民出版社1975年版，第305页。

党，强调的是其阶级性和阶级立场。不难看出，马克思、恩格斯在使用“党性”概念的时候，都明确指向共产党人的阶级性。在他们看来，党性作为共产党人的阶级性，是衡量是不是真正马克思主义者的重要尺度，并要求共产党人必须始终坚持这一政治立场。恩格斯也正是基于对党性重要性的认识，在1853年3月写给马克思的信中，当谈到拉萨尔的时候又一次提到党性。恩格斯这样写道，拉萨尔“有他的怪癖，可是也有党性和抱负，而他在为公的借口下总是醉心于一些卑琐的杂念和私事”①。恩格斯在这里是将党性与抱负放在一起评价拉萨尔，作抱负意义上的理解。这种抱负既指理想，也指对理想追求过程中的一种坚强意志以及顽强的精神状态，这一点构成了恩格斯所赞赏的共产党人的一种优秀品格。

随着马克思主义理论的发展和应用，党性的内涵不断丰富，有哲学理论的党性、政党组织的党性、党员个体的党性。在今天，我们所讲的党性通常是在政党组织的党性和党员个体的党性两层意义上加以把握的。社会主义意识形态的党性，则注重的是政党组织的党性。因此，从政党组织的视角探讨党性，它是政党固有的属性，是在独立的、个体的政党成员的基础上产生的。它具有严格的纪律性，在理论和实践方面表现为先进性。中国共产党代表的是工人阶级、中国人民和中华民族的利益，它具有严密的政治纪律和政治规矩。“坚持党性，核心就是坚持正确政治方向，站稳政治立场，坚定宣传党的理论和路线方针政策，坚定宣传中央重大工作部署，坚定宣传中央关于形势的重大分析判断，坚决同党中央保持高度一致，坚决维护中央权威。”②

人民性是反映人民大众的思想、感情、愿望和利益的一种特性，人民性是马克思主义理论与生俱来的理论品格，这种品格贯穿于中国共产党的指导思想和社会实践的过程中。从成立之初，我们党就立下了为中国人民谋幸福、为中华民族谋复兴的初心使命，一百多年来，中国共产党始终坚守初心，带领全体

① 《马克思恩格斯全集》第49卷，人民出版社2016年版，第365—366页。

② 《习近平谈治国理政》第一卷，外文出版社2018年版，第154页。

人民实现了从站起来、富起来到强起来的伟大变革和历史飞跃，推动中国特色社会主义事业迈上建设社会主义现代化国家的新征程。坚持社会主义意识形态话语权的人民性，“就是要把实现好、维护好、发展好最广大人民根本利益作为出发点和落脚点，坚持以民为本、以人为本。要树立以人民为中心的工作导向，把服务群众同教育引导群众结合起来，把满足需求同提高素养结合起来，多宣传报道人民群众的伟大奋斗和火热生活，多宣传报道人民群众中涌现出来的先进典型和感人事迹，丰富人民精神世界，增强人民精神力量，满足人民精神需求”①。

中国共产党代表的是工人阶级、中国人民和中华民族的利益，社会主义意识形态代表的也是最广大人民的心声，其阶级性（党性）就是人民性。党性和人民性虽是两个词汇，但内涵高度一致。中国共产党的宗旨是全心全意为人民服务。社会主义意识形态的话语体系是对中国共产党为了实现人民群众的利益而制定的理论、路线、方针和政策的宣传，是用老百姓听得懂的语言阐释中国特色社会主义理论体系等。社会主义意识形态话语体系本身在体现党性的同时，也体现了人民性。社会主义意识形态话语权的党性与人民性从本质上是高度统一的，“坚持党性就是坚持人民性，坚持人民性就是坚持党性，党性寓于人民性之中，没有脱离人民性的党性，也没有脱离党性的人民性”②。坚持党性和人民性的统一，既要旗帜鲜明地讲政治，在重大事件面前保持正确的政治立场，将党的意志和原则清晰明确地表达出来；也要将维护好、实现好和发展好最广大人民群众的根本利益作为出发点和落脚点，始终坚持“以人民为中心”的价值理念，把人民群众的所期、所盼表达出来，使民众的需求和文化素养的提升得到有效的满足，将对民众的教育与引导和为人民服务有机结合起来。

① 《习近平谈治国理政》第一卷，外文出版社 2018 年版，第 154 页。

② 《习近平关于社会主义文化建设论述摘编》，中央文献出版社 2017 年版，第 23 页。

二、理论性和实践性的统一

意识形态是一种观念形态，其抽象性和系统性决定了其属于思想文化领域，以理论形态的形式呈现。意识形态作为一种理论形态，来源于实践，又高于实践，在功能定位上属于上层建筑的范畴，对社会的发展具有推动或者阻碍的作用。先进的意识形态对未来社会的发展具有预见和指导的作用，能够指导人们不断解决社会发展中的问题，促进社会进步。相反，落后的意识形态不能够及时反映社会发展的趋势和规律，会阻碍社会发展。社会主义意识形态来源于中国特色社会主义的伟大实践，是在不断总结前人经验的基础上实现的理论创新。社会主义意识形态话语权的建设要注重理论性。

实践是理论的来源，任何一种意识形态都有产生的经济基础和社会条件，与社会实践和社会生活相适应的观念形态不是凭空产生，也不是单纯的思想家和理论家杜撰出来的。同时，意识形态一旦形成不是一成不变的，而是随着社会的发展不断地更新。社会主义意识形态是在中国特色社会主义实践的基础上形成的，具有丰富的实践基础和现实生活基础。中国特色社会主义进入新时代，在新的实践基础上，我们党坚持用科学社会主义的基本原理为指导，着眼于创新和发展马克思主义理论，科学回答了“新时代坚持和发展什么样的中国特色社会主义、怎样坚持和发展中国特色社会主义，建设什么样的社会主义现代化强国、怎样建设社会主义现代化强国，建设什么样的长期执政的马克思主义政党、怎样建设长期执政的马克思主义政党等重大时代课题”①。社会主义意识形态在新时代要增强话语的影响力，必须要来源于实践、科学回答实践提出的时代课题。

社会主义意识形态话语权的理论建构又会反过来指导社会主义的实践的发展，从形成机制上实现理论与实践的统一。在当前，社会主义意识形态的内容已经成为理论研究的重要内容，但当前社会主义意识形态话语权的建设仍然面

① 《中共中央关于党的百年奋斗重大成就和历史经验的决议》，人民出版社 2021 年版，第 25—26 页。

临着理论与实践相脱离的问题。这就要求我们在对社会主义意识形态话语权建设中，不仅在理论上要不断丰富和创新，同时也要用大众化的话语方式传播到人民群众的生活中，实现人民群众对社会主义意识形态话语的认同，并应用于自己的社会生活实践，在现实生活的对比中自觉抵制非主流意识形态的消极影响，促进社会主义意识形态话语权建设，真正实现理论性和实践性的统一。

三、主导性和多样性的统一

马克思主义在我国意识形态领域占据主导地位，但社会主义的思想上层建筑中，除了占主导地位的马克思主义之外，还存在着社会思想价值观念的多样性。马克思主义意识形态的主导性与思想价值观念的多样性共存于社会主义思想上层建筑中。在这种情况下，如何正确处理社会主义主流意识形态与社会思想价值观念之间的主导性与多样性的关系，就成为社会主义意识形态话语权建设必须解决好的一个问题。

社会主义意识形态话语的主导性是指在我国的思想文化领域，作为社会主义主流意识形态的马克思主义以及中国化的马克思主义理论成果处于核心地位，对其他社会思想价值观念起着引导、规范的作用。社会主义意识形态的主导性是由国情和党情决定的。我国作为社会主义国家，党的领导是其本质特征，社会主义意识形态的主导性一方面是坚持党的指导思想不动摇，坚持中国特色社会主义。另一方面是把握其他社会思潮的发展方向，对顺应社会发展、反应广大人民群众的思想加以引导，纳入到社会主义意识形态的领域；对于违反社会发展规律、宣传诋毁社会主义主流意识形态的各种言论，既需要旗帜鲜明地坚持斗争，也要敢于及时发声，对其加以抵制、控制。就此而言，社会主义意识形态话语权的主导性，体现的是社会主义意识形态在社会思想中起到引领和示范作用。

社会思想价值观念的多样性指在马克思主义作为指导思想占据思想文化领域的主导地位的同时，并不排除各种社会意识形式、文化样态以及价值观念存在的合理性，正是这种思想价值观念的多样化，使思想文化发展呈现出大繁荣大发展的景观。文化的多样性存在，意味着思想价值观念的多样性，在其功能上有正向和反向两种作用。从正向的角度看，多样性的思想价值观念能够为社会主义主流意识形态话语提供丰富思想文化资源。不同的思想价值观念体现了在文化观念和文化态度上的不同，多样性的思想价值观念能够从不同的角度反映社会现实和人民群众的不同需求，在同社会主流意识形态的交流和碰撞中，发现自身的不足、吸收积极的精华部分，不断促进自身的发展。从反向的角度看，对社会主义意识形态话语能力有考验以及反向激励的作用。多种异质性的思想观念和价值理念的存在，在一定程度上反映了不同社会层次、不同社会地位以及不同利益群体的思想状况和社会需求。这种思想状况和社会需求尽管有其一定的合理性，但是并不能由此将其与社会主义主流意识形态话语对立起来，尤其是在我国新时代的全面深化改革过程中，不能因为出现一些改革和发展中的问题，一些人的利益需求得不到满足或者不如意，就以此来否定党的领导、否定社会主义制度、否定中国特色社会主义道路、否定中国特色社会主义文化的先进性。这就要求我们，既要通过话语权建设提高其凝聚力、引领力和影响力，也要在对各种意识形态的错误思潮进行辨析中，增强和同各种错误思想和各种错误社会思潮进行斗争的能力，从而牢牢掌握社会主义意识形态话语权。

正如“一”和“多”是一种辩证统一的关系一样，马克思主义作为思想文化领域占主导地位的意识形态与各种思想价值观念多样性之间的关系具有辩证性，它们二者之间相互作用和相互制约。一方面，主导性是以多样性为前提，没有多样性，主导性就失去意义。同样，多样性又必须确保主流意识形态的主导地位的不受削弱、不危及其安全，双方各自都以对方的存在为前提。另一方面，主导性对多样性既具有统领作用，也起着规范作用。多样性处于非主导、非主流地位，这决定了多样性在不影响和消解主流意识形态的主导地位和主导作用的情况下，具有发挥其对主流意识形态的积极影响作用。不能因为允许存在多样化的社会思想价值观念而否认主流意识形态的主导性地位，同样，在坚持社会主义主流意识形态话语的主导性地位的同时，也要允许多种社会思想和价值观念的存在，发展丰富多彩的文化形态与文化样式，满足人民群众日益增长的精神文化需求，在批判借鉴中吸收有利于社会主义意识形态发展的世界文明成果。

坚持社会主义意识形态的主导性和多样性统一，要防止两种倾向：一是将社会主义意识形态的主导性当成教条化的统一，在思想文化领域搞教条主义、本本主义，搞一刀切，只是追求单一的马克思主义思想，否定其他思想。二是将多样性认为是任由多种意识形态的泛滥，不加以管制。显然两者都不可取，社会主义意识形态的主导性是保障其在思想领域的核心地位和主导地位，对多样性的意识形态给予规范、引导、批判。意识形态的多样性是在社会主义意识形态主导性的基础上健康有序地发展。因此，在社会主义意识形态话语权的建设中，既要坚持社会主义意识形态话语权的政治原则和政治立场，保证其核心地位，同时包容多样的意识形态，充分发挥社会主义意识形态对非主流意识形态的规范、引导和批判作用。坚持主导性和多样性统一的原则，不仅能够提高社会主义意识形态话语能力，而且也能够促进社会主义文化的繁荣发展。

四、理想性和现实性的统一

任何一种意识形态，既包含其对未来美好生活理想的观念、思想、纲领和主张的愿景，也包含着这一美好生活愿景又是建立在对现实社会和生活所做的批判性研究基础之上。这意味着，意识形态本身就具有理想性和现实性，为社会主义意识形态话语权建设所坚持。

社会主义意识形态话语的理想性在内容上包含中国共产党的理想信念和实现中华民族伟大复兴中国梦的目标。习近平总书记在 2021 年秋季学期中央党校（国家行政学院）中青年干部培训班开班式上指出：“中国共产党成立一百年来，始终是有崇高理想和坚定信念的党。这个理想信念，就是马克思主义信仰、共产主义远大理想、中国特色社会主义共同理想。理想信念是中国共产党人的精神支柱和政治灵魂，也是保持党的团结统一的思想基础。”[①]理想信念为人们提供了强大的精神力量，革命战争年代，无数仁人志士和革命先辈，无私无畏、视死如归，献出了自己的宝贵生命，他们对共产主义的信仰和对共产主义的信念坚贞不渝、矢志不移。在建设时期，中国人民坚守理想信念，不畏困难，克服了种种阻力，摘掉了中国“贫油”的帽子，创造了世界第八大奇迹“人工天河”红旗渠。在改革开放新时期，我国经济实力、综合国力大幅提升，人民生活显著改善，国际地位空前提高，成功创造了“中国模式”。就是因为我们始终坚守自己的信念，才能够不断战胜困难险阻，创造了一个又一个人间奇迹。社会主义意识形态就是因为包含理想与目标，它始终处于核心和主导地位，始终具有强大的话语权。

社会主义意识形态话语的现实性包括国家、社会、个人的现实需求。首先，从国家层面，社会主义意识形态总结了每段历史时期的经验，并上升为理论加以总结，从而指导未来的实践，同时根据现实的需求提出奋斗目标，为了实现目标又不断进行实践的创新；其次，从社会层面，自由、平等、公正、法治是社会发展的目标，在人与人之间的交往实践的过程中，需要自由的环境，平等、公正的竞争的发展机会，需要法治维护社会的安宁，社会主义意识形态倡导的内容正是社会发展所需求的内容；再次，从个人层面，每个人都是社会关系的人，在社会中承担着不同的角色，在社会中如何处理好不同角色的矛盾，就必须拥有正确的价值观作为引导，并以此为个人的发展提供目标导向和规范标准。正是在这种意义上，社会主义意识形态源于现实又应用于现实决定了话语体系建设要接地气。

当前，在社会主义意识形态话语体系建设过程中要避免两种误区：一是过分强调社会主义意识形态话语内容的理性化、理论化，导致社会主义意识形态话语内容和话语表达因脱离人民群众的现实生活而变成一种言之无物的说教。

---

① 习近平：《坚定理想信念，补足精神之钙》，《求是》2021年第21期。

二是过分强调现实性，从而导致因为满足于对看得见摸得着现实利益的过度追求而付出理想性缺失的代价。因此，社会主义意识形态话语权建设要把理想化的理论通俗化，让人民群众在吃穿住用行的现实社会中感受理想信念的力量和成果，用老百姓的语言、话语方式实时实地传播社会主义意识形态。同时，根据群众现实的精神文化需要及时更新话语内容和话语传播方式，让老百姓看得见、摸得着，切身感受到理论的形成是源于他们的心声和需要，从而促进社会主义意识形态话语权的理想性和现实性的真正统一。

五、民族性和世界性的统一

社会主义意识形态话语体系既包括马克思主义意识形态的话语体系，同时也包括将马克思主义基本原理运用于中国具体实际以及与中华优秀传统文化的结合中形成的中国特色社会主义理论的话语体系。马克思主义来源于欧洲，属于西方的文化，但是经过一百多年的发展，马克思主义理论逐渐中国化，形成了具有中国特色的社会主义文化体系和话语体系，它既具有民族性又具有世界性。

社会主义意识形态的话语体系具有鲜明的民族性。中国历史悠久，传统文化内容丰富，在几千年的发展过程中，中华民族的思想观念和思维方式受到传统文化的深刻影响。毛泽东思想、邓小平理论、习近平新时代中国特色社会主义思想等都是吸收了中国优秀传统文化创造的理论成果，才使其话语内容和话语风格凸显出中国特色的民族风格和民族特点，呈现出话语表达的亲和力。习近平总书记指出："牢固的核心价值观，都有其固有的根本。抛弃传统、丢掉根本，就等于割断了自己的精神命脉。博大精深的中华优秀传统文化是我们在世界文化激荡中站稳脚跟的根基。"①

社会主义意识形态话语对人民群众的价值判断和价值取向起着影响作用，

① 《习近平谈治国理政》第一卷，外文出版社 2018 年版，第 164 页。

因此，保持社会主义意识形态的先进性是把握话语主导权的必然选择。纵观中国历史，近代中国无数仁人志士为了救亡图存，改变中国的命运，作出了许多探索，但都以失败告终，只有马克思主义传入中国后，用先进的理论指导中国的革命，才取得了伟大胜利。因为马克思主义理论揭示了人类社会发展的规律，具有先进性。中国特色社会主义意识形态话语体系在保持其先进性的过程中，既坚持了马克思主义基本理论，也借鉴了世界上一切优秀文明成果。世界上许多先进国家经济、科技发达，思想文化领域也在不断创新，中国在社会主义意识形态话语体系建设中，借鉴了世界先进的经济、政治、文化的思想，实现了话语内容的不断丰富和发展。

在社会主义意识形态话语权建构中，坚持社会主义意识形态话语的民族性和世界性相统一的原则，既要着眼于中华优秀传统话语资源，又要从中国的具体实际出发，在话语表达方式上做到与时俱进，推进社会主义意识形态话语民族化、本土化。同时，还要吸收世界一切的优秀成果，比如科学精神、民主思想、人权理论、法治观念、公共意识等中外融通的新概念、新表达，丰富社会主义意识形态话语表达内容，更新话语表达方式，以国际话语的表达方式讲好中国故事，增强社会主义意识形态话语在世界的影响力和竞争力。

六、包容性和批判性的统一

新时代社会主义意识形态话语权建设，以多样文化和价值的存在为前提，在不同文化的交流和碰撞的环境中，提高社会主义意识形态话语权的世界影响力，就需要通过不断吸收各种文化的精华，抵制文化的糟粕，坚持包容性和批判性的统一。

包容性是中华民族的品格和特性，所谓社会主义意识形态话语的包容性，一方面，指的是话语内容本身的包容性。中国的政党制度是中国共产党领导的多党合作制度，社会主义意识形态的话语内容不仅反映了中国共产党的意志，同时也反映了其他政党的意志。中国共产党在执政的过程中，吸纳了其他政党的意见建议，丰富了党的治国理政的理论。同时，随着中国经济的发展，出现了不同的社会阶层，文化需求也呈现出多样化，社会主义意识形态要想对其他利益诉求起到引领作用，就需要在话语内容上不断地吸纳、整合不同社会阶层和群体的利益诉求、思想意识、价值观念，最大可能地表达他们的心声。另一方面，指的是对待其他意识形态的态度上的包容性。社会主义意识形态在坚持话语引领的前提下，承认和尊重其他意识形态存在的必然性和合理性，与各种意识形态进行对话和交流，倾听不同话语背后人民群众的需求和心声，积极引导其他意识形态，使其符合社会主义发展的需要。

任何事物的发展都会经过肯定、否定、否定之否定的过程，在发展的过程中要处理好破与立的关系。破与立的过程就是批判性的过程，社会主义意识形态话语体系也是在破与立的关系中即批判性的过程中不断发展的。社会主义意识形态话语体系的批判性表现在，一方面是自我的批判，对不符合社会发展的内容及时更新，不断创新话语内容和话语表达方式，提升话语的感染力。另一方面对普世价值、历史虚无主义、享乐主义、拜金主义等社会流行思潮和封建落后思想进行批判，坚决抵制各种错误思潮和错误言论对社会主义意识形态话语阵地的侵蚀。

在社会主义意识形态话语权建设中坚持批判性和包容性相统一的原则，一方面，批判性不是完全否定过去，否定历史，也不是将一切外来思想拒之门外，搞闭关锁国，而是以是否符合社会主义的发展和是否符合广大人民群众的根本利益为标准，对其他意识形态进行批判和有选择的容纳和吸收。另一方面，包容性也不是全盘接受，任由其泛滥不加以约束，而要在坚持社会主义意识形态话语主导性的前提下，坚持底线思维，既要引领多种意识形态话语沿着正确的方向健康发展，又要批判地吸收多样意识形态的积极成分，丰富社会主义意识形态，还要兼收并蓄人类创造的一切文明成果。要立足新时代，放眼全世界，以海纳百川的气度，吸纳社会科学和自然科学的创新成果，构建社会主义意识形态世界性的话语体系。

第四节　新时代社会主义意识形态话语权建设的主要路径

探究社会主义意识形态话语权建设的实现途径，既要直面新时代我国社会主义意识形态话语权建设面临的各种挑战，也要着眼于建设具有强大凝聚力和引领力的社会主义意识形态的内在需要，其实质在于坚持好马克思主义意识形态在新时代的主导地位，运用和发挥好马克思主义中国化时代化最新理论成果的指导和引领作用。新时代社会主义意识形态话语权建设遇到的挑战涉及多领域、多方面、多层次，这也意味着新时代我国社会主义意识形态话语权建设的主要路径的探讨也需要在多领域、多方面、多层次全面系统展开。

一、在坚持马克思主义的指导地位中加强话语的引导力

社会主义意识形态的话语引导力，指的是“以中国共产党为领导核心、代表最广大人民群众根本利益的科学系统的思想观念体系，依靠自身理论魅力，借助宣传教育引导的方式手段，引领整合其他非主流意识形态的能力”①。党的十八大以来，习近平总书记高度重视意识形态话语权问题，在很多场合强调坚持马克思主义意识形态话语在我国的主导地位，牢牢掌握意识形态话语权，并将其视为强化马克思主义在意识形态话语权中的领导地位的基本前提和重要保障。

习近平总书记在谈到马克思主义的指导思想地位时指出：“指导思想是一个政党的精神旗帜”，“中国共产党之所以能够完成近代以来各种政治力量不可能完成的艰巨任务，就在于始终把马克思主义这一科学理论作为自己的行动指

① 郑敬斌、任虹宇：《新中国 70 年社会主义意识形态引领力提升的历史经验与现实镜鉴》，《山东社会科学》2019 年第 12 期。

南，并坚持在实践中不断丰富和发展马克思主义”。①中国共产党在高举马克思主义理论旗帜方面，始终保持高度的自信和自觉。不仅坚定不移地走出了一条中国特色社会主义的发展道路，而且昂首迈向了实现中华民族伟大复兴的新征程。在这一过程中，面对不同时代境遇下出现的诸多现实问题，我们党坚持马克思主义同中国具体实际相结合、同中华优秀传统文化相结合，不断推进马克思主义中国化时代化，马克思主义在中国焕发出强大生命活力，夯实了马克思主义在意识形态领域的指导地位。

实践一再证明，马克思主义在意识形态领域的指导地位是历史和人民的选择，是指导我国革命和建设取得成功的根本保障。在当前，我国正处于迈向建设社会主义现代化强国和实现中华民族伟大复兴的关键时期，在意识形态领域我们面临诸多前所未有的困难、难题和挑战，马克思主义在我国意识形态领域的指导地位不仅不能削弱，而且更应该得到坚持和巩固。习近平总书记指出："马克思主义是我们立党立国的根本指导思想。背离或放弃马克思主义，我们党就会失去灵魂、迷失方向。在坚持马克思主义指导地位这一根本问题上，我们必须坚定不移，任何时候任何情况下都不能有丝毫动摇。"②习近平总书记将"举旗帜"作为思想宣传工作的重要任务之一，提出"要高举马克思主义、中国特色社会主义的旗帜，坚持不懈用新时代中国特色社会主义思想武装全党、教育人民、推动工作，在学懂弄通做实上下功夫，推动当代中国马克思主义、21世纪马克思主义深入人心、落地生根"③。党的二十大报告提出"要坚持马克思主义在意识形态领域指导地位的根本制度"④，有了这种根本制度的确立，才能够确保理论和思想与实践的结合，也只有实现了理论和思想与实践的结合，才能在用马克思主义之"矢"射中国具体实际之"的"的过程中，不断推进理

① 《习近平谈治国理政》第二卷，外文出版社 2017 年版，第 33 页。

② 《习近平谈治国理政》第二卷，外文出版社 2017 年版，第 33 页。

③ 《习近平谈治国理政》第三卷，外文出版社 2020 年版，第 312 页。

④ 习近平：《高举中国特色社会主义伟大旗帜 为全面建设社会主义现代化国家而团结奋斗——在中国共产党第二十次全国代表大会上的报告》，人民出版社 2022 年版，第 43 页。

论的创新创造。

应该看到，正如任何一种意识形态都要建立在固有的文化根基之上一样，坚持马克思主义在意识形态领域的指导地位，也离不开中华优秀传统文化为其提供具有民族特色的文化根基。作为根植于人们内心深处并流淌在中华民族血液的文化基因，既构成了中华民族独有的精神标识和文化根脉，为人们提供了认识和改造世界的文明标尺，也具有强大的感召力、凝聚力和引领力，是形成民族认同、民族思维和民族价值取向的关键因素。正因为如此，党的十九大报告将推动“中华优秀传统文化创造性转化、创新性发展”① 作为提升社会主义意识形态强大凝聚力和引领力的重要举措。习近平总书记要求我们，“深入挖掘中华优秀传统文化蕴含的思想观念、人文精神、道德规范，结合时代要求继承创新，让中华文化展现出永久魅力和时代风采”②。也让马克思主义意识形态在新时代的“两个结合”中，通过对话语内容、话语表达与话语效果的完善、优化和增强，为马克思主义在意识形态领域的话语主导地位赢得历史主动。

在坚持马克思主义指导地位中加强话语的引导力，必须致力于在多元共存中发挥社会主义意识形态的引导权威。新时代思想领域的多样化、差异化已经构成我国意识形态领域的一个重要特征。思想上的多元共存在彰显其活力的同时，也容易引发思想上的混乱现象。习近平总书记指出：“如果一个社会没有共同理想，没有共同目标，没有共同价值观，整天乱哄哄的，那就什么事也办不成。我国有 13 亿多人，如果弄成那样一个局面，就不符合人民利益，也不符合国家利益。”③ 他特别强调，不能因为意识形态领域出现了多元，就以为在指导思想也要多元化。在指导思想上永远都不能搞多元化，“面对社会思想观念和价值取向日趋活跃、主流和非主流同时并存、社会思潮纷纭激荡的新形势，如何巩固马克思主义在意识形态领域的指导地位，培育和践行社会主义核

① 习近平：《决胜全面建成小康社会　夺取新时代中国特色社会主义伟大胜利——在中国共产党第十九次全国代表大会上的报告》，人民出版社 2017 年版，第 47 页。

② 《习近平谈治国理政》第三卷，外文出版社 2020 年版，第 33 页。

③ 《习近平谈治国理政》第二卷，外文出版社 2017 年版，第 335 页。

心价值观，巩固全党全国各族人民团结奋斗的共同思想基础，迫切需要哲学社会科学更好发挥作用”①。习近平总书记的上述论述，明确地告诉我们，面对纷繁复杂的国际形势和各种社会思潮的影响，要实现中华民族伟大复兴的中国梦，必须更加突出社会主义意识形态的主导地位，使全体人民在理想信念、价值理念、道德观念上紧密团结在一起，为全党全国人民团结奋斗打牢坚实的思想基础，为改革发展提供不竭的思想动力。这就给我们的社会主义意识形态的话语建设提出了一个新的要求，那就是发挥社会主义意识形态的主导性作用。这种主导性地位和作用，是通过在直面思想多样化客观现实的过程中积极引领整合而实现的。当然，整合也不是一味地让步或者没有底线，对于那些事关大是大非的问题，不仅不能整合引领，而且还要敢于亮剑，理直气壮地同其划清界限。

二、在语境变化和彰显话语主题中增强话语生命力

中国特色社会主义进入新时代以来，社会主义意识形态话语语境发生了明显的变化，孕育生成了体现中国特色、时代特色的话语主题。当前，我国正处于世界百年未有之大变局和实现中华民族伟大复兴全局的历史节点上，这既意味着意识形态话语的语境已经发生了变化，也意味着一种与这种语境变化相适应的话语主题的转向、凝练与生成。

习近平总书记指出：“谋划和推进党和国家各项工作，必须深入分析国际国内大势，科学把握我们面临的战略机遇和风险挑战”，“以正确的战略策略应变局、育新机、开新局，依靠顽强斗争打开事业发展新天地”。②这不仅指出了始终站在国内外多重矛盾的变局中把握意识形态工作的极端重要性，而且也深刻揭示了这种矛盾变局、风险挑战与斗争之间的内在逻辑，蕴含了从对矛盾

---

① 习近平：《在哲学社会科学工作座谈会上的讲话》，人民出版社2016年版，第6页。

② 《高举中国特色社会主义伟大旗帜　奋力谱写全面建设社会主义现代化国家崭新篇章》，《人民日报》2022年7月28日。

变局的观察和分析中用马克思主义这一伟大思想武器把握意识形态领域斗争、以历史的主动性建构体现真理和道义的社会主义意识形态的内在要求。它既要求以矛盾的实际变化为前提，也要求在这种矛盾变化和格局转换中思考其对意识形态建设带来的影响和变化。从提出社会主要矛盾变化的新判断来看，它既适应了作为社会主要矛盾的社会需求和社会生产在现阶段的变化需要而引发的原有社会主要矛盾的论述已经不合时宜的客观要求，也要求人们从需要和供给的关系中把握这种变化的内在要求。一方面，从需要端来看，人民美好生活的需要日益广泛，呈现出多样化、高层次、全方位的特点，只简单讲“物质文化需求”，显然已经不能真实反映人民群众需求的显著变化；另一方面，从供给端看，我国社会生产力水平总体上显著提高，甚至在有些方面进入世界前列，再讲“落后的社会生产”，也已经不符合实际了，当前最大的实际是发展的不平衡、不充分的问题。社会主要矛盾发生转化以后的需求侧所表现出的日益多样化、精细化以及“发展性需要”愿望的迫切性，也会在意识形态中得到体现和满足，并转化为意识形态工作的重要话题。如对日益增多的多样需求如何正确地进行引导，意识形态工作如何围绕着低层次的物质文化需求与更高层次的精神需求的关系展开，如何在权利和责任的关系协调中实现对美好生活的愿望等，都成为新时代意识形态工作亟须给予回答的问题。所有这些问题的回答，都不仅要求新时代的意识形态建设，必须从我国当前所处的实际物质生活条件出发，着眼于有效提升人民的物质生活水平这一前提，积极应对人民群众生活需要的多样化发展要求，在话语主题上全面体现新的时代特征，反映和体现人民对美好生活需要的价值诉求，充分发挥意识形态建设对人民美好生活实践活动的积极引导作用。

“人民就是江山，江山就是人民”①。习近平总书记指出：“新的征程上，我们必须紧紧依靠人民创造历史，坚持全心全意为人民服务的根本宗旨，站稳人民立场，贯彻党的群众路线，尊重人民首创精神，践行以人民为中心的发展思

① 《习近平谈治国理政》第四卷，外文出版社 2022 年版，第 63 页。

想，发展全过程人民民主，维护社会公平正义，着力解决发展不平衡不充分问题和人民群众急难愁盼问题，推动人的全面发展、全体人民共同富裕取得更为明显的实质性进展！"[①]这些围绕着人民展开的话语，构成了社会主义意识形态的话语主题。一方面，增强社会主义意识形态话语权是为了更好地凝聚中国精神、汇聚中国力量，话语主题的凝练能够构筑人民群众的意识形态同心圆，形成社会共识，提升精神境界。人民至上的话语主题，坚持以人民为中心，反映人民的精神诉求，同时，更为重要的是，激发人民的主观能动性，提升人民群众对话语主体的吸引力，让人民从被动受众转化为话语主体，自觉主动地参与到社会主义意识形态建设的过程中。另一方面，新时代的意识形态话语权建设要牢固树立以人民为中心的工作导向，紧紧围绕新时代我国社会主要矛盾出现的新情况和新变化，下大力气推进思想文化建设，针对思想建设和文化发展不平衡不充分的问题，突出抓重点、补短板、强弱项。要大力推进群众精神文明建设和文化惠民服务，把人民群众对美好生活的向往贯穿于一切工作的全过程中，满腔热情地引导群众、服务群众，反映人民愿望、满足人民需求。坚持从人民群众的生动实践出发，通过创新概念、观点和话语，不断拓展意识形态的丰富内涵，为人民群众不断增长的多重诉求提供精准的意识形态话语供给，使其成为人民群众的思维方式、价值理念、行为指南，彰显话语权的人民属性。

正是这样一种基于人民的理论，依托"人民至上"的话语主题，在不断实现对社会主义意识形态的话语解释中，不断通过实现马克思主义与中华优秀传统文化、革命文化、社会主义先进文化的结合，持续推进马克思主义中国化时代化，为社会主义意识形态话语权建设提供了生命力之源。这一方面需要用人民群众喜闻乐见的话语表达方式，解读好马克思主义的基本理论和基本观点，让理论不仅走近人民，而且也不断提升理论的感召力。正如马克思所指出的："理论只要说服人，就能掌握群众；而理论只要彻底，就能说服人。"[②]高

① 《习近平谈治国理政》第四卷，外文出版社 2022 年版，第 9 页。

② 《马克思恩格斯选集》第 1 卷，人民出版社 2012 年版，第 9—10 页。

深莫测的哲学语言难以吸引受众，朴实无华的社会热点更能够培养人民群众的参与度和存在感。另一方面，也需要通过“人民至上”话语议题的设置，让更多的话语受众参与到社会主义意识形态主流观点的讨论之中，从而使社会主义意识形态话语主题的建构，彰显中国价值，展现时代风貌，传承中华文明，贡献中国智慧。不仅如此，新时代社会主义意识形态话语权建设，还要围绕“人民至上”的话语主题，通过深化理论研究，形成具有中国特色社会主义的哲学社会科学成果，进一步增强马克思主义的生命力。马克思主义理论是指引全人类改造世界的实践理论，面对新时代的新情况、新问题，需要加强马克思主义在当代中国的理论创新，不断丰富、完善和发展对马克思主义中国化基本规律的深刻把握和认识，形成具有强大凝聚力和引领力的体现马克思主义真理性的最新理论成果。

三、在不断增强社会主义文化自信中强化话语吸引力

“文化自信”一般指的是文化主体对其文化自我发展过程中表现出来的外在样态的一种心理体验。由于文化主体总是表现为国家或民族，因此，它通常表现为该国家或民族基于对自身文化深信不疑的一种高度认同，表现出对文化样态所具有的创造力和发展前景的坚信和执着。在当下中国所说的文化自信，究其本质指的是对中国特色社会主义的文化自信。中国特色社会主义包括中华优秀传统文化、革命文化和社会主义先进文化，从中华民族的精神血脉、中国特色社会主义文化的中流砥柱、代表中国特色社会主义文化的前进方向三重维度，为我们在新时代不断增强中国特色社会主义文化自信既提供了志气、底气与骨气的精神底色，也为推动文化创新发展，开展新时代社会主义意识形态话语权建设，增强话语凝聚力，明确了发展方向。

增强文化自信，提高社会主义意识形态话语的吸引力，必须牢牢守住意识形态话语权的精神高地。在中国特色社会主义的道路自信、理论自信、制度自信和文化自信中，根本的、最深层的是文化自信，而文化自信，又首先体现为对马克思主义意识形态的话语自信。新时代意识形态领域面临的竞争十分激

烈，对于意识形态这块阵地，如果马克思主义不去占领，意味着该阵地会被其他思想占领。面对“西强东弱”的意识形态形势，迫切需要提升对中华民族文化影响力的高度自觉性，深刻把握和发挥社会主义意识形态国际话语传播的影响力、感召力、亲和力、说服力、引导力以及其在实现中华民族伟大复兴、建设社会主义现代化强国中的文化软实力作用，以包容天下的博大胸怀，致力于构建人类命运共同体，促进世界文明之间的交流互鉴，深度参与国际话语权建设，为化解全球问题提供中国智慧。

增强文化自信，提高社会主义意识形态话语的吸引力，还必须加强叙事方式的创新和传播体系的建构，不断提升马克思主义意识形态话语权的国际吸引力。就前者而言，以讲好中国故事为依托，推动中华文化走出去。习近平总书记指出：“要加快构建中国话语和中国叙事体系，用中国理论阐释中国实践，用中国实践升华中国理论，打造融通中外的新概念、新范畴、新表述，更加充分、更加鲜明地展现中国故事及其背后的思想力量和精神力量。”①党的十八大以来，我们在外宣和国际传播方面取得很大成就，中华文化在国际文化格局中的地位不仅得到大幅度的提升和巩固，而且也在国家话语权的较量中发挥了积极作用，中国声音、中国话语、中国立场、中国价值以及中华文化的影响力大大增强。但就国际话语权而言，还有很长一段距离要走。同时，中国的崛起，也让我们在国际话语权的传播中面临以美国为代表的西方一些国家的打压和挑战，我们在国际话语传播方面需要做的工作还很多。习近平总书记要求我们，“要广泛宣介中国主张、中国智慧、中国方案，我国日益走近世界舞台中央，有能力也有责任在全球事务中发挥更大作用，同各国一道为解决全人类问题作出更大贡献”②，“形成同我国综合国力和国际地位相匹配的国际话语权”③。既要“加强对中国共产党的宣传阐释，帮助国外民众认识到中国共产党真正为中国人民谋幸福而奋斗，了解中国共产党为什么能、马克思主义为什么行、中国特

① 《习近平谈治国理政》第四卷，外文出版社 2022 年版，第 317 页。

② 《习近平谈治国理政》第四卷，外文出版社 2022 年版，第 317 页。

③ 《习近平谈治国理政》第四卷，外文出版社 2022 年版，第 316 页。

色社会主义为什么好”①，又要“加强国际传播的理论研究，掌握国际传播的规律，构建对外话语体系，提高传播艺术。要采用贴近不同区域、不同国家、不同群体受众的精准传播方式，推进中国故事和中国声音的全球化表达、区域化表达、分众化表达，增强国际传播的亲和力和实效性”②。只有这样，才能“更好推动中华文化走出去，以文载道、以文传声、以文化人，向世界阐释推介更多具有中国特色、体现中国精神、蕴藏中国智慧的优秀文化”，“要注重把握好基调，既开放自信也谦逊谦和，努力塑造可信、可爱、可敬的中国形象”。③与此同时，还要增加不同国家间的文化交流互鉴，开展亚洲、“一带一路”沿线国家甚至全球性文化交流互鉴主题活动，在世界舞台上展示中华文化魅力。搭建国际化传媒平台，培养传媒人才，创新传播技术，引入虚拟现实、人工智能等前沿科技成果，传播承载社会主义意识形态话语的优秀文学艺术作品。这既需要我们科学认识和把握传播规律，提高传播能力和水平，也需要我们在马克思主义意识形态的话语框架、议程设置等方面实现全方位、全媒体传播，尤其是建立一支高效的新闻舆论工作队伍，借助于现代传媒信息技术，打造马克思主义意识形态舆论传播的新平台，以“内容优势赢得发展优势”④，实现新兴媒体与传统媒体的协调发展，不断提高马克思主义意识形态的吸引力。意识形态话语只有具有了吸引力，才能释放出强大的影响力和传播力。就此而言，坚定文化自信，不仅构成我们捍卫马克思主义意识形态话语权崇高地位的最大底气，而且也为实现对现实的价值引领、汇集中国力量提供了根本和源泉。

四、在践行社会主义核心价值观中增强话语凝聚力

任何一种意识形态，要想表现出强大的话语凝聚力，首先取决于人们对它

① 《习近平谈治国理政》第四卷，外文出版社 2022 年版，第 317 页。

② 《习近平谈治国理政》第四卷，外文出版社 2022 年版，第 318 页。

③ 《习近平谈治国理政》第四卷，外文出版社 2022 年版，第 317 页。

④ 习近平：《习近平关于社会主义文化建设论述摘编》，中央文献出版社 2017 年版，第 46 页。

的认同度。对意识形态的认同与否，成为我们思考社会主义意识形态凝聚力必须直面回答和解决的一个问题。社会主义意识形态首先是一种解释世界的理论，对这个世界的解释当然不能脱离开生活于其中的每一个人。只有获得人们认同的意识形态，才能确立起自己的话语权威，发挥对人的凝聚作用。

社会主义核心价值观同我们的历史文化相契合，同正在进行的奋斗相结合，同需要解决的时代问题相适应，是全社会价值认同的“最大公约数”。要发挥这种价值共识的作用，在当前就要“在全社会大力弘扬和践行社会主义核心价值观，使之像空气一样无处不在、无时不有，成为全体人民的共同价值追求，成为我们生而为中国人的独特精神支柱，成为百姓日用而不觉的行为准则。要号召全社会行动起来，通过教育引导、舆论宣传、文化熏陶、实践养成、制度保障等，使社会主义核心价值观内化为人们的精神追求、外化为人们的自觉行动。”①这意味着，以社会主义核心价值观引领社会主义意识形态话语权建设，是增强社会主义意识形态凝聚力的关键环节。要通过教育引导，提升社会主义意识形态话语受众的理性认知，促进教育内化的实现；通过实践养成，推动社会主义意识形态话语从政治话语、学术话语向实践话语、生活话语的有机转换，实现百姓日用而不觉的理想效果；通过制度保障，维系社会主义意识形态话语权建设的长效化、常态化，营造崇德向善的社会风气。

首先，注重社会主义核心价值观融入国民教育全过程。一是要融入学校教育，加强大中小学社会主义核心价值观一体化教育。价值观教育是大中小学思政课的主要内容，思政课是培育践行社会主义核心价值观的主阵地。实现社会主义核心价值观教育目标一体化、教育内容一体化、教学方法一体化、考核评价一体化、制度保障一体化。加强思政课师资队伍的职前职后培训，促进教师间的校际交流，加强对教学资源的共享平台建设，围绕社会主义核心价值观开展一系列教学观摩、教学展示等活动，建立大中小学社会主义核心价值观教学案例数据库。二是融入家庭教育，依托家风家训教化社会主义核心价值观。家

① 习近平：《习近平在文艺工作座谈会上的讲话》，人民出版社 2015 年版，第 23 页。

庭环境是每一个人成长成才的起点，长辈尤其父母是孩子的第一位老师，是子女为人处世、待人接物的典型示范。良好的家风家教家训不仅以文字的方式传承，更是以父母的实际行动教育子女，高尚的道德品性和正确的价值观念会在每一代的家族成员行为话语中落下烙印并代代相传，“家族给成员以性格特征，个人的气质代表家族，丰富完善着家风的传承过程”[①]。以家风家训为特点的家庭教化方式，实现传统社会价值观的大众化，价值观话语通过潜移默化的方式转化为大众话语、日常话语、行为话语，在家庭生活中得以认同并践行。三是融入社会教育，创新社会主义核心价值观的宣传教育。中国共产党历来重视意识形态宣传工作，要依托主流媒体用真实的数据、科学的理论，向群众宣讲党的理论、道路、制度和文化，倡导社会主义核心价值观。

其次，注重社会主义核心价值观落实到经济发展实践和社会治理，通过确立经济发展政策、出台社会治理措施，形成有利于弘扬社会主义核心价值观的政策导向和利益协调机制。一是在经济活动中倡导讲社会责任、讲社会效益，讲守法经营、讲公平竞争、讲诚信守约的价值要求，对于自觉践行社会主义核心价值观的行为给予适当褒奖。二是建设新时代文明实践中心。解决好乡镇村民精神文明建设“最后一公里”的问题，用中国特色社会主义文化、社会主义思想道德牢牢占领农村思想文化阵地，不断满足人民日益增长的精神文化需求，丰富人民精神世界，增强人民精神力量，提升人民精神风貌。建设乡村书屋，开展道德大讲堂，宣传移风易俗活动，搭建文化交流平台，运用前沿科技宣传习近平新时代中国特色社会主义思想，用村民喜闻乐见的语言阐释好马克思主义理论，宣传好社会主义核心价值观。三是依托志愿服务、乡村支教等活动，营造向善向上的社会氛围。在当前，我国面临着由熟人社会向陌生人社会的转型，完善社会利益诉求机制和争议协调解决机制，提倡感同身受地体会他人的处境，伸援助之手，解他人之困，发挥友善作为处理人际关系黏合剂的作用。健全社会志愿服务制度，调动人民群众参与社会治理的主动性和积极性，

① 王立刚：《中国传统家风的文化渊源与教化意义》，《河北师范大学学报》2017 年第 2 期。

配备相应积分褒奖细则，推动志愿服务长效化、常态化。积极倡导高校学生投身乡村支教等道德实践活动，将个人事业赋于建设社会主义现代化国家新进程中。

最后，注重社会主义核心价值观融入法治建设。党的十九届四中全会强调，“坚持以社会主义核心价值观引领文化建设制度”[①]，法治不仅构成社会主义核心价值观的社会价值目标，而且也为社会主义核心价值观培育践行提供制度保障。2020 年，中共中央印发的《法治社会建设实施纲要》要求，“坚持法治国家、法治政府、法治社会一体化建设，培育和践行社会主义核心价值观，弘扬社会主义法治精神，建设社会主义法治文化”[②]，更好发挥社会主义核心价值观在法治社会建设中的引领作用。习近平总书记强调：“全民守法是法治社会的基础工程。”[③]发挥社会主义核心价值观聚民心、汇民力的重要作用，倡导全体人民共同参与法治社会的建设，一方面，加强普法教育，提升人民的法律意识、凝练法律思维、增强法治理念。另一方面，推进法治政府建设，将公权力置于阳光下运行，让一把尺子量到底的标准贯穿始终，“努力让人民群众在每一个司法案件中感受到公平正义”[④]，以制度保障社会主义核心价值观培育践行长效化，以法律贯穿社会主义核心价值观落地落实。

五、在完善制度的保障作用中增强话语权影响力

社会主义意识形态话语权的建构，非一日之功，而是常态化、长效化的稳定性工作。它离不开制度所提供的保障作用，要通过制度有效设计，为社会主

① 《中共中央关于坚持和完善中国特色社会主义制度　推进国家治理体系和治理能力现代化若干问题的决定》，人民出版社 2019 年版，第 23 页。

② 《法治社会建设实施纲要》（2020—2025），人民出版社 2020 年版，第 2 页。

③ 习近平：《坚定不移走中国特色社会主义法治道路　为全面建设社会主义现代化国家提供有力法治保障》，《求是》2021 年第 5 期。

④ 习近平：《坚定不移走中国特色社会主义法治道路　为全面建设社会主义现代化国家提供有力法治保障》，《求是》2021 年第 5 期。

义意识形态话语权建设提供健全的法律法规的保障作用，不断释放其强大的影响力。

首先，加强党对社会主义意识形态话语权建设的根本领导制度。党政军民学，东西南北中，党是领导一切的。中国共产党对社会主义意识形态话语权建设的领导主要是政治上、思想上的领导，把马克思主义的基本观点贯彻落实到社会实践的各个方面，依托基层群众自治组织和基层党组织，根据中国实际国情制定党的思想、方针、路线，引领国家宏观政策的顶层设计，并通过法律法规和执法司法予以贯彻落实。既确保宏观层面强化党在社会主义发展方向上的领导，在贯彻落实“五位一体”总体布局和“四个全面”战略布局中夯实社会主义意识形态话语权建设的制度基础，通过一系列的顶层设计和宏观调控，为社会主义意识形态的话语权建设明确方向定位；也通过在中观层面政策的引领和法律的保障作用的不断增强，实现科学立法、民主立法，加强重点领域的立法工作，健全社会治理过程中需要的法律制度；还通过微观层面加强党员领导干部的严格执法，强化司法责任制，提高司法公信力，将社会主义法治价值观践行到每个诉讼案件中，发挥其对社会风气的引领作用。

其次，建立中国特色社会主义意识形态学习教育制度。新时代中国特色社会主义意识形态是中华优秀传统文化、革命文化和社会主义先进文化的凝练和升华，是党的理论创新的重要成果。在新时代新征程中，要进一步推动马克思主义、习近平新时代中国特色社会主义思想的大众化、时代化，就必须坚持用党的理论创新的最新成果武装全党、教育人民，推进学习教育的制度化。为此，需要健全、建立和完善理想信念学习教育制度、党史学习教育制度、群众路线教育实践制度，为社会主义意识形态主导地位和引领作用的坚持、话语权的巩固提供制度保障。一是健全理想信念学习教育制度。要通过将这一制度融入学校教育、社会教育、国家教育的国民教育体系之中，引导各级党组织开展定期学习活动，以马克思主义经典著作、革命文学作品、习近平总书记关于理想信念的重要论述等为教材，进行共产主义最高理想和社会主义共同理想的系统全面理论学习，始终使全党保持理想追求上的政治定力，“自觉做共产主义远大理想和中国特色社会主义共同理想的坚定信仰者、忠实实践者”①。二是要围绕五个“要用好”抓好落实好建立党史学习教育的常态化长效化制度机制。即“要用好党委（党组）理论学习中心组制度，推动领导班子、领导干部带头学党史、经常学党史。要用好干部教育培训机制，继续把党史作为党校（行政学院）、干部学院必修课、常修课。要用好学校思政课这个渠道，推动党的历史更好进教材、进课堂、进头脑，发挥好党史立德树人的重要作用。要用好红色资源，加强革命传统教育、爱国主义教育、青少年思想道德教育，引导全社会更好知史爱党、知史爱国。要用好‘我为群众办实事’实践活动形成的良好机制，推动各级党组织和广大党员、干部满腔热情为群众办实事、解难事，走好新时代党的群众路线。”②三是完善群众路线教育实践制度，加深党与群众之间的密切联系，解决好关切群众利益的小事、琐事，同时还要宣传好习近平新时代中国特色社会主义思想，提高群众的理性认知，培养情感共鸣，实现政治认同。只有这样，才能让人民群众感受到中国特色社会主义理论的科学真理，才能真正推动马克思主义的大众化、时代化。无论是专题学习、主题教育还是实践活动，都应当将社会主义意识形态的学习教育通过制度予以贯彻落实，强化组织领导能力，完善考核指标体系，配合保障反馈机制。

再次，完善社会主义意识形态的舆论引导制度。互联网时代，人人都是信息接收者，同是兼任信息传播者，亟须完善社会主义意识形态的舆论引导制度，突出做好“完善舆论监督制度，健全重大舆情和突发事件舆论引导机制”③的工作。一是完善网络舆论引导制度。新时代，人的现实生活被虚拟空间所侵占，“各种微博、微信、论坛、直播网站都是言论的大舞台，人们无法在现实生活中进行的集中讨论和大型互动都能够在线上完成，网络很轻易地就形成了

---

① 《习近平谈治国理政》第二卷，外文出版社 2017 年版，第 35 页。

② 《习近平谈治国理政》第四卷，外文出版社 2022 年版，第 33 页。

③ 《中共中央关于坚持和完善中国特色社会主义制度　推进国家治理体系和治理能力现代化若干重大问题的决定》，人民出版社 2019 年版，第 24 页。

思想汇聚和言论传播的功能”[①]，而且，受众极易受到“标题党”和“碎片化”网络信息的影响，从而影响价值判断。网络舆论引导机制需要以社会主义意识形态话语权为基础，不断壮大网络思想文化阵地，提高网络社会主义意识形态话语的影响力以及开展网络意识形态话语权斗争的高度自觉性。守住红色地带主阵地，大大压缩黑色地带地盘，争取灰色地带向红色地带的转化[②]，为社会主义意识形态话语在网络的有效传播营造优良生态。二是完善重大舆情和突发事件处理制度。要着眼于掌握网络舆情的时代特点，揣摩极易吸引受众的话题热点，在源头上控制网络舆情的规模性爆发；要通过建立网络舆情预警机制，根据议题参与人数、转发人数和评论人数，设置舆情等级，根据具体情况提出应对策略；要通过完善舆情处理机制，依托官方媒体，及时澄清事实、还原真相，提高信息的权威性，这也是澄清网络谣言的最佳方式。三是完善舆论监管制度。一方面，加强特殊领域立法，网络曾被称为匿名者的天堂、言论自由的法外之地，必须建立健全虚拟空间立法，弥补制度漏洞，追究运用法律进行违法犯罪、侵犯他人合法权利的违法行为的相关责任。另一方面，明确舆论监管者的职权和职责，设立专人专岗，监控网络舆情数据，一旦超过舆情预警，可以申请相关职能部门介入调查，并且及时发布事实真相，避免舆情扩大。以社会主义意识形态话语引导社会舆论，更需要传播正能量、弘扬主旋律，提升话语受众的价值判断能力，不能被网络舆论所左右。

最后，健全人民文化权益的保障制度。文化权益是人民群众所享有的基本权利，其能否得到保障，直接影响人民群众对社会主义意识形态话语权的认同和接受。因此，健全人民文化权益的保障制度，就是要以社会主义意识形态引领人民对美好生活的向往，着眼于为人民群众多样化的精神需要的满足，提供更加优质的公共文化服务，创作更多优秀艺术作品，提高传播中国话语的影响力，传承弘扬好中华优秀传统文化。为此，需要进一步完善现代公共文化服务

---

① 张江：《建设新时代社会主义文化强国》，中国社会科学出版社 2019 年版，第 174 页。

② 参见《习近平谈治国理政》第二卷，外文出版社 2017 年版，第 328 页。

供给、文化产业规划和知识产权等方面的制度。一是完善现代公共文化服务供给制度。要通过创新公共文化服务理念和方法、丰富公共文化服务内容、改善公共文化服务的供需关系，彻底解决现阶段我国公共文化服务建设存在的供需脱节、参与程度不高、使用效率较低、服务内容与形式相较于传统且单一等问题。要通过引入社会资本，调动市场资源，运用竞争机制，发挥市场在文化供给方面的积极作用，解决公共文化服务供给活力缺乏的突出问题，更好地利用好“政府在宏观调控、市场监管、质量监控、公共服务等方面的职能和作用，实现由办文化向管文化转变。①”在党和国家的顶层设计上，要明确公共文化服务的建设方向，坚定社会主义意识形态的根本观点，坚持马克思主义的指导地位，引导社会资本向公共文化服务建设转化，丰富人民的文化生活，满足人民的精神需要。二是深化文化体制改革，完善文化产业规划制度。一方面，坚持社会效益与经济效应并重，当两者冲突时，将社会效益放在首位。另一方面，倡导创作讴歌主旋律、传播好声音的精神文化产品。习近平总书记强调指出，要“引导文艺工作者树立正确的历史观、民族观、国家观、文化观，自觉讲品位、讲格调、讲责任”②。优秀的文艺作品既需要满足人民群众多样的精神追求，更需要秉持坚定的理想信念和崇高的价值指向，滋养受众的文学底蕴，提升人民的思想境界。三是完善知识产权制度。由市场产权引入创造性智力成果保障制度，既能够有效激发主体创作积极性，更能够为作品传播、转译、改编、发明、创造等提供再创造服务。目前，需要结合国情完善知识产权制度，营造健康的文化业态，保护作者人身与财产权益。唯有完善的文化保障体制，才能创作出更多优秀的文学作品，以春风细雨的方式传播社会主义意识形态，引导人民群众辨别何为假丑恶、何为真善美，营造向善向上的社会风气。

① 祁述裕：《国家文化治理现代化研究》，社会科学文献出版社 2019 年版，第 130 页。

② 《习近平谈治国理政》第三卷，外文出版社 2020 年版，第 313—314 页。

参考文献

一、著作文献

1.《马克思恩格斯全集》第 1、1、2、3、3、30、49 卷，人民出版社 1995、1956、1957、2002、2002、1975、2016 年版。

2.《马克思恩格斯文集》第 1、2、8 卷，人民出版社 2009 年版。

3.《马克思恩格斯选集》第 1—4 卷，人民出版社 2012 年版。

4.《列宁全集》第 1、6 卷，人民出版社 2013 年版。

5.《列宁全集》第 14、19、23、36、39、42、43 卷，人民出版社 2017 年版。

6.《列宁选集》第 1—4 卷，人民出版社 2012 年版。

7.《普列汉诺夫哲学著作选集》第一、三卷，生活·读书·新知三联书店 1959、1962 年版。

8.《毛泽东选集》第一至四卷，人民出版社 1991 年版。

9.《毛泽东文集》第七卷，人民出版社 1999 年版。

10.《刘少奇选集》下卷，人民出版社 1985 年版。

11.《邓小平文选》第一至四卷，人民出版社 1994、1994、1993 年版。

12.《邓小平年谱》（一九七五——一九九七）下卷，中央文献出版社 2004 年版。

13.《江泽民文选》第一至三卷，人民出版社 2006 年版。

14.《胡锦涛文选》第一至三卷，人民出版社 2016 年版。

15.《习近平谈治国理政》第一至四卷，外文出版社 2018、2017、2020、2022 年版。

16.《习近平著作选读》第一、二卷，人民出版社 2023 年版。

17.《中共中央关于党的百年奋斗重大成就和历史经验的决议》，人民出版社 2021 年版。

18.《中国共产党第十九届中央委员会第五次全体会议文件汇编》，人民出版社 2020 年版。

19.《中共中央关于坚持和完善中国特色社会主义制度　推进国家治理体系和治理能力现代化若干重大问题的决定》，人民出版社 2019 年版。

20. 习近平：《决胜全面建成小康社会　夺取新时代中国特色社会主义伟大胜利——在中国共产党第十九次全国代表大会上的报告》，人民出版社 2017 年版。

21. 习近平：《在庆祝中国共产党成立 100 周年大会上的讲话》，人民出版社 2021 年版。

22. 习近平：《高举中国特色社会主义伟大旗帜　为全面建设社会主义现代化国家而团结奋斗——在中国共产党第二十次全国代表大会上的报告》，人民出版社 2022 年版。

23. 习近平：《在党史学习教育动员大会上的讲话》，人民出版社 2021 年版。

24. 习近平：《论党的宣传思想工作》，中央文献出版社 2020 年版。

25. 习近平：《在中华人民共和国恢复联合国合法席位 50 周年纪念会议上的讲话》，人民出版社 2021 年版。

26. 习近平：《在文艺座谈会上的讲话》，人民出版社 2015 年版。

27. 习近平：《在全国脱贫攻坚总结表彰大会上的讲话》，人民出版社 2021 年版。

28. 习近平：《弘扬和平共处五项原则建设合作共赢美好世界——在和平共处五项原则发表 60 周年纪念大会上的讲话》，人民出版社 2014 年版。

29. 中共中央文献研究室：《十六大以来重要文献选编》上、下，中央文献出版社 2005、2008 年版。

30. 中共中央文献研究室：《十七大以来重要文献选编》上、中、下，中央文献出版社 2009、2011、2013 年版。

31. 中共中央党史和文献研究院：《习近平关于总体国家安全观论述摘编》，中央文献出版社 2018 年版。

32. 中共中央文献研究室：《习近平关于社会主义文化建设论述摘编》，中央文献出版社 2017 年版。

33. 司马迁：《史记》，崇文书局 2010 年版。

34. 房玄龄注：《管子》，刘绩补注、刘晓艺校点，上海古籍出版社 2015 年版。

35. 老子：《道德经》，岳昌强译注，四川人民出版社 2019 年版。

36. 孔子：《论语》，杨伯峻、杨逢彬注译，岳麓书社 2018 年版。

37. 杨天宇：《礼记译注》，上海古籍出版社 2016 年版。

38. 金良年：《论语译注》，上海古籍出版社 2016 年版。

39. 汪受宽、金良年：《孝经·大学·中庸译注》，上海古籍出版社 2012 年版。

40. 李水金：《中国公民话语权研究》，吉林人民出版社 2009 年版。

41. 吕增奎：《执政的转型：海外学者论中国共产党的建设》，中央编译出版社 2011 年版。

42. 孙承叔：《真正的马克思〈资本论〉三大手稿的当代意义》，人民出版社 2009 年版。

43. 俞吾金，《意识形态论》，人民出版社 2009 年版。

44. 荆学民：《社会转型与信仰重建》，山西教育出版社 1999 年版。

45. 朱智贤：《心理学大词典》，北京师范大学出版社 1989 年版。

46. 萧秋、吉胜：《国外学者评中国共产党》，中国华侨出版社 1992 年版。

47. 张江：《建设新时代中国特色社会主义文化强国》，中国社会科学出版社 2019 年版。

48. 《法治社会建设实施纲要》（2020—2025），人民出版社 2020 年版。

49. 张雯雯：《哈贝马斯的交往行为理论与历史唯物主义》，中国社会科学出版社 2016

年版。

50. 郭庆光:《传播学教程》，中国人民大学出版社 2011 年版。

51. 匡文波:《新媒体概论》，中国人民大学出版社 2012 年版。

52. 朱景林:《思想政治教育物质载体论》，中国社会科学出版社 2016 年版。

53. 田中阳:《传播学基础》，岳麓书社 2009 年版。

54. 祁述裕:《国家文化治理现代化研究》，社会科学文献出版社 2019 年版。

55. 杨生平:《论马克思主义意识形态理论的形成和发展》，首都师范大学出版社 1998 年版。

56. [英] 特里·伊格尔顿:《历史中的政治、哲学、爱欲》，马海良译，中国社会科学出版社 1999 年版。

57. [斯洛文尼亚] 斯拉沃热·齐泽克:《意识形态的崇高客体》，季广茂译，中央编译出版社 2002 年版。

58. [美] 道格拉斯·C. 诺思:《制度、制度变迁与经济绩效》，刘守英译，上海三联书店 1994 年版。

59. [英] 戴维·米勒、韦农·波洛丹诺:《布莱克维尔政治学百科全书》，中国问题研究所等译，中国政法大学出版社 1992 年版。

60. [意] 葛兰西:《狱中札记》，曹雷雨等译，中国社会科学出版社 2000 年版。

61. [意] 葛兰西:《狱中书简》，田国良译，求实出版社 1990 年版。

62. [英] 拉克劳、墨菲:《领导权与社会主义的策略——走向激进民主政治》，尹树广、鉴传今译，黑龙江人民出版社 2003 年版。

63. [美] 戴维·斯沃茨:《文化与权力》，陶东风译，上海译文出版社 2006 年版。

64. [澳] 尼克·奈特:《再思毛泽东：毛泽东思想的探索》，闫方洁等译，中国人民大学出版社 2014 年版。

65. [德] 哈贝马斯;《包容他者》，曹卫东译，上海人民出版社 2002 年版。

66. [德]哈贝马斯:《重建历史唯物主义》，郭官义译，中国社会科学出版社 2000 年版。

67. [德] 哈贝马斯:《交往与社会进化》，张博树译，重庆出版社 1989 年版。

68. [法] 福柯:《必须保卫社会》，钱翰译，上海人民出版社 2010 年版。

69. [法] 福柯:《权力的眼睛》，严锋译，上海人民出版社 1997 年版。

70. [法] 福柯:《训诫与惩罚：监狱的诞生》，刘北成、杨远婴译，生活·读书·新知三联书店 2003 年版。

71. [法] 福柯:《性史》，张延琛等译，上海科学技术出版社 1999 年版。

72. [美] 亨廷顿:《文明的冲突与世界秩序的重建》，周琪等译，新华出版社 2010 年版。

73. [美] 亨廷顿:《变化社会中的政治秩序》，王冠华等译，生活·读书·新知三联书店 1989 年版。

74. [美] 弗朗斯西·福山:《历史的终结即最后之人》，黄胜强、许铭原译，中国社会科学出版社 2003 年版。

75. [美] 丹尼尔·贝尔：《意识形态的终结》，张国清译，江苏人民出版社 2001 年版。

76. [美] 丹尼尔·贝尔：《后工业社会的来临——对社会预测的一项探索》，高铦、王宏周、魏章玲译，商务印书馆 1984 年版。

77. [英] 伯兰特·罗素：《权力论》，吴友三译，商务印书馆 2012 年版。

78. [美] 莱因哈特·本迪克斯：《马克斯·韦伯思想肖像》，刘北成译，上海人民出版社 2002 年版。

79. [德] 弗·梅林：《保卫马克思主义》，吉洪译，人民出版社 1982 年版。

80. [意] 安·拉布里奥拉：《关于历史唯物主义》，杨启磷等译，人民出版社 1984 年版。

81. [法] 拉法格：《唯心史观和唯物史观》，王子野译，生活·读书·新知三联书店 1965 年版。

82. [德] 爱德华·伯恩施坦：《社会主义的历史和理论》，马元德、严隽旭、彭金安、蔡升译，东方出版社 1989 年版。

83. [英] 诺曼·费尔克拉夫：《话语与社会变迁》，殷晓蓉译，华夏出版社 2003 年版。

84. [美] 尼尔·波兹曼：《娱乐至死》，章艳译，中信出版社 2015 年版。

85. [美] 莫里斯·迈斯纳：《毛泽东与马克思主义、乌托邦主义》，《国外研究毛泽东思想资料选辑》编辑组编译，中央文献出版社 1991 年版。

86. [美] 罗伯特·劳伦斯·库恩：《他改变了中国：江泽民传》，谈峥、于海江译，上海译文出版社 2005 年版。

二、报刊文献

1. 习近平：《在庆祝中国共产党成立 95 周年大会上的讲话》，《求是》2021 年第 8 期。

2. 习近平：《在党史学习教育动员大会上的讲话》，《求是》2021 年第 7 期。

3. 习近平：《在庆祝中国共产党成立 100 周年大会上的讲话》，《求是》2021 年第 14 期。

4. 习近平：《坚定理想信念，补足精神之钙》，《求是》2021 年第 21 期。

5. 习近平：《坚定不移走中国特色社会主义法治道路　为全面建设社会主义现代化国家提供有力法治保障》，《求是》2021 年第 5 期。

6. 习近平：《在党的新闻舆论工作座谈会上的讲话》，《人民日报》2016 年 2 月 20 日。

7. 习近平：《加强和改进国际传播工作　展示真实立体全面的中国》，《人民日报》2021 年 6 月 2 日。

8. 习近平：《习近平在全国宣传思想工作会议上的讲话》，《人民日报》2018 年 8 月 23 日。

9. 习近平：《学党史悟思想办实事开新局　以优异成绩迎接建党一百周年》，《人民日报》2021 年 2 月 21 日。

10. 习近平：《习近平给〈文史哲〉编辑部全体编辑人员回信》，《人民日报》2021 年 5 月 11 日。

11. 阮建平：《话语权与国际秩序的建构》，《现代国际关系》2003 年第 5 期。

12. 杨昕：《当代中国意识形态话语权研究述评》，《探索》2012 年第 3 期。

13. 周春霞：《论农村弱势群体的媒介话语权》，《安徽大学学报》（哲学社会科学版）2005 年第 3 期。

14. 杨俊蕾：《文化全球化中的民族话语权》，《天津社会科学》2002 年第 3 期。

15. 张健：《话语权的解释框架及公民社会中的话语表达》，《湖南行政学院学报》2008 年第 5 期。

16. 葛彦东：《掌握意识形态话语权初探》，《思想理论教育导刊》2015 年第 1 期。

17. 陈卓：《论中国特色社会主义意识形态话语权的提升及其实现路径》，《探索》2019 年第 1 期。

18. 侯惠勤：《意识形态话语权初探》，《马克思主义研究》2014 年第 12 期。

19. 张骥、申文杰：《马克思主义意识形态话语权在我国思想宣传领域面临的挑战与实现方式探究》，《当代世界与社会主义》2011 年第 1 期。

20. 竹立家：《“中国话语”变迁与构建》，《人民论坛》2012 年第 12 期。

21. 姚朝华、高洁静：《当代中国意识形态话语体系变迁的社会维度透析及趋势研究》，《思想理论教育》2014 年第 6 期。

22. 傅艳蕾：《改革开放 40 年社会主义意识形态话语研究综述》，《马克思主义研究》2018 年第 8 期。

23. 黄丽娟：《建国以来社会主义意识形态建设研究——以政治社会化为研究视阈》，上海社会科学院博士学位论文（2017 年）。

24. 胡春阳：《中国马克思主义意识形态的核心话语变迁及启示》，《皖西学院学报》2014 年第 1 期。

25. 吴春雷：《新时期我国马克思主义意识形态话语权建构》，《重庆社会科学》2017 年第 10 期。

26. 肖唤元、戴玉琴：《改革开放 40 年马克思主义意识形态话语权的演进》，《当代世界与社会主义》2019 年第 1 期。

27. 周连顺：《意识形态整合与马克思主义优势话语权的建构——以新中国初期为中心》，《现代哲学》2017 年第 2 期。

28. 刘国普：《建国初期中国共产党意识形态话语权建构问题探析》，《湖湘论坛》2016 年第 5 期。

29. 邓琼云、林滨：《加强党在网络空间主流意识形态话语权的建构》，《云南行政学院学报》2019 年第 5 期。

30. 朱效梅、谢萌：《网络意识形态话语权建构研究》，《社会主义核心价值观研究》2016 年第 3 期。

31. 赵丽涛：《我国主流意识形态网络话语权研究》《马克思主义研究》2017 年第 10 期。

32. 张林：《自媒体空间中国主导意识形态话语权建构的正当性澄明——以“网络意识形态终结论”批判为视角》，《湖北社会科学》2019 年第 11 期。

33. 谢霄男、李净：《微时代主流意识形态网络话语权构建的困境与破解路径》，《中共成都市委党校学报》2018 年第 2 期。

34. 李兴选：《全媒体时代的网络意识形态话语权建构》，《理论导刊》2015 年第 2 期。

35. 周耀宏：《论新时代网络空间意识形态话语权的掌控策略》，《西华大学学报》（哲学社会科学版）2018 年第 5 期。

36. 曾长秋、曹挹芬：《网络环境下维护社会主义意识形态话语权的新特点》，《学习论坛》2015 年第 6 期。

37. 汪馨兰：《论网络信息化条件下我国主流意识形态话语权实现方式的转型》，《长白学刊》2016 年第 3 期。

38. 李超民、邓露：《自媒体时代如何提升主流意识形态话语权》，《人民论坛》2018 年第 15 期。

39. 吕峰：《新时代中国主流意识形态话语权生成的现实境遇探析》，《思想政治教育研究》2018 年第 1 期。

40. 廖小琴：《全球化场域中社会主义意识形态话语权的变化与建构》，《教学与研究》2015 年第 4 期。

41. 任艳妮：《新时代社会主义意识形态话语权的生成逻辑》，《西安财经学院学报》2018 年第 3 期。

42. 张改凤：《当代中国主流意识形态网络话语权建设研究》，西南交通大学博士学位论文（2018 年）。

43. 王岩：《新时代我国主流意识形态话语权的建构路径》，《马克思主义研究》2018 年第 7 期。

44. 杨彬彬、马玉婕、杜保友：《意识形态话语转换三题》，《理论导刊》2016 年第 8 期。

45. 曹天航：《当代中国社会主义意识形态话语权建设的路径》，《江苏社会科学》2015 年第 5 期。

46. 廖鹏辉：《新时代中国共产党意识形态自信的生成逻辑与提升路径》，《社会主义研究》2022 年第 1 期。

47. 郝保权：《中国梦的意识形态话语创新》，《中共中央党校学报》2014 年第 5 期。

48. 唐爱军：《百年未有之大变局中的中国意识形态战略选择》，《思想理论教育导刊》2021 年第 4 期。

49. 谢晓娟、郭京龙：《意识形态在文化全球化背景下面临的新挑战》，《中国特色社会主义研究》2002 年第 4 期。

50. 李爽、王洪斌、王刚：《新时代我国网络意识形态话语权建构研究》，《湖南社会科学》2021 年第 1 期。

51. 魏海香:《扩大中华文化影响力：现实困境与提升路径》,《新疆社会科学》2020 年第 4 期。

52. 王汝蕙、张福贵:《莫言小说获奖后在美国的译介与传播》,《文艺争鸣》2018 年第 1 期。

53. 厉震林:《中国电影应将“东方情怀”转化为“国际语言”》,《艺术评论》2017 年第 1 期。

54. 姚建军、赵宁宁:《价值观念多元背景下的社会整合探析》,《科学社会主义》2013 年第 6 期。

55. 钟晓雅、李爱华:《论外部环境考验下马克思主义中国化的战略定力》,《思想理论研究》2018 年第 3 期。

56. 杨雨林:《马克思恩格斯意识形态“话语权思想”的内涵与延伸》,《湖北社会科学》2018 年第 9 期。

57. 王保庆:《关于党内政治文化建设若干问题的思考》,《人民论坛 · 学术前沿》2017 年第 16 期。

58. 王立刚:《中国传统家风的文化渊源与教化意义》,《河北师范大学学报》2017 年第 2 期。

59. 钱力、倪修凤:《贫困人口扶贫政策获得感评价与提升路径研究——以马斯洛需求层次理论为视角》,《人文地理》2020 年第 6 期。

60. 孙光宁:《法律解释方法在指导性案例中的运用及其完善》,《中国法学》2018 年第 1 期。

61. 胡百精、高歌:《修辞、对话与认同 : 修辞流派对公共关系研究的弥合与拓展》,《现代传播》2018 年第 2 期。

62. 于建玮、赵丽丽:《社会主义核心价值观视域下的文艺价值》,《广州大学学报》(社会科学版) 2016 年第 3 期。

63. 陈世华:《影像的政治：电影政治经济学的知识谱系与理论逻辑》,《华中师范大学学报》(人文社会科学版) 2018 年第 1 期。

64. 郑敬斌、任虹宇:《新中国 70 年社会主义意识形态引领力提升的历史经验与现实镜鉴》,《山东社会科学》2019 年第 12 期。

65. 黄河:《精致的利己主义对大学生的危害及对策》,《学校党建与思想教育》2020 年第 5 期。

66. 刘红凛:《信息时代的话语权与核心价值观的中外认同度》,《理论学刊》2014 年第 10 期。

67. 鲁竑序阳:《公平原则下中国知识产权制度的发展与变革》,《中国政法大学学报》2021 年第 3 期。

68. 黄应全:《特里 · 伊格尔顿的意识形态观》,《北京行政学院学报》2004 年第 4 期。

69. 刘建军:《思想政治教育话语转换的三重基础》,《思想理论教育导刊》2016 年第 5 期。

70. 吴田:《主流智库关注“中国新时代”的视角及观点探析》,《国外社会科学》2018 年第 5 期。

71. 周瑾艳:《非洲智库对新时代中国方案的认知及其对中非治国理政经验交流的启示》,《国外社会科学》2018 年第 5 期。

72. 徐艳玲、申森:《国外学者眼中的“中国特色社会主义”认知》,《当代世界与社会主义》2011 年第 6 期。

73. 黄力之:《马克思主义作为中国国家意识形态的现实性问题》,《马克思主义研究》2006 年第 5 期。

74. 李朝祥:《国家意识形态特征的双重性》,《中共四川省委党校学报》2007 年第 4 期。

75. [美] 塞缪尔·亨廷顿:《文明的冲突》,《国外社会科学》1993 年第 10 期。

76. [俄] 费奥克蒂斯托夫:《邓小平的著作是“有中国特色社会主义”的理论来源》,《国外中共党史研究动态》1992 年第 1 期。

77. [英] 迈克尔·亚胡达:《国务活动家邓小平》,《国外中共党史研究动态》1994 年第 1 期。

78. [美] 阿里夫·德里克:《后社会主义:“有中国特色的社会主义”——美国学者德里克教授谈“有中国特色的社会主义”》,《前线》1996 年第 1 期。

79. [俄] 米·季塔连科:《季塔连科论中国社会主义现象》,《国外社会科学》2014 年第 5 期。

80. 钟声:《不要逆历史潮流而动——“对华文明冲突论”可以休矣》,《人民日报》2019 年 5 月 21 日。

81. 曹大为:《通史编辑对历史发展路径的把握——以新编〈中国大通史〉为例》,《光明日报》2019 年 7 月 20 日。

82. 陈曙光:《话语权是一种什么权力》,《光明日报》2015 年 1 月 15 日。

83. 何成:《全面认识和理解“百年未有之大变局”》,《光明日报》2020 年 1 月 3 日。

84. 陈名财:《重读恩格斯晚年关于历史唯物主义的书信》,《学习时报》2020 年 1 月 1 日。

85. 高放:《外国学者眼中的“中国特色社会主义”》,《北京日报》2016 年 5 月 9 日。

三、外文文献

1. Stuart R. Schram,“The Marxist,” in *Mao Tse-tung in the Scales of History*, ed. Dick Wilson, Cambridge University Press : Cambridge, Britain, 1977.

2. Richard M. Pfeffer,“Mao and Marx in the Marxist-Leninist Tradition:A critique of ‘The China Field ’ and a Contribution to a Preliminary Reappraisal,” *Modern China 3*, 1976, 4.

3. William A. Callahan,“Sino-speak : Chinese Exceptionalism and the Politics of History”, *The Journal of Asian Studies*, Vol. 71 (February 2012) .

索　引

B

C

D

E

F

G

M

N

P

Q

R

S

T

W

X

Y

后 记

本书是我主持承担的山东省社会科学规划研究重大项目、山东省理论建设工程重点研究基地项目“增强社会主义意识形态话语权研究”（批准号：17ALJJ04）的最终研究成果。

本书由我统筹全书的提纲、总体框架的设计以及初稿的审阅工作，整个书稿由我统一修改并最终定稿。中共山东省委党校(山东行政学院）吕本修教授、陈彬教授、董冰副教授、王艳峰副教授、郭庆玲博士参与了本书提纲和框架设计的全过程，提出了许多宝贵意见。参与课题研究的专家学者、研究人员来自山东师范大学、山东农业大学、苏州大学、中共山东省委党校（山东行政学院)、中共章丘区委党校等单位，按照承担撰写任务的章节顺序具体分工如下：贾英健(导论，第三章)；赵冰清(第一章)；刘成成(第二章)；贾茗琛(第四章)；张妹（第五章第一、二、三节)；刘旭（第五章第四节)。

本书能够最终得以完成，是山东省委宣传部、山东省中国特色社会主义理论体系研究中心、山东省社科规划办领导的关心支持和有力指导的结果，也是中共山东省委党校（山东行政学院）校委会坚强领导、科研和智库工作处领导及全体同志的大力支持、无私奉献的结果，财务处的同志们在对课题的全过程管理中严格把关，付出了许多辛勤劳动。在此，向所有为该课题研究给予关心、指导、付出、帮助的领导和同志们表示深深的感谢。我特别要感谢中共山东省委党校（山东行政学院）科研和智库工作处邱磊处长、陈彤彤副处长和潘丽萍同志，他们为课题的完成提供了许多有益的指点和热情的帮助。

本书的研究参阅借鉴了许多专家学者已有的相关研究成果，在此一并向他们表示由衷的感谢。

本书的出版得到了人民出版社领导和责任编辑的关心和支持，在此向他们表示崇高的敬意和深深的谢忱。

由于水平有限，本书中难免存在一些不足和欠缺之处，恳请各位学者、专家和读者不吝赐教，提出宝贵的批评意见。

贾英健

2022 年 6 月 20 日

责任编辑：郭彦辰
封面设计：胡欣欣

图书在版编目（CIP）数据

社会主义意识形态话语权研究 / 贾英健等 著 . — 北京：
人民出版社，2024.1
ISBN 978 - 7 - 01 - 026171 - 3

I. ①社… II. ①贾… III. ①社会主义 - 社会意识形态 - 研究 - 中国
IV. ① D616 ② B036

中国国家版本馆 CIP 数据核字（2023）第 252858 号

社会主义意识形态话语权研究
SHEHUIZHUYI YISHIXINGTAI HUAYUQUAN YANJIU

贾英健 等 著

人民出版社 出版发行
（100706 北京市东城区隆福寺街 99 号）

北京汇林印务有限公司印刷 新华书店经销

2024 年 1 月第 1 版 2024 年 1 月北京第 1 次印刷
开本：710 毫米 × 1000 毫米 1/16 印张：15
字数：220 千字

ISBN 978 - 7 - 01 - 026171 - 3 定价：79.00 元

邮购地址 100706 北京市东城区隆福寺街 99 号
人民东方图书销售中心 电话（010）65250042 65289539